TOOLS AND WEAPONS

The Promise and the Peril of the Digital Age

工具，还是武器？

[美] 布拉德·史密斯（Brad Smith）
卡罗尔·安·布朗（Carol Ann Browne） 著

杨静娴 赵磊／译

中信出版集团｜北京

图书在版编目（CIP）数据

工具，还是武器？/（美）布拉德·史密斯，（美）卡罗尔·安·布朗著；杨静娴，赵磊译.-- 北京：中信出版社，2020.2

书名原文：Tools and Weapons：The Promise and the Peril of the Digital Age

ISBN 978-7-5217-1316-9

Ⅰ.①工… Ⅱ.①布…②卡…③杨…④赵… Ⅲ.①企业管理—科学技术管理—研究 Ⅳ.① F273.1

中国版本图书馆 CIP 数据核字（2019）第 277771 号

TOOLS AND WEAPONS by Brad Smith & Carol Ann Browne.
Copyright © 2019 by Bradford L.Smith.
Simplified Chinese Translation copyright © 2020 by CITIC Press Corporation.
All rights reserved.

本书仅限中国大陆地区发行销售

工具，还是武器？

著　者：[美]布拉德·史密斯　[美]卡罗尔·安·布朗
译　者：杨静娴　赵磊
出版发行：中信出版集团股份有限公司
　　　　　（北京市朝阳区惠新东街甲 4 号富盛大厦 2 座　邮编 100029）
承　印　者：北京楠萍印刷有限公司

开　本：787mm×1092mm　1/16　　印　张：23.5　　字　数：400 千字
版　次：2020 年 2 月第 1 版　　　　印　次：2020 年 2 月第 1 次印刷
京权图字：01-2019-6906　　　　　　广告经营许可证：京朝工商广字第 8087 号
书　号：ISBN 978-7-5217-1316-9
定　价：68.00 元

版权所有·侵权必究
如有印刷、装订问题，本公司负责调换。
服务热线：400-600-8099
投稿邮箱：author@citicpub.com

谨献给我们的母亲
她们无缘阅读本书
但她们的爱书之情
激励我们成就此作

目录

推荐序一　直面当今科技行业最紧迫的
　　　　　争议性问题（比尔·盖茨）　　/ V
推荐序二　天下之器，驭之以道（沈向洋）/ IXV
序　　言　云：全世界的文件柜　/ XIII

第一章
监听项目：
三小时起爆的引信　　　　　　　　　　　　　　/ 001

第二章
科技与公众安全：
"我宁愿失败，也不说谎"　　　　　　　　　　　/ 019

第三章
隐私：
最基本的权利　　　　　　　　　　　　　　　　/ 035

第四章
网络安全：
唤醒沉睡世界的闹铃　　　　　　　　　　　　　/ 055

第五章
保护民主：
"共和制，如果你们能守住它" / 069

第六章
社交媒体：
使我们陷入分裂的自由 / 081

第七章
数字外交：
科技的地缘政治 / 099

第八章
消费者隐私：
"枪口将会调转" / 119

第九章
农村宽带：
21世纪的电力 / 139

第十章
人才鸿沟：
科技发展的人本因素 / 157

第十一章
人工智能与伦理：
不要问计算机能做什么，要问它们该做什么 / 179

第十二章
人工智能与人脸识别：
是否应该像保护手机一样保护我们的面部　　　　　　　　/ 199

第十三章
人工智能与劳动力：
马失业的那一天　　　　　　　　　　　　　　　　　　/ 219

第十四章
中国和美国：
两极化的科技世界　　　　　　　　　　　　　　　　　/ 237

第十五章
构建民主化的未来：
时代召唤一场数据开放的变革　　　　　　　　　　　　/ 255

第十六章
结论：
管理已经超乎人类的科技　　　　　　　　　　　　　　/ 273

致　谢　／289

注　释　／295

推荐序一
直面当今科技行业最紧迫的争议性问题

比尔·盖茨
微软创始人

我和布拉德·史密斯相识于我职业生涯最艰难的时刻,那是我第一次向他寻求建议。自那之后,20 年过去了,我依然仰仗他的真知灼见。

布拉德于 1993 年加盟微软的法律团队,但我们直到 90 年代末才真正熟悉。当时,美国政府正在对微软提起反垄断诉讼,我们夜以继日地并肩工作。我很快发现布拉德成熟老练并长于思考,因此我不仅越来越敬重他的为人,也越来越依赖他的专业判断。

在应对反垄断诉讼的过程中,布拉德制定了我们的法律策略。不仅如此,他还做出了一些重要性丝毫不输前者的贡献:推动公司在文化和战略层面进行重大转型。这种转型构成了这本书的核心。

在微软发展的早期,我们很少花时间与联邦政府的官员进行沟通,而我颇以此为豪。我总是告诉人们:"虽然我们在华盛顿特区连一间办公室也没有,但我们成功了,这难道不是一件了不起的事吗?"然而,在反垄断诉讼案的应诉过程中,我痛苦地认识到,之前的做法并不是明智之举。

诉讼案和解之后,布拉德说服了我和微软内部许多人,让我们认识到需要改变策略,还为我们指明了应如何做到这一切。布拉德是一名律师，不是软件开发程序员。尽管他精通技术，但他和其他人思考问题的方式并不完全一样（我这么说绝对是真心赞赏）。他意识到，我们需要投入更多的时间和精力与各方建立广泛的联系，包括政府、我们的合作伙伴，甚至我们的竞争对手。如果布拉德投身外交界，一定可以成为一名伟大的外交官。鉴于他早年对国际关系非常感兴趣，这么说并不为过。

布拉德的一个特点是，不仅从微软的利益出发考虑问题，还充分认识到科技以及会对科技产生影响的政策的重要性。因此，他认为，远离政治不仅是我们一家公司犯下的错误，也是整个行业犯下的错误。尽管有时候我们需要独自面对风险，但在涉及人工智能、人脸识别和网络安全时，整个行业携手合作会带来更大的收获。

正如他在这本书中所论述的那样，政府采取更严格的监管措施有时候确实符合每个人的利益（当然，布拉德也清醒地意识到，自己作为一位商界领袖呼吁政府制定更多的法规而非减少法规监管，略具讽刺）。为此，他希望微软和其他科技公司更多地与美国、欧洲及其他地区的领导人接触。我因我们在华盛顿没有办公室而扬扬自得的时代已经一去不复返了。

布拉德的观点从未像今天这样与我们息息相关。目前，全球各国政府正在严格审视许多科技公司，乃至整个科技行业。它们如何应用科技？科技会造成什么影响？科技公司应承担什么责任？政府以及全社会又应该如何看待这些问题？

尽管这些问题与我们 20 年前面对的问题不尽相同，但布拉德当时的见解在今天依然极具价值。

以人脸识别技术带来的问题为例，尽管这个话题尚未引发巨大的公众争论，但它在未来一定会引发众议。软件公司应该如何限制人们对人脸识别工具的使用？行业应该如何看待这一点，以及什么样的政策法规才是有意义的？

布拉德一直引领着对相关问题的思考，并广泛建立伙伴关系对其加以探讨。科技行业需要团结一致，并与全球各地的客户和政府通力合作。我们也许不能吸引所有人参与其中，但如果我们任由各方各行其是，并因此导致不同国家各自为政地制定法规，那么无论是对客户、科技行业，还是对整个社会来说，都绝非善事。

这本书探讨了15个发人深省的问题，其中包括网络安全、信息技术从业者的多样性和中美关系等问题。如果我必须从中挑选出最重要的一个章节，我会选择关于隐私的章节。收集海量数据的能力是一把双刃剑：一方面，它使政府、企业和个人能够做出更好的决策；另一方面，它也带来了一个大问题，即我们如何能够在使用这些数据的同时保护人们的隐私。

然而，正如布拉德所说，尽管相关技术相对新兴，但其引发的问题并不新鲜。几个世纪以来，人们一直在与该问题的这个或那个版本做斗争。尽管你可能会想到，数据隐私那一章会谈到纳粹德国收集本国人民信息的方式，但你应该不会料到它还提及了1812年的战争，甚至简单介绍了《司法互助条约》的历史。

这既显示了布拉德涉猎广泛，也凸显了他深入研究问题的能力。同时，这些内容绝不像枯燥乏味的法律简报。布拉德和这本书的合著者卡罗尔·安·布朗擅长把故事讲得引人入胜，从局内人的视角生动地描述这些问题如何在全球各地的会议室和法庭被反复探讨。布拉德不仅仅是坐下来独自分析事物，还把人们聚集在一起寻找解决方案。

布拉德和我一直通过面谈和邮件保持密切联系，并就这些问题进行交流。直至今日，我仍无比倚赖他的智慧与判断力。鉴于他的经验和睿智，他是指引我们深入思考当今科技行业面临的问题的最佳人选。

目前，这些问题的重要性正在与日俱增。这本书提供了一个清晰的视角，帮助我们审视科技引发的一系列问题，并为科技公司和社会指出一条可能的前进道路。可以说，布拉德针对当今科技行业最紧迫的一些争议性问题，为我们奉上了一本清晰和令人信服的指南。

2019年4月

推荐序二
天下之器，驭之以道

沈向洋

微软全球执行副总裁，微软人工智能及微软研究事业部负责人

  布拉德·史密斯和我都是在20世纪90年代加入微软的老兵。毫无疑问，布拉德代表了我头脑中一位杰出律师应有的样子：严谨、睿智、博古通今、无所不知。让我觉得最难能可贵的是，他还像我们这些搞技术的家伙一样，时刻关注科学技术的发展和创新，并且始终保持一颗探究到底的好奇心。

  在每周的微软高级管理团队例会中，我最喜欢与布拉德一起探讨问题。尽管他是微软的头牌大律师，而我是一个搞技术、做研究的"书呆子"，但我们之间却从来不缺少共同的话题，从数据隐私、网络安全、人才培养，到我们发展、应用、普及人工智能的目的、准则，以及我们应当肩负的社会责任。虽然我们的出发点各有侧重，但在技术发展之于人类社会、法律法规、道德伦理的思考上，却常常能产生共鸣。

  2018年，布拉德和我将我们对于人工智能发展过程中可能引发的道德、法律思考和社会影响的讨论，汇编成《计算未来：人工智能及其社会角色》一书，并在书中阐述了微软人工智能的6项原则：公平、可靠和安全、隐私和保障、包容、透明、责任。我们希望能让更多的人认识、理解和参与我们对于人工智能和人类社会未来发展的思考及探讨。

  布拉德与卡罗尔合著的新书《工具，还是武器？》开门见山地提出了一个备受关注的问题——就像炸药与原子能的发明一样，技术创新的

成果，究竟是成为用以帮助、增强、改善、提高的工具，还是用来伤害和毁灭的武器。这中间的差异，不仅仅是一词之差，更是永远摆在科技界乃至整个社会面前的挑战。

身为技术创新的推动者，我尤其深切地感受到，我们有责任确保技术走向正确的方向。通过几十年的观察，我注意到新技术的发展和应用常常并不是一条简单的直线，更多的时候会呈现出一个周而复始的循环：首先，科学家做出一项科技创新；其次，技术在产品化的过程中，得到普及和应用；应用的次数越多，想的内容也就越多，人们开始回过头审视暴露的问题，并且开始反思，我们该如何更好、更安全、更高效地利用这项技术。

汽车安全带普及的过程最具代表性。20世纪初，汽车迅速在美国社会得到普及，但交通法规的制定和完善，却拖拖拉拉地持续了几十年。1968年，美国法律第一次要求汽车必须配备安全带，但真正强制要求司机扣好安全带的法规，直到1984年才出台。试想，如果人们能早几十年意识到安全带的重要性，是不是会挽救成千上万条生命。

今天，以人工智能为代表的新一代数字技术，取得了前所未有的快速发展。语音、视觉、语言、阅读、翻译，在人工智能研究的各个领域里，都在快速接近人类水平。与此同时，我们也注意到，人工智能应用场景的多样化发展，也带来了人们对于隐私、歧视、安全等问题的担忧和思考。作为技术创新的引领者，我们在推动技术进步的同时，更应该认真思考可能由此带来的社会影响，以及人类将要共同面对的潜在挑战，未雨绸缪，防患于未然，从头开始打造负责任的人工智能。

就像布拉德在书中所说，像20年前的微软一样，今天的科技行业必须认识到一个基本且至关重要的原则——如果你掌握了能够改变世界的科技，那么你就有责任帮助解决你创造的世界所面临的问题。

在《工具，还是武器？》一书中，布拉德以他所擅长的严谨的叙事，将微软乃至整个科技产业，对于数据隐私、网络安全、社交媒体、数字外交、人才培养、社会责任，甚至国际合作等话题的全面思考娓娓道来，既向人们展示了技术发展为全球经济带来的发展机会，也毫不掩饰地指出了在社会、法律、道德层面急需解决的种种隐患和问题。

今天，人工智能正在开启一个从技术创新到普及，再到责任的全新发展循环，而我们要做的，就是驭之以道、律之以法、束之以德，携手把握未来趋势，引领智能互联网的发展，为全人类创造一个更加美好的未来。打造负责任的、可信赖的人工智能，不仅是我们的愿景，更是我们共同的责任。毕竟，我们谁也不希望等到几十年后，才为人工智能补上一根迟到的"安全带"。

2019 年 12 月 18 日

序 言
云：全世界的文件柜

文明的演进一直依赖数据。

人类的历史始于人开始具备交谈能力之时。随着语言的出现，人们得以分享彼此的想法、经历，以及欲望与需求。

随着人类逐步拥有书写能力，文明的进步也开始加速。从此，思想不仅能够在人与人之间口口相传，还能够更容易和更准确地传播到不同地方。

新的火花随之出现，并点燃了知识的火苗，这就是存储、检索和分享人类成文内容的能力。古代世界的重要标志之一就是图书馆的诞生[1]。保存下来的文件和图书意味着人们不仅能够更容易地跨越空间进行交流，还能够跨越时间，将信息代代相传。15世纪，谷登堡发明了铅活字印刷。从此，火苗变成了熊熊火焰，赋予作者和读者更大的能量和空间。

这场知识的烈焰最终席卷全世界。在随后的几百年间，商业呈现爆炸式增长，而这既成为交流增加的原因，也是交流增加的结果。当初，每间办公室都需要一个存储文件的设备，房间被文件柜占据[2]。

毋庸讳言，数据自出现以来一直在人类社会中占据重要的地位，但它的重要性从未像今天这样凸显。即使在贸易放缓或经济衰退时期，数据仍然会以稳定的速度增长。有人说，数据已经成为21世纪的"石油"。这种说法并不足以说明数据的重要性。一个世纪前，汽车、飞机和火车需要依靠石油开动，而在今天，人类生活的方方面面都是由数据驱动的。可以说，在现代文明中，数据更像是我们呼吸的空气，而不是我们使用的石油。

与石油不同，数据已经成为一种可再生资源，并由我们人类自己创造。预计到2020年底，数字数据量将达到2010年的25倍[3]。借助人工智能，即AI，我们对数据的应用已经达到前所未有的程度。

我们将支持这种应用的数字基础设施称为"云"。虽然这个名字听起来柔软蓬松，但"云"实际上是一个堡垒。每次你在智能手机上进行浏览，其实都会从一个庞大的数据中心提取数据，而数据中心是一个常人难以进入的现代奇迹。

如果你有机会参观一个数据中心，你会更好地了解当今世界是如何运转的。

了解云到底是如何运作的最佳地点之一，位于西雅图以东约150英里①、90号州际公路旁的华盛顿州小城昆西。昆西的地理位置得天独厚，地处华盛顿州以农业为主的盆地中心，背靠由美国西部最大的水道哥伦比亚河冲刷数千年所形成的一个陡峭峡谷。这个小城坐享充沛的水电网络供电，包括美国最大的水电站大古力水坝。对于现代数据中心这个已成为当今世界最耗电的设施而言，这是一个理想的环境[4]。

在昆西主街几个街区开外的地方，你会发现多座不起眼的建筑，受到高高的栅栏和高墙的严密保护。其中一些建筑上有某家科技公司的标识，一些则完全没有标识。这些建筑中最大的一个被称为哥伦比亚数据中心，为微软所有。

---

① 1英里≈1609米。

序　言
云：全世界的文件柜

对于一个数据中心而言，它仅从规模来看就是一个令人兴奋的存在，甚至有一些令人望而生畏。我们在昆西的设施不只是一座单独的建筑物，而是由 20 多栋建筑组成的两个数据中心园区，总面积达 200 万平方英尺[①]。每栋建筑都有两个足球场大小，足够停放两架大型商用飞机。这个建筑群中摆放着数十万台计算机服务器和数百万块硬盘，它们每三年更新一次，换成速度更快、效率更高的型号。

如果想全面感受数据中心的规模，最好的方法是从其最外部走到中心。每栋大楼的墙外都安放着世界上最大的发电机，随时准备在几秒钟内启动发电，确保数据中心在本地电网停止供电时不会出现任何中断。每台发电机的高度都超过 20 英尺[②]，发电量相当于可供 2000 多户家庭使用的电力。这些发电机与柴油燃料箱相连，其燃料能够确保数据中心在停电 48 小时内正常运行。同时，我们还制订了相关的加油预案，以便在必要时保证长期发电。在新建的数据中心，如怀俄明州夏延地区的设施中，发电机使用更为清洁的天然气，并为当地电网提供备用电源。几十台这样的大型发电机放置在数据中心大楼旁随时待命，万一大古力水坝的水电出问题，这些发电机可以提供电力。

在每栋大楼内部，都有一连串大型安全室作为变电室运行，它们通常从电网中输入 23 万伏的电力，然后将其变电到 240 伏，供数据中心的计算机使用。这些变电室内排列着多个 6 英尺长的机架，每个机架连接着 500 块或更多数量的电池，看起来和你掀开引擎盖后看到的情况一样。房间的每扇门都防弹，所有墙壁也防火，防止火灾从一个房间蔓延到另一个房间。一个典型的数据中心建筑内会有 4 个或更多这样的房间，根据配置，最多可容纳 5000 块电池。这些电池有两个用途。首先，来自电网的电流通过机架，保持电池充电，并消除潜在的电流尖峰，从而使流向计算机的电流保持平稳恒定。其次，在停电的情况下，电池将保

---

① 1 平方英尺 ≈0.09 平方米。
② 1 英尺 ≈0.3 米。

持数据中心的运行，直到发电机启动。

通过另一串防弹门和防火墙，你会看到另一个由两个穿制服的警卫负责操作的，像是机场安检用的金属探测器立在你和大楼的内部密室之间。只有那些位列预先批准名单上的全职微软员工才能进入内部。首先，你需要进入一间小小的接待室，一扇铁门在你身后徐徐关上，将你锁在室内，安保人员会通过摄像头将你里里外外检查完毕，然后才会打开下一扇防弹门。

最后，你将进入一个洞穴般的房间，一座通向信息时代的神殿，我们数字生活的基石。一阵低沉的嗡嗡声欢迎你进入数据神经中枢，它由摆满一排排计算机的落地式机架组成，一直延伸到你的视线之外。这个庞大的钢铁和电路库包括大小相同的多台服务器，每台服务器均存储着各自独特的海量数据。它们就是数字世界的文件柜。

在这些建筑物内的某个房间里，也许就存储着属于你的数据文件，包括你今天早上新写的电子邮件、昨晚撰写的文档，以及昨天下午拍摄的照片，还可能包括你提供给银行、医生和雇主的个人信息。这些文件只占这座设施内成千上万台计算机中的某个硬盘的一小部分。每个文件都是加密的，即所有信息均已进行编码，只有该数据的授权用户才能读取。

每个数据中心的大楼都有多个类似的房间，彼此相互隔离，以保证在发生火灾时的安全。每套计算机都与大楼内的三个电源相连接。同时每一排都被设计成在整个建筑内循环利用电脑散发的热量，以减少冬季的供暖和用电需求。

当你离开服务器机房时，你将再次通过严格的安全检查。你需要脱掉鞋子，解下皮带。你可能认为，事实上，你在离开机场时都不必忍受这样的检查，此时你的向导会提醒你，进出都进行安全检查自有其道理。微软希望确保没有人会使用 U 盘复制数据，或窃取存储着某人个人数据的硬盘。此外，当硬盘需要更换时，它们的数据将被复制到新的硬盘上，原来的文件将被删除。然后，废弃的硬盘会通过类似碎纸机的巨大机器被彻底销毁。

从某种意义上讲，最值得一提的特性要留到参观结束之时才会被揭示。你的向导会解释说，每个数据中心都有另一组同样的备份设施，以便企业、政府或非营利组织的数据能够得到不间断备份。这样，如果发生地震、飓风或其他自然灾害或人为灾难，将及时切换到备份数据中心，以保持云服务的平稳运行。例如，当日本北部发生地震时，我们在日本南部设立的备份数据中心就确保我们的服务不会中断。

如今，微软在 20 多个国家或地区的 100 多个地点拥有、运营和租赁了不同规模的数据中心（这一数字还在不断增长），提供 200 种在线服务，并为 140 多个市场中超过 10 亿的客户提供支持。

当我于 1993 年加入微软时，开办一家软件公司并不需要多少资金。我们的两位联合创始人比尔·盖茨和保罗·艾伦的创业故事与许多技术开发人员的创业经历别无二致，他们都在车库或大学宿舍创办了自己的公司。这其中关键的一点是开发软件并不需要多少投资，只需一台好电脑，一个小小的储蓄账户，以及一份愿意以快餐果腹的坚定信念，就足以起步。

在微软从一家小小的初创企业成长为巨型跨国公司的历程中，我们一次又一次地见证了这一点。2004 年，我们希望收购一家名为"巨人软件公司"（Giant Company Software）的反间谍软件公司。我们的团队通过其公开发布的技术支持电话联系到了它的员工，当微软的工作人员要求将电话转接给它的首席执行官时，电话那一端的听筒似乎只是简单地被递给了坐在对面的那位雇员。毫不奇怪，我们的收购谈判进展迅速[5]。

我在参观我们的一个数据中心时，不由自主地想到了巨人软件公司。你现在仍然可以像比尔和保罗当年创业一样开发一个新的应用程序，无数开源软件开发人员也一直在这样做，但是在全球范围内提供云计算所需的平台则是另一回事。当我在成千上万台闪烁的电脑、成排的电池和巨大的发电机之间行走时，我感觉进入了一个不同的时代，甚至好像登上了另一个星球。数据中心园区的建设成本高达数亿美元，而施工结束后，设施维护和升级的工作将立即开始。设施需要扩展，服务器、硬盘和电池需要不断更新换代为更新、更高效的型号。可以说，一个数据中心永无完工之日。

在许多方面，现代化的数据中心位于我们已经进入的新数字时代的核心。其积累的数据、存储和计算能力为推动世界经济的发展提供了一个前所未有的平台，也引发了我们这个时代许多极具挑战性的问题。在这个新的时代，我们应如何在公共安全、个人便利和个人隐私之间达到恰当的平衡？我们又应如何保护自己免受网络攻击，这些攻击正在利用信息技术破坏国家、企业或个人的生活？我们应如何管理其对整个社会经济的影响？我们正在创造的世界是否能够为我们的孩子提供充分的就业机会？我们是否正在创造一个我们能够控制的世界？

要获得上述问题的答案，我们首先需要更好地理解科技是如何演进的，而科技在过去的发展历程可以部分地帮助我们实现这种理解。

自古以来，任何工具都是既可助人，也可伤人。即便一把扫帚，也是如此，它既能被用来扫地，也能被用来打人。一件工具的功能越强大，其所带来的益处或伤害就越大。尽管全面的数字化转型为世界带来了机遇，但信息技术无疑既已被打造成为一个强大的工具，也已日益成为一个杀伤力巨大的武器。

这一新兴的技术时代已渐渐将我们带入一个焦虑的新时代，这种紧张关系在各民主国家中尤为明显。因移民、贸易和收入不平等问题引发的不安使这些国家日益面临民粹主义和民族主义的裂痕，造成这种情况的部分原因正是影响深远的科技转型。科技带来的益处并未均匀地分配，同时变革的性质和速度对个人、社区与整个国家都提出了挑战。民主社会共同面临近一个世纪以来最大的挑战，同时在某些情况下，还有一些国家则正在利用科技为自己谋求私利。

本书从全球科技巨头掌舵者的角度探讨了上述问题。它讲述了科技行业正如何努力与诸多强大的力量达成共识，这些力量远远比任何一家科技公司，乃至整个行业都更为强大。同时本书不仅讲述了趋势和策略，还讲述了为应对快速变化的世界，许多有关人、决策与行动的故事。

这是一出正在上演的大戏，作为微软的一员，我们有时会从不同的角度观看它。20年前，我们被推入一个旋涡的中心，它可以被视作现代信息技术与世界的第一次碰撞。美国司法部和20个州共同提起了一场针对微软的反垄断诉讼，试图拆分微软，其他国家的政府也紧随其后。竞争事务官员们一致认为，因为 Windows 操作系统太重要了，因此不能任由它不受监管。

虽然我们成功地保护了公司免于解体，但那仍然是一个艰难和充满挫败的痛苦经历。2002年，我被任命为公司的总法律顾问，我的工作就是与世界各国政府和业内同人敲定类似的友好协议。为此，我们花了将近10年的时间[6]，并且犯下了很多不该犯的错误。鉴于我的角色，我在某种程度上对几乎所有错误都难辞其咎。

好在我们成功应对了挑战，并变得更加成熟和明智。我们知道，我们需要时常照镜子，并从中看到别人眼中的我们，而不仅仅是我们自己希望看到的模样。微软就好像是一所新学校的首届毕业班的一员，也许不在排名第一的班级，但我们的优势是先于其他人完成了学业。

与20年前相比，今天，人们面临的科技问题更为广泛和深入。我们已经到达科技和社会的一个关键转折点。这是一个充满机遇的时刻，同时也需要立即行动，解决紧迫的问题。

因此，像20年前的微软一样，科技行业需要做出改变。我们必须认识到一个基本且至关重要的原则：如果你掌握了能够改变世界的科技，那么你就有责任帮助解决你所创造的世界面临的问题。这听上去似乎无可争议，但鉴于科技行业长期专注快速成长，有时甚至将颠覆作为自身发展的目标，坚持这一原则就不那么简单了。简而言之，创造科技的公司必须承担更大的责任。

不过，也不能忘记另一个同样重要的原则——科技行业不能独自应对这些挑战。世界需要一个自律与政府监管相结合的解决方案。这同样也对各个国家带来了更大的冲击，部分原因是，在技术具有如此大的破坏力的今天，这些国家更加依赖广泛的经济和社会共识。现在，唤起许多政府行动的意愿似乎比以往更难，但已经刻不容缓，政府必须制定新的政策和计划（无论是独立行动，还是相互协作），并需要以新的形式与科技行业进行合作。简而言之，政府需要加快速度，尽快跟上科技发展的步伐。

这些挑战并无先例可循，不过我们仍然可以从过去学到许多经验教训，进而为今日所用。自18世纪中叶，第一次工业革命在英格兰中部地区爆发以来，技术变革已经多次席卷世界各地。对于今天面临的每一个看似前所未有的挑战，我们通常都能在历史上找到参照，虽然具体情况不同，但能够帮助我们更好地洞察今天面临的挑战。本书以史为鉴，就我们可以如何吸取过去的教训进行了思考，并对未来的机遇和挑战进行了探讨。

最终，这些问题涉及技术及其对我们的工作、安全以及世界上最基本的人权的影响。在当今这个技术快速变革的时代，我们需要将其与传统乃至永恒不变的价值观相协调。为了实现这一目标，我们既要确保持续创新，又要确保技术变革的方式能够让技术以及创造技术的公司受到应有的约束，从而满足社会和我们共同定义自身命运的需要。

第一章

监听项目：三小时起爆的引信

2013年6月6日，初夏的阳光穿透云层洒向大地，在华盛顿州的雷德蒙德，多米尼克·卡尔将他位于微软办公大楼5层的办公室的百叶窗拉开了一些。虽然夏天至少还要一个月才会降临这座位于太平洋西北部的城市，但阳光洒进窗内，带来一丝令人期待的温暖气息，预示着夏天即将到来，繁忙的工作也将稍稍放缓节奏。

他抓起自己的手机朝电梯走去，准备去隔壁的咖啡厅买一个三明治。当他快步走在建筑物之间繁忙的小径上时，他放在衣袋里的手机突然叮了一声。多米尼克向我汇报，他领导着微软的公共事务与沟通团队，负责处理公司与媒体相关最棘手的问题。他总是随身带着手机，而且很少会离开自己的办公桌。

他的手机屏幕亮了起来，显示他收到一封主题为"微软/棱镜"的新电子邮件。当时，我们用"棱镜"代指公司销售团队领导的年度会议，是微软日常业务的一种常规交流。

那封邮件并不是一封常规的业务邮件，而是一个三小时起爆的引信，即将引爆一颗震惊全球的炸弹。"我们写信通知贵司，《卫报》准备于今晚发表一篇关于'棱镜'计划的文章，该计划是美国几家大型科技公司与美国国家安全局自愿合作的一个秘密计划。"邮件开门见山地点出了美国国家安全局。

这封邮件的发件人也叫多米尼克，全称多米尼克·拉什，是英国著名日报《卫报》的记者。邮件最初发给了微软波士顿办公室的一位公关经理，后者立即转发，并加上了一个被我们称为"红色霹雳"，即红色感叹号的标签，意味着"你需要立即看看这个"。

邮件中有一个复杂的9点内容清单，要求我们答复，并规定了一个不可能的最后期限。拉什解释说："作为负责任的记者，我们希望给予贵司机会指出上述内容可能包含的任何具体错误……我们已经就此事联系过白宫。鉴于该计划的敏感性，我们只能在第一时间联系贵司寻求答复。"他希望在美国东部夏令时下午6点，或西雅图时间下午3点之前得到答复。

《卫报》获得了机密情报文件，详细说明9家美国科技公司——微软、雅虎、谷歌、脸书、Paltalk、YouTube、Skype、美国在线和苹果——据称已自愿加入一个名为"棱镜"的计划，允许美国国家安全局直接访问其用户的电子邮件、聊天记录、视频、照片、社交网络详细信息和其他数据。

多米尼克的午餐计划——以及未来一段时间内的大部分计划——都彻底泡汤了。他立刻掉头，两步一个台阶地跑上了5楼。他怀疑这个事件与《卫报》当天早上发表的另一篇令人不安的文章有关。该报已经发表一篇文章，指出据一项秘密的法庭指令，美国电信巨头威瑞森需要

"每天持续不断地"向政府提供其美国境内以及美国与其他国家间的通话记录[1]。这些记录将交由美国国家安全局进行分析,后者的总部位于马里兰州米德堡,长期负责在全球范围内收集信号情报和数据。根据文章,这些批量情报搜集同样针对数百万美国人,而不管他们是否有过任何不当行为。

如果说微软有谁可能知道"棱镜"计划,那一定是约翰·弗兰克,他是公司的律师,领导着公司的法律团队,负责与我们的国家安全相关的工作。多米尼克立刻来到约翰的办公室。

约翰是一个小心谨慎、有条不紊的人,慢慢地消化了多米尼克手机上的《卫报》的信息后,摘下眼镜,从办公桌上挺起身来,凝视着阳光灿烂的窗外,看起来突然疲态尽显。"这完全没有意义,听上去根本不对。"

约翰清楚地知道公司面对执法部门提出的要求具体审查什么内容,以什么方式进行审查。事实上,他参与设计了整套流程。微软只会针对有效的法律程序披露数据,并且只会针对特定的账户或个人。

当约翰和多米尼克来到我的办公室门口时,他们除了那封记者发的邮件之外,几乎没有更多的信息可以提供。约翰说:"如果他们确实做了这种事,那也是在我们完全不知情的情况下。"

没错,我们确实有义务根据法律对用户数据请求进行审查和回应。我们拥有一个既定的程序来仔细审查和回应来自执法部门的所有数据请求。不过微软是一家大公司,这会是某个雇员的恶意行为吗?

我们很快就否定了这个推测。我们很清楚我们的工程体系以及接收、审查和回应政府要求的流程。《卫报》的文章内容与此完全不符。

微软内部没有人听说过"棱镜"计划。《卫报》也不愿意透露它的文章依据的泄密文件。我们设法联系了我们在白宫的熟人，但他们同样不愿意谈论或分享任何"保密"信息。经过一个下午的努力后，我沉思片刻对约翰和多米尼克说道："也许我们是某个秘密俱乐部的成员，而这个俱乐部实在太隐秘了，连我们自己都不知情。"

我们甚至不得不先等到报道发表，然后才能够开始做出回应。

太平洋夏令时下午3点，《卫报》引爆了它的炸弹："美国国家安全局'棱镜'计划利用了苹果、谷歌和其他公司的用户数据[2]。"我们终于知道，所谓"棱镜"，即美国国家安全局的国家安全电子监听计划，其实是资源整合、同步和管理计划工具的缩写[3]。真不知是谁想出了这么一个拗口的名字，这听上去像是科技行业的一个糟糕产品的名称。据新闻媒体报道，这是一个电子监听计划，可以追踪移动设备、电话、电子邮件、在线对话、照片和视频[4]。

几小时之内，《卫报》的文章和《华盛顿邮报》的一篇类似报道传遍全球。我们的销售团队和律师被客户的电话淹没了。

他们都在问同样的问题："这是真的吗？"

爆料者：爱德华·斯诺登

起初，人们并不清楚媒体是从哪里获取这些信息的，并激烈争论这些信息是否合法。三天后，《卫报》再次释放了一枚重磅炸弹，其冲击力不亚于最初的报道，媒体根据爆料人自己的要求披露了消息来源[5]。

爆料者是美国国防承包商博思艾伦咨询公司一位29岁的雇员，名叫爱德华·斯诺登。他在夏威夷的美国国家安全局威胁行动中心工作，担任合同制计算机系统管理员。他秘密下载了超过100万份高度机密的文件[6]，于2013年5月20日登上飞往香港的航班，在那里与《卫报》和《华盛顿邮报》的记者取得联系，并开始与全世界分享美国国家安全局的秘密[7]。

斯诺登的文件在当年夏天和秋天就变成一系列新闻报道。他泄露的首份文件是一份41页的机密幻灯片演示文稿，用于培训情报人员。这只是一个引子。随后，记者们持续炒作斯诺登藏匿的秘密文件，定期制造头条新闻并持续引发公众焦虑，这个浪潮一直持续到来年。对美国和英国政府搜集电话记录和用户数据（包括外国领导人和数百万无辜美国人的信息）的指责甚嚣尘上，并引发公众对政府一场不信任的海啸[8]。

不出所料，这些消息极大地刺激了公众的神经，因为它们与隐私保护的原则彻底背离，而200多年来，民主社会一直将后者视为理所当然的权利。这些权利正是我们今天在昆西数据中心保护你的信息时所依赖的，它诞生于18世纪伦敦街头的一场激烈争论。点燃这场政治风暴的人是一位国会议员，名叫约翰·威尔克斯。

约翰·威尔克斯可以说是他那个时代最具戏剧性和最激进的政治家。18世纪60年代，他挑战的对象不仅仅是首相，还包括国王，其语言如此犀利大胆，甚至足以令当今一些政客（几乎会）脸红。1763年4月，威尔克斯在一本反政府期刊上匿名发表了一篇评论。这篇文章激怒了当时的英国总检察长查尔斯·约克，他怀疑文章的作者是威尔克斯，于是英国政府迅速发布了一份搜查令，搜查范围极其广泛，令治安官有权随时搜查几乎任何地方。

他们根据捕风捉影的消息，在半夜闯进一个受到怀疑的印刷商的家中，"把他从妻子身边拖下床，没收了他所有的私人文件，并逮捕了

14名工人和仆人"[9]。英国当局随后又迅速搜查了另外4所房屋，共逮捕了49人——几乎所有人都是无辜的公民。他们破门而入，洗劫箱子，并暴力打开了数百把锁[10]。最终，他们根据可靠情报抓住了他们想抓的人——约翰·威尔克斯。

威尔克斯可不是一个轻易服输的人。不到一个月，他就提起了十几起诉讼，并走上法庭，向英国最有权势的官员提出了挑战。虽然这种行为并不出人意料，但接下来发生的事情震惊了英国的当权者，尤其是政府本身：法院做出了支持威尔克斯的裁决。法庭的裁决事实上推翻了国王及其手下几个世纪以来行使的权力，要求当局在进行搜查时需要依据更充分的理由，并且即使在拥有充分理由时，也要对其所作所为加以更多限制。英国媒体对这一裁决表示欢迎，并引用了一句著名的话——每个英国人的"家都是他的城堡，不容随意搜查，而他的文书也不容国王的信使在恶毒好奇心的驱使下随意偷窥"[11]。

就重要性而言，约翰·威尔克斯的诉讼标志着现代隐私权的诞生。这些权利受到所有自由人民的羡慕，包括生活在北美大陆的英国殖民者。就在1761年，他们曾在新英格兰为同样的争议而努力过，但最终输掉了官司。当时，年仅二十多岁的约翰·亚当斯还未成为一名律师，他坐在波士顿法庭的后排，见证了美洲大陆18世纪60年代初最伟大的一场法庭对决。小詹姆斯·奥蒂斯是马萨诸塞州最富战斗力的律师之一，他用和威尔克斯类似的理由抗议英国军队滥用权力。由于当地商人认为赋税不合法，他们选择走私进口货物以逃税，而英国人则回应以所谓通用搜查令，在没有具体证据的情况下挨家挨户搜查，以寻找违反海关规定的行为[12]。

奥蒂斯辩称，这是对公民自由的根本性侵犯，他称之为"滥用专断权力的至暗时刻"[13]。尽管奥蒂斯最终败诉，但他的话标志着北美殖民地人民迈出了反抗的第一步。直至生命的最后时刻，亚当斯仍然记得奥蒂斯的论点，并写道，"他为这个国家注入了生命的气息"[14]。亚当斯表示，他至死都认为就是在那一天，那件案子，那个法庭，以及那个事件，标志着美国开始走向独立[15]。

直至13年后《独立宣言》发表，奥蒂斯热情倡导的原则才得以实现。那时，这个议题已经移师纽约，在那里，第一届美国国会于1789年在华尔街集会，詹姆斯·麦迪逊站在众议院面前，介绍了他提出的《权利法案》[16]。该法案包括成为美国宪法第四修正案的内容，保障了美国人的"人身、住宅、文件和财产"不受政府"无理搜查和扣押"的权利，包括使用"通用搜查令"采取上述行为[17]。自此之后，当局如果希望搜查任何住宅或办公室，则必须首先向一位独立法官提出申请，并提交"合理的理由"以获得搜查令。实际上，这意味着政府必须向法官证明，确实存在会导致拥有合理"理性的人"认为犯罪行为正在发生的事实[18]。

不过，这种保护是否应扩展到已经离开你家的信息？本杰明·富兰克林发明了邮局之后，第四修正案经受了考验。设想你仔细封好一个信封，并将其交由一个政府运营的机构邮寄，而19世纪的最高法院毫无争议地认定，人们针对其密封的信件仍然享有隐私权[19]。因此，第四修正案适用，政府不能在没有基于"合理理由"获得搜查令的情况下拆开信封检查信件内容，即使那封信是由政府邮局所保管的。

几个世纪以来，法院一直在审视人们是否有"合理的隐私期望"，并考虑将自己的信息存储于他人之处到底意味着什么。简而言之，如果这些东西放在一个上锁的储物箱中，而其他人无法拿到钥匙，那么法官将得出人们拥有类似期望的结论，因而第四修正案将适用。但是，如果你把你的文件放在一个文件盒中，并将其堆放在别人的文件盒旁边，而人们在那里自由来往，那么警察将不需要搜查令，因为法院认为，根据第四修正案，你已经放弃了对隐私的合理期望[20]。

由此看来，今天受到多重物理和数字安全措施严密保护的数据中心，显然完全符合上锁的储物箱的定义。

2013年夏，我们因斯诺登的事不断被一个又一个记者追逐，他们寻求着我们对某份最新泄露的机密文件的回应。一个司空见惯的场景经常出现，只要看到多米尼克又挤在约翰的办公室里密谈，我就知道又会有一篇报道即将发表。大多数时候，我们甚至不知道自己在回应什么。多米尼克回忆说："在最初的几周里，我几乎每天都会和不同的记者进行同样的谈话。他们会说，'好吧，多米尼克，有人在撒谎，要么是微软，要么是爱德华·斯诺登'。"

《卫报》关于"棱镜"计划的报道只涉及更大事件的一部分，即美国国家安全局试图从私营企业获取数据的行为。正如现在已被泄密的文件详尽阐明的那样[21]，2001年"9·11"悲剧发生后，美国国家安全局开始寻求与私营部门建立自愿合作关系，超出合法许可和授权范围搜集数据。

数据之惑

与其他领先的科技公司一样，微软也在纠结是否自愿向政府提供这些数据。我们就这些问题进行了内部讨论，并且清楚地意识到更广泛的地缘政治气候。"9·11"恐怖袭击的巨大阴影笼罩着整个国家。联军在阿富汗发动了"持久自由行动",国会对入侵伊拉克表示了支持,心存恐惧的美国公众呼吁加强反恐努力。那是一个非常时期。正如许多人所说,它要求我们做出前所未有的非常反应。

但是,要求公司自愿提供泄密报告中所描述的那一类信息存在一个根本问题。美国国家安全局寻求的数据并不属于科技公司,而是属于客户,并且它们包含客户一些最私密的信息。

与"棱镜"计划一样,美国国家安全局在"9·11"事件后依照自愿原则从私营部门获取客户信息的努力也对我们提出了一个根本问题:"我们如何在履行保护国家义务的同时,履行我们对客户的责任?"

对我来说,答案很清楚。这个问题应该由法律解决。美国是一个法治国家,如果美国政府希望获得我们客户的记录,它需要遵守属地法律,得到法庭的批准。如果行政部门的官员们认为法律不够完备,他们可以通过国会寻求更多的权力。这是一个它应有的运行方式。

尽管在 2002 年,我们无法预测到爱德华·斯诺登和他的著名逃亡,但我们可以通过回望历史更精准地预测未来可能会发生什么。在国家面临危机之时,牺牲个人自由以换取国家安全并不是什么新鲜事。

美国宪法签署十多年后,国家就第一次面临这样的危机。1798 年,美国和法国在加勒比海爆发了一场"准战争"。法国希望迫使美国偿还由当时已被推翻的法国国王提供的贷款,于是扣押了 300 多艘美国商船,并要求美国支付赎金[22]。部分愤怒的美国公众呼吁发动彻底的战争,但其他一些人,比如约翰·亚当斯总统,认为新生国家尚无力与法国抗衡。亚当斯担心公开辩论会对政府造成致命的伤害,于是他试图通过签署相关的 4 项法律来平息这种不和谐,这 4 项法律被称为《外侨和煽动叛乱法》。这些法律允许政府监禁和驱逐"危险"的外国人,并使批评政府成为一种犯罪行为[23]。

大约 60 年后，在内战期间，美国再次暂时搁置了我们民主的一个关键原则：亚伯拉罕·林肯总统曾多次中止人身保护令，以镇压南方叛乱。为了加强征兵，林肯扩大了中止范围，并在全国范围内否决了审判权。在战争期间，有 15000 多名美国人未经法庭审判就被关进了监狱[24]。

1942 年，日军轰炸珍珠港后不久，迫于军方和公众舆论的压力，富兰克林·罗斯福总统签署了一项行政命令，强迫 12 万日裔美国人进入地处偏远的集中营，营地被铁丝网包围，并由武装警卫看管。遭受监禁的人中有 2/3 出生在美国。该命令三年后才被撤销，当时遭到关押的大多数人已经失去他们的家园、企业和社区[25]。

尽管美国人民在国家危急时刻接受了这些不公正，但他们在后来开始质疑他们为公共安全付出的代价。我认为我们需要扪心自问的一个问题是："从现在起再过 10 年，当危机过去后，我们将如何被评判。我们是否能说我们履行了对客户的承诺。"

如果问题很清楚，那么答案也显而易见。不经合法有效的法律程序，我们不能够自愿移交客户的数据。作为公司职位最高的律师，我必须履行我的职责，并承担因此而出现的任何批评。毕竟，有谁能比律师更好地捍卫我们所服务的客户的权利呢？

在这样的背景下，2013 年夏，几乎所有领先的科技公司都发现自己处于防御状态，我们向政府官员表达了我们的挫败感。这成为一个转折点，标志着政府和企业的不同立场开始公开化，而这导致了两者之间至今仍然存在的巨大分歧。政府的职责是为居住在特定地区（如州或国家）的选民提供服务，但科技已经走向全球，我们的客户几乎遍布全世界。

第一章
监听项目：三小时起爆的引信

云不仅改变了我们提供服务的地点和对象，还重新定义了我们与客户的关系。因为云的出现，科技公司在某些方面已经转变为类似银行的机构。人们把钱存进银行，而将他们最私人的信息——电子邮件、照片、文件和短信——存储在科技公司。

这种新型关系的影响已超出科技行业本身。正如20世纪30年代政府官员们认为，银行对经济实在过于重要，因此必须受到监管一样，今天的科技公司已变得太过重要，因而不能再延续当前的放任政策。科技公司需要受到更积极的法律法规监管。但与20世纪30年代的银行不同，如今的科技公司在全球范围内运营，这使得整个监管问题更加复杂。

2013年，随着全球客户的不满情绪不断加剧，我们意识到，要想缓解他们的担心，我们必须更加公开。我们对自己遵循的准则十分清楚，无论是针对我们自身提供服务的清晰限制，还是针对后来收购公司的某些既有做法所实施的复杂处理。我们希望向客户解释，我们只有在收到搜查令、法院传票和国家安全命令时才会向相关部门移交客户信息。但当我们提议面向大众公开沟通这一信息时，美国司法部告诉我们，上述内容属于保密信息，我们不能公开。我们对此深感沮丧。

我们决定做一件从未做过的事情——起诉美国政府。作为一家公司，我们曾经和政府打了10年反垄断官司，然后又花了10年的时间努力达成和解，现在这么做无异于破釜沉舟，背水一战。我们最初向外国情报监控法庭（FISC）提出了一项保密动议。

FISC是一个特别法庭，专门审查政府的监控命令。它创建于冷战期间，目的是批准窃听、电子数据收集以及监视可疑的恐怖分子和间谍。它非常神秘，以保护情报部门监控和挫败安全威胁的努力。根据《外国情报监视法》签发的每一份搜查令都附有一份封口令，禁止我们告知客户我们已经收到了针对他们数据的搜查令。虽然这一点可以理解，但我们的法律诉求是，根据宪法第一修正案及其对言论自由的承诺，我们有权与公众分享更多的信息。我们辩称，我们至少应有权笼统地公开我们所收到命令的数量和类型。

很快，我们了解到谷歌也采取了同样的行动。这成为另一个转折点。5年来，我们两家公司一直在全球各地的监管机构面前激烈斗争，提出不同的主张。谷歌主张对 Windows 操作系统进行限制，而微软主张限制谷歌搜索。我们对彼此了然于胸。我非常尊敬谷歌的总法律顾问肯特·沃克，虽然没有人会认为我们是好朋友。

突然，我们站在了同一条战壕，共同与我们自己的政府展开了一场全新的战斗。我决定主动和肯特取得联系，但在开始时并没有什么进展，只是交换了几条信息。7月的一个早晨，结束了在 Xbox 团队所在的大楼内举行的一次员工大会后，我掏出手机准备再试一次。我想找一个安静的角落，然后发现自己站在一个真人大小的士官长纸板剪影前——他是我们制作的游戏《光环》中的人物，带领军队对抗外星敌人的士兵。我很高兴能够背靠这位士官长打这通电话。

肯特接了电话。我们以前曾交谈过很多次，但几乎总是在讨论双方公司之间的相互投诉。现在我提出了一个不一样的建议："让我们携起手来，看看是否能共同与司法部进行谈判。"

就算肯特怀疑我的提议是特洛伊木马，我也不会责怪他。但他认真听取了我的提议，并且在第二天联系我，同意进行合作。

我们与政府举行了一次联合会议，试图达成共同的条款。就在8月底，眼看就达成协议时，谈判突然以失败告终。从我们的角度来看，似乎美国国家安全局和联邦调查局的立场并不相同。随着2013年的夏去

第一章
监听项目：三小时起爆的引信

秋来，斯诺登持续披露的内容进一步加深了美国政府和科技行业之间的隔阂，形势也变得越来越糟。

10月30日，《华盛顿邮报》发表了一篇令整个行业抓狂的报道："斯诺登的文件显示，美国国家安全局入侵了雅虎和谷歌全球数据中心的链接。"[26] 这篇报道的作者之一是巴特·盖尔曼，他是我十分尊重的一位记者，我们是普林斯顿大学的同学，我在他还在为《普林斯顿人日报》撰稿的时候就已经认识他。他在文章中说，在英国政府的帮助下，美国国家安全局正在秘密利用海底光缆从雅虎和谷歌的网络中复制数据。虽然我们无法证实美国国家安全局是否也已经盯上我们的光缆，但斯诺登的一些文件确实提到了我们用户的电子邮件和信息服务[27]。这让我们怀疑，我们也受到了监听。直至今日，美国和英国政府都还没有公开否认过非法入侵数据光缆的指控。

面对这个消息，科技行业既惊又怒。在某种程度上，这篇报道填补了缺失的一环，从而解开了我们对斯诺登文件的一些困惑。它表明，美国国家安全局拥有的数据要比我们按照国家安全命令和搜查令合法提供的数据多得多。如果这是真的，政府实际上是在大规模地搜查和扣押公民的私人信息。

《华盛顿邮报》的报道表明，美国国家安全局与英国的有关部门合作，从美国科技公司使用的光缆中截获数据，并且可能没有经过司法审查或监督。我们担心这种行为发生在英国光缆交叉的地方。在行业内的律师们交换了各自的信息后，我们认为，美国国家安全局说服自己，通过与英国政府合作或依赖英国政府，并且在美国境外采取行动，它就可以不受美国宪法第四修正案约束，因而国家安全局搜查和扣押信息的行为不再必须遵循正当程序和法庭命令。

微软和整个行业迅速做出反应。在接下来的几周里，我们和其他公司宣布，将对通过光缆在数据中心之间传输的所有数据以及存储在数据中心服务器上的数据实施严格的加密[28]。这是保护客户隐私的一个根本性步骤。因为这意味着，即使政府通过监听光缆获取了客户数据，也几乎肯定无法解锁和读取。

此类加密技术提升看似容易，但实际实现起来很困难。它涉及我们的数据中心要进行大量计算工作，并需要做大量的工程工作。我们工程团队的一些负责人对此并不积极，并且他们的担心是可以理解的。考虑到在可行的时间线内，能够应用的工程资源有限，软件开发从本质上说总是需要在不同特性上做出取舍。因此，新增的加密工作需求会导致他们推迟开发其他产品功能，而这些功能是客户要求我们添加的。经过激烈的讨论，首席执行官史蒂夫·鲍尔默和我们的高管团队做出决定，必须快速推进加密领域的工作。其他科技公司也都采取了相同行动。

未来，枪口将会调转

当年 11 月，在这些事件不断发酵的背景下，奥巴马总统来西雅图出席一个政治筹款活动。在正式活动后，白宫邀请了一小群地区领袖和支持者，在西雅图威斯汀酒店举办了一个鸡尾酒会。我应邀代表微软参加了活动。

我希望在这次活动中能有几分钟时间和总统谈谈我们在诉讼中提出的和宪法第一修正案有关的问题，但是司法部的律师事先要求我们不要和总统提起与诉讼相关的事宜。"他们的客户"由律师代表，因而所有谈话都必须经过律师进行。不过，就在奥巴马总统抵达会议室之前，我

第一章
监听项目：三小时起爆的引信

询问他的助手瓦莱丽·贾勒特，向总统提出一个与我们的诉讼无关的问题是否合适，即他是否认为第四修正案对美国人免受政府不合理搜查和扣押的保护同样适用于美国境外。

鉴于《华盛顿邮报》的报道内容，即美国国家安全局窃听美国公司在美国境外运营的光缆，我认为这是一个重要的问题。瓦莱丽认为总统会觉得这个话题很有趣。

她猜得没错。我和总统一谈起这个话题，他立刻变回了以前宪法学教授的模样。奥巴马总统对宪法的掌握显然远超于我，不过，我也勉力回忆起足够多的内容，撑起了一次还算专业的谈话。

然后，总统改变了话题。

"我听说你们都不想与我们和解，因为你们觉得让大家看到你们正在起诉政府会更好。是这样的吗？"这是一个关键时刻，需要迅速在心里权衡利弊做出快速反应。司法部的律师显然从未指示我们不能直接回答美国总统的问题，于是我坦率地回答了他的问题，解释说我们想解决诉讼，但政府似乎并不愿意。我阐述了我们的担忧并坦陈，我相信如果我们把恰当的人聚在同一间屋里，我们就能取得真正的进展。

几周后，奥巴马邀请一些科技行业的领袖到白宫做客。当时距离圣诞节只有 8 天，白宫西翼已经为节日装扮一新，一派忙碌的景象。在总统去夏威夷度假前，员工们全力以赴地结束手头的工作。白宫已经公开宣布，此次会议将讨论"健康、IT（信息技术）采购和监听问题"。这有点像告诉棒球迷们，他们将参加一个活动，议程包括唱国歌、吃热狗比赛和观看世界大赛的开场比赛。我们都清楚地知道，在那个寒冷的冬日早晨把我们带到华盛顿来的是什么。

当天来到白宫西翼的可谓科技界的全明星阵容，包括苹果首席执行官蒂姆·库克、谷歌董事长埃里克·施密特、脸书首席运营官谢丽尔·桑德伯格、网飞首席执行官里德·黑斯廷斯以及其他十多位业界领袖。我们中的大多数人早已相互认识,其中8家公司——几乎是行业内所有竞争对手——刚刚聚在一起建立了一个新的联盟,叫作"改革政府监听",其目的正是合作解决我们当天要讨论的问题。经过一轮热情的寒暄,我们将自己的智能手机放进走廊的一排小柜子内,然后鱼贯进入罗斯福厅。

罗斯福厅并不是因为一位总统而得名,而是因为两位总统而得名,即西奥多·罗斯福和富兰克林·罗斯福,前者建造了白宫西翼,后者对其进行了扩建[29]。我在长长的抛光会议桌旁坐下,一抬头便看到一幅挂在壁炉顶上的画,并不禁笑了一声。那幅画中的人物是"泰迪"身为"莽骑兵"骑在马上的硬汉形象[①]。我希望接下来的90分钟不会那么硬碰硬。

白宫方面同样派出最强阵容迎接我们。奥巴马总统和副总统乔·拜登照例坐在了中间,他们两侧分坐着几乎所有的高级官员。在记者团拍照时,总统和里德聊了聊下一季的《纸牌屋》,并问了几个无伤大雅的安全问题。

媒体离开房间后,谈话开始进入正题。奥巴马总统执政期间,此类会面的惯例是首先让每位客人发表自己的意见。考虑到当天参加会面的人数,这颇花费了一些时间。总统祭出他苏格拉底式的提问技巧,把对谈话要点的复述逐步变成一场深入的对话。

除了少数几个人之外,其他每位科技行业的领袖都强烈主张限制大

[①] "泰迪"(Teddy)是西奥多·罗斯福的昵称,"莽骑兵"为美国前总统西奥多·罗斯福于1898年美西战争期间组织的一支志愿骑兵团。——译者注

规模数据搜集，提高透明度，并对国家安全局的行为进行更多监察和平衡。我们在会面的大部分时间内避免直接谈论爱德华·斯诺登这个话题。但是，随着谈话的进行，坐在奥巴马身边的社交游戏公司 Zynga 的创始人马克·平卡斯辩称，斯诺登是一位英雄。"您应该赦免他，"平卡斯表示，"并为他举行一场盛大的欢迎仪式。"[30]

拜登明显不安地扭动了一下身体，而奥巴马总统则回答说："我绝对不会这样做。"他解释说，斯诺登偷偷携带众多文件逃离美国，他认为这是不负责任的行为。

接下来轮到坐在平卡斯旁边的雅虎首席执行官玛丽莎·梅耶尔发言。她打开一个厚厚的纸质文件夹，取出精心准备的谈话要点，并说道："我同意大家所说的一切。"随后，她停下来抬头看了看，指着平卡斯说："除了他之外，我不同意他的话。"所有人都笑了起来。

上面的对话反映出我们都想勉力达成一种平衡。几乎所有人来白宫都是为了敦促总统改变政府的做法，但科技行业与奥巴马一直维持着友好，甚至是热诚的关系，就像在去一个人家里做客时，你总是不好挑战主人，尤其他还是白宫的主人。

尽管我们都极其礼貌，但我们仍然坚持自己的立场，提出政府必须改革监听机制。很明显，奥巴马认真地思考了整个议题，阐明了他认为政府需要解决的一系列问题。他有时会以退为进地表示，虽然公众对国家安全局掌握的那些数据感到担心，但如果把在座公司手中掌握的数据加起来，则比政府所掌握的多得多。他说："我怀疑，未来枪口将会调转。"

当会面结束时，总统明确表示，他有意对美国政策进行一些重要（尽管有限）的改变。他滔滔不绝地谈到一些问题，并要求人们提供更多的信息，以帮助谈话"进入后续的落实层面"。

一个月后，2014年1月17日，总统就政府监听改革迈出了第一步[31]。在他公布计划的前一天晚上，我们接到了司法部律师的电话。他们希望就微软和谷歌提起的诉讼达成和解，开出的条款比我们在8月谈判中所要求的更加优惠。和解达成之后，科技公司立即推出了新的透明度报告，公布了更多关于国家安全搜查令和命令的数据。这要归功于谷歌，它行动最快，为我们树立了一个令人印象深刻的榜样，其他公司决定效仿。

对于许多客户和隐私权的倡导者来说，奥巴马的讲话仅仅是一个开始，政府仍有许多需要改革之处。在整个科技行业，我们都赞同这一观点。我们认识到，这个问题并不容易，要解决它仍存在重重困难。我们如何才能让外国政府和客户放心，美国政府不会不适当地进入由美国公司运营的数据中心？我们怎样才能同时采取必要的合法步骤来保障公众的安全？这些问题需要很多年才能解决。

从斯诺登7个月前将偷来的文件交给《卫报》以来，形势已经发生了如此大的转变，这一切真是不可思议。人们开始关注政府监听的范围，更强大的加密措施也已成为新的标准，科技公司起诉了它们自己的政府，而竞争对手以新的方式展开了合作。

几年后，人们仍在争论爱德华·斯诺登到底是英雄还是叛国者。在一些人眼中，他两者兼具。但是到2014年初，有两点毋庸置疑——他已经改变了世界，也已经改变了整个科技行业。

第二章

科技与公众安全："我宁愿失败，也不说谎"

珀尔的悲剧与巴黎恐袭事件

公众需要依靠执法部门来保障自身安全。不过，如果找不到罪犯或者恐怖分子，也就无从抓住他们，而找到这些人需要有效地获取信息。在 21 世纪，这些信息通常存储在全球几大科技公司的数据中心。

科技行业一直努力履行自身应尽之责，为保障公众安全和保护人们的隐私做出贡献，但我们发现自己正行走在剃刀的边缘。面对一个流动和瞬息万变的世界，我们在迅速做出反应的同时，还必须努力达到微妙的平衡。

那些需要我们迅速做出反应的事件总是毫无征兆地突然出现。我在

2002年就第一次面对这种情况。当年1月23日,《华尔街日报》记者丹尼尔·珀尔在巴基斯坦卡拉奇被绑架[1]。绑匪不断更换网吧,利用我们的Hotmail电子邮件提出赎金要求,并迫使巴基斯坦警方展开了一场疲于奔命的搜捕。绑匪要求释放巴基斯坦的恐怖分子嫌疑人,并终止从美国购买F-16战斗机的计划,以换取珀尔的自由。很显然,巴基斯坦政府不会同意这些要求。救出珀尔的唯一办法就是找到他。

巴基斯坦当局迅速秘密与美国联邦调查局展开合作,后者找到了我们。国会此前已在《电子通信隐私法》(ECPA)中设立了一个紧急例外条款,即一旦出现"涉及死亡或严重人身伤害危险的紧急情况",政府能够立即采取行动,而科技公司也可以迅速响应[2]。珀尔当时显然面临生命威胁。

约翰·弗兰克找到我并解释了情况,我立即批准全力配合当地警方和联邦调查局的工作。我们的目标是监控绑匪使用的Hotmail账户,并通过他们最新发出的电子邮件的IP(网际互联协议)地址,锁定他们所在的地球另一端的网吧地址。我们的团队与联邦调查局和巴基斯坦地方当局密切合作了一周,在绑匪从一个热点跳到另一个热点以访问互联网时,对其进行追踪。

我们追得很紧,但可惜还是不够紧。绑匪在被抓捕之前杀害了珀尔。我们深受打击。他的惨死凸显了我们所承担的巨大风险和责任,尽管我们很少公开谈论这些。

那个事件是一个早期信号,揭示了后续的发展形势。今天,网络不再只是一个外围空间,它越来越成为人们自我组织和定义周遭现实世界的地方。

丹尼尔·珀尔的悲剧也强调了对隐私权加以判断的重要性。在隐私

第二章
科技与公众安全:"我宁愿失败,也不说谎"

和安全之间,存在某种平衡,一端是致力于推进隐私权保护的团体,另一端则是追求更高安全的执法机构,这种平衡至关重要。面对此类争端,正如负责裁决的法官一样,科技公司也已经成为一个焦点。我们需要理解并认真考虑平衡两边的因素。

如何做好这一切对我们而言是一个巨大的挑战。自20世纪80年代电子邮件和电子文档诞生以来,面对政府的搜查令,我们一直在不断试验和试错,以便能够恰当应对。

1986年,罗纳德·里根总统签署了ECPA。当时,没有人知道第四修正案是否会保护像电子邮件这样的东西,但是共和党和民主党都希望建立这种法定保护。

正如华府经常出现的情况,1986年,国会出于良好的意图开始行动,但整个过程并不简单。ECPA的一部分被称为《存储通信法》,它创造了一种全新形式的搜查令。如果出于合理的理由,政府可以寻求法院批准,针对个人的电子邮件申请搜查令,但它不会向你出示搜查令,而是会向存储个人电子邮件和电子文件的科技公司出示该搜查令[3]。公司则有义务调出邮件并提供给政府。在某些情况下,这一法律实际上把科技公司变成了政府的代理人。

这还造成了一种新的情况。如果政府到你家或你的办公室出示搜查令,肯定有人在场并知道发生的一切。你无法阻止这种行为,但会知道它发生了。如果你认为自己的权利受到侵犯,可以追随约翰·威尔克斯的脚步走上法庭。

在通知个人和企业政府正在从科技公司获取其电子邮件与文件时,国会采用了一种更为复杂的方法。它制定了一项法令,使政府有权申请封口令,从而迫使科技公司针对搜查令保密。这项法令赋予政府5个不同的要求保密的依据。从表面上看，这些依据并非不合理。例如，如果披露会导致证据的毁灭或对证人的恐吓，或以其他方式危及调查，法官可以在签发搜查令的同时附以一份所谓不披露令[4]。一家科技公司可能同时收到这两份命令，第一份要求它交出电子数据文件，第二份要求它对这一要求保密。

最初，电子邮件还未被广泛使用，这些新型搜查令和封口令数量很少，不会被频繁使用。随着互联网的爆炸式发展，装有数十万台计算机的大型数据中心不断出现，情况变得更加复杂。今天，我们的执法和国家安全团队已经拥有25名全职员工，包括合规专家、律师、工程师和安全专业人员。他们的工作得到了全球各地众多律师事务所的广泛支持，他们在微软内部被称为LENS（透镜）团队，其任务非常简单——根据不同国家的法律和我们对客户的合同义务，在全球范围内审查和响应执法请求。这绝非一项小任务。LENS团队在三大洲6个国家的7个地点开展业务。每年，他们通常会处理来自75个国家超过5万份搜查令和传票[5]。这些要求中只有3%是针对内容的要求。在大多数情况下，政府寻找的是IP地址、联系人列表和用户注册数据。

微软收到的搜查令通常是通过电子邮件发送的。一位合规经理将审查该要求，以确保其合法有效且有法官签字，政府也拥有合理理由，同时该政府部门对此信息具有司法管辖权。如果一切得到确认，合规经理将从我们的数据中心提取所需证据。我们将对数据进行二次审查，以确保我们只提取了搜查令中要求的内容，然后将其发送给提出要求的部门。正如一位LENS团队员工向我解释的那样："这听上去很简单，但要做好需要花很多时间。你需要审查搜查令本身，审查它提到的账户信息，你还要提取信息，然后再次审查，以确保你所提供的信息是适当的。"

当合规经理判定，搜查令范围过广或请求超出了该政府机构的管辖范围时，事情将上报给律师。有时我们会要求缩小搜查令的范围。还有一些时候，我们认定搜查令不合法并拒绝配合。

每周，LENS 团队都会有一名成员 24 小时待命，这意味着他在当周将睡在电话旁，以防世界上某个地方发生紧急或恐怖事件，需要立即采取行动。如果发生重大事件，LENS 团队的成员将轮流值班，确保每个人都能获得充足的睡眠，以便在工作时保持清醒状态。

2013 年，在爱德华·斯诺登公开了美国国家安全局的秘密档案，与大量泄密数据相关的公共问题开始爆发之际，一位律师加盟微软并担任团队领导。她叫艾米·霍根-伯尼。凭借其睿智和敏锐的幽默感，她很快赢得了团队的支持。艾米此前在联邦调查局总部的国家安全部门做了三年的律师。这份经历令她在微软的工作游刃有余，尽管有些时候她不得不在某些问题上与华府的前同事对峙。

艾米很快适应了她的新角色。她就坐在我办公室的楼下，而我也越来越频繁地走下楼到她那一层。她的办公室和内特·琼斯的办公室相邻，内特·琼斯在当年稍早一些加入微软，此前他在美国政府工作了十多年，包括在参议员司法委员会、司法部，以及最后在奥巴马总统的国家安全委员会负责反恐工作。

艾米负责管理 LENS 团队的工作，内特则负责我们的整体合规战略、与其他科技公司的关系以及与各国政府的谈判。随着全球形势的不断发展，他俩，以及整个 LENS 团队必须努力维持一种微妙的平衡。他们需要与世界各地的执法机构合作，但他们同时也站在保护隐私权的前线，这些权利得到美国宪法第四修正案以及其他国家法律的支持。他们和我们已有的多名隐私权专家保持着密切合作，我也很高兴他们的办公室离我很近。

内特和艾米很快就形成了公认的二人组，团队中的其他人开始把他们的名字组合在一起，称之为"内米"。在微软上下，人们都依赖内特和艾米联手，在我们面对最敏感的问题时迅速找到应对方法。我们的合规经理一旦看到收件箱里新收到的某个热点问题，往往会在互相讨论后立刻跑去找"内米"。

"内米"团队的职责是保护云这个全世界的档案柜，责任十分重大且令人如坐针毡，并且"针毡"还经常会以突然而戏剧性的方式变得更加尖锐。

2015年1月7日，星期三，正当法国各地办公室的白领们准备午休之时，一对兄弟闯进讽刺杂志《查理周刊》的巴黎总部，冷酷地射杀了12人[6]。这两人与基地组织有关，和其他许多穆斯林一样，他们因该杂志登出的先知穆罕默德的讽刺漫画而深受冒犯[7]。但与其他人不同的是，这两个人决定自己动手解决此事。

这一悲剧立即成为各国新闻的头条。我们在雷德蒙德和全世界一起看到了这起可怕的事件。当时，我正从休息室的咖啡机里接咖啡。我和一群同事盯着电视，观看法国警察搜寻那两名逃脱的凶手。不久，法国军队也开始参与全国范围的搜捕行动，与此同时，另外一名基地组织成员在法国一家超市发动了另一场致命的恐怖袭击[8]。我认出了出事的街道和社区，那是我曾经工作的地方，我加入微软的最初三年曾在巴黎的微软欧洲总部工作。

除了核实我们在该地区的员工是否平安之外（他们都很安全），尽管这是一个全球性的重大事件，但它与我的工作没什么关系。然而第二

第二章
科技与公众安全:"我宁愿失败,也不说谎"

天,当阳光普照在雷德蒙德时,情况已经发生了变化。法国国家警察很快确定,这两名恐怖分子拥有微软的电子邮件账户,并向美国联邦调查局寻求帮助。雷德蒙德时间 5 点 42 分,纽约的联邦调查局对紧急情况做出反应,向我们寻求凶手的电子邮件和账户记录,包括可以在用户登录时显示计算机或电话位置的 IP 地址。微软团队审查了这一紧急请求,并在 45 分钟内向联邦调查局提供了相关信息。一天之后,经过法国全国性的搜捕行动,当局找到了两名恐怖分子,他们在与警方的枪战中被击毙。

巴黎的恐袭事件震惊了法国和全世界。袭击发生后的星期天,200多万人在法国首都街头游行,悼念遇难的记者,团结一致,表达对新闻自由的支持[9]。

不幸的是,这并不是 2015 年巴黎发生的最后一场悲剧。当年 11 月,一个星期五的晚上,就在巴黎人结束一周工作的时候,恐怖分子再次在全城多地同步发动了恐怖袭击。他们在一个正在举行音乐会的剧院内、一座体育场外,以及餐馆和咖啡馆里用自动步枪扫射,场面令人毛骨悚然。恐怖分子共杀害了 130 人,另有 500 多人受伤。这是自第二次世界大战以来巴黎遭受的最致命的袭击。7 名袭击者被击毙,但另外两人设法逃脱[10]。

法国总统弗朗索瓦·奥朗德立即宣布全国进入紧急状态。"伊斯兰国"(ISIS)声称对此负责,同时警方很快发现,一些袭击者来自比利时。接下来,当局展开了一场新的搜捕,这次跨越了两个国家。

联邦调查局与欧洲当局合作,再次迅速向科技公司出示了搜查令和传票,以获取嫌疑人的电子邮件和其他账户。我们已经从《查理周刊》的悲剧中学习到,当恐怖分子发动袭击时,我们需要准备好立即行动。

这一次，法国和比利时当局共向我们出具了 14 份搜查令。我们的团队迅速审核了这些搜查令，确定其合法性，并提供了所要求的信息，我们的每次响应时间都在 15 分钟之内。

巴黎发生的两起悲剧引发了全世界的关注，但要求我们加以关注的日子远不止这些重大事件发生的日子。在电子邮件应用的初期，政府很少向我们提出移交信息的要求。但是，随着每年接收来自 70 多个国家的 5 万份搜查令和政府命令，我们需要在全球范围内部署我们的工作。

棘手的问题和前进的道路

萨提亚·纳德拉帮助我们确定了前进的道路。他在 2014 年初成为微软的新一任首席执行官，此前他负责微软的云业务。他比任何人都更了解云，同时他还为这个复杂的问题带来了另一种颇具价值的敏锐洞察。他在印度长大，是一名高级公务员的儿子，他的父亲是一个知名的高级公务员培训学院的院长，该学院在印度独立几十年来培养了许多高级公务员。这个成长背景让萨提亚对政府运作拥有天生的直觉。让我震惊的一点是，这与比尔·盖茨的情况颇为相似，后者是西雅图最著名和最受尊敬的律师之子。比尔和萨提亚都是典型的工程师，但比尔会像一位律师一样思考，而萨提亚则洞悉政府官员的思考模式。对我而言，能有机会和他们讨论棘手的问题令我受益良多。

2014 年底，看到我们疲于应对五花八门的监听问题，萨提亚提出我们需要制定一个原则性的方法。他说："我们需要知道如何做出艰难的决定，同时我们还需要让客户知道我们是怎么做的。我们需要制定一系列原则来指导我们完成这项工作。"

第二章
科技与公众安全："我宁愿失败，也不说谎"

此前 10 年，我们一直采取类似的方法来解决棘手的问题，包括发布《Windows 原则：促进竞争的十二项宗旨》，以解决我们的反垄断诉讼。2006 年，我在华盛顿特区的国家新闻俱乐部发布了这些原则[11]。时任联邦贸易委员会委员的乔恩·莱博维茨出席了那次活动，他曾积极地推动了针对我们的那场备受瞩目的反垄断诉讼。听了我的演讲后，他主动过来找到我说："我认为，如果你们 10 年前就提出同样的主张，政府根本不会起诉你们。"

萨提亚布置的任务看似简单，实则困难。我们需要能够应用于整个业务的原则，从操作系统到 Xbox。这些原则必须简单易记，而不能是充满法律和技术术语的二三十段艰深的文字，然而简短的文字总是更难写[12]。

不过，尽管问题本身很复杂，但其出发点并不复杂。我们的心里一直非常清楚，人们存储在我们数据中心的信息并不属于我们。用户才是他们的电子邮件、照片、文档和即时消息的主人。我们只是他人之物的管理者，而不是这些数据的所有者。作为合格的管理者，我们在使用这些数据时需要立足于服务数据的所有者，而不是只考虑我们自己。

以此为出发点，我们组建了一个团队并制定出 4 项被我们称为"云承诺"的原则，即隐私、安全、合规和透明。我很喜欢向负责公司营销的高管指出，我们的律师找到了方法来把一个复杂的话题简化为 4 个词。他们不出意外地迅速反击，指出这种情况是头一次出现。

不过，制定清晰的原则和将其应用在工作中是两个不同的挑战。我们的团队针对每项原则做出了详细说明，并辅以培训。但是，一旦新的形势带来严峻的问题，并要求我们做出抉择，我们将面临真正的考验，即能够在多大程度上坚守我们做出的承诺。

不久之后，我们就遭遇了一个极大的困境，考验我们对透明的承诺。我们认识到，透明是其他一切的关键。如果人们不理解我们在做什么，他们就永远不会相信我们做的事情。

我们的商业客户在我们收到针对其电子邮件或其他数据的搜查令或传票时，尤其希望被告知情况。我们认为政府极少有合理的理由向我们，而不是我们的企业客户，发出法律命令。与个人犯罪分子或恐怖分子嫌疑人不同，一家声誉良好的公司或企业不大可能逃往境外或非法阻止调查。如果政府担心数据可能被删除，我们可以在有限的"冻结令"下采取行动，复制客户的数据，并静候政府在获取数据之前与客户解决法律问题。

2013年，我们公开声明，如果我们收到针对企业和政府客户数据的法律命令，我们将通知这些客户[13]。如果我们同时收到一项封口令，禁止我们告知客户，我们将通过司法流程对该命令提出异议。我们还将请政府机构直接向我们的客户寻求有关其员工的信息或数据，就像这些客户将数据迁移至云存储之前所做的那样，并且我们会通过司法程序坚持这一行为。

"我宁愿失败，也不说谎"

我们的第一次考验很快到来，联邦调查局向我们发出了一份国家安全信函，要求我们提供属于一家企业客户的数据，并禁止我们告知客户联邦调查局正在要求调取相关数据。我们仔细研究了这封信函，发现联邦调查局并无任何合理依据禁止我们通知客户，更不用说要求我们提供，而不是直接要求客户提供数据。于是我们拒绝了这个要求，并提起

第二章
科技与公众安全："我宁愿失败，也不说谎"

诉讼，然后走上了西雅图的联邦法院。法官对我们的论点表示支持，而联邦调查局在收到消息后撤回了信。

在接下来的一年里，我们的律师在推动司法部直接向企业客户寻求数据方面取得了良好的进展。但在 2016 年 1 月，另一个地区的一位美国助理律师不同意这一诉求，并向我们送达了一份秘密搜查令，要求我们提供属于某位商业客户的数据。与搜查令一同送达的还有一份无限期（永远有效的）封口令。我们拒绝了这一要求。

通常情况下，一旦我们阐明了自己的立场，政府会撤回要求，但这一次，联邦检察官坚持要求我们出庭。

当时我正在欧洲出差，一早就被大卫·霍华德的一封电子邮件吵醒，他负责我们的诉讼和其他几个领域的工作。大卫 5 年前加入我们，是一位成功的前联邦检察官和律师事务所合伙人。他对每个棘手的问题都表现出冷静的态度和良好的判断力。他卓绝的领导，确保我们多年来赢得了九成的诉讼。正如我半开玩笑地对董事会所说的那样："我从大卫那里学到了一点，那就是取得好的诉讼结果实际上并不难，你只需做到对有把握打赢的官司据理力争，对打不赢的官司尽力达成和解就行了。"这一切的关键是要有一个像大卫这样的人，从而能够分辨出哪些官司能赢，哪些不能。

针对这个案子，大卫对我们获胜的机会并不乐观。法官并不同情我们，并威胁要判我们藐视法庭。大卫写道，诉讼团队希望移交客户的数据以避免罚款。

当天晚些时候，我们举行了一个电话会议，我告诉团队我不想认输。我们已经向客户承诺要针对此类政府命令做斗争，包括上法庭、打硬仗。

一位诉讼律师表示，这显然是我们注定会失败的一场战斗，而且可能是一个代价高昂的失败。"我宁愿失败，也不说谎，"我说道，"我们要信守承诺。"我觉得打破承诺的代价远高于任何金钱损失，即便结果保密，并不为人所知。

我对诉讼团队说，如果他们应诉并输掉了官司，只要罚款金额控制在 2000 万美元以下，我就会认为我们赢得了道义上的胜利。我们都知道，我们收到的罚款额不可能超过这个数额。我只是想以这种方式告诉团队，他们非常敬业，希望打赢每一场官司。在我眼中，这个案子他们绝不会输。

微软团队和我们的外部律师一起夜以继日地工作，整个周末都没有休息。我们输掉了官司，但完全免除了藐视法庭罚款，并保留了对客户保持透明的能力，即可以不点名地公布，我们已经在一个此类诉讼中败诉。最重要的是，我们履行了自己的诺言。

我们十分担心我们在未来会以这种方式不断遭受考验。我们需要转守为攻。大卫说："如果我们任由政府挑起每一场战斗，我们根本无法赢得这些诉讼。这类封口令本应是个案而非常态，但政府正在使它们成为惯例。我们需要让法院针对此类做法做出裁决。"

他设计了一个精彩的策略。我们决定致力拿到所谓的宣告性判决，这将澄清我们的权利。我们辩称，政府常规性地依据《电子通信隐私法》发布封口令的行为超越了宪法赋予它的权力。我们仔细梳理了过去一年半的所有搜查令，发现在政府提出的个人数据要求中，有一半以上附有封口令，而其中的一半又明确规定需要永久保密。

我们回到西雅图联邦法院并起诉了我们自己的政府。我们指出，滥用封口令侵犯了第一修正案赋予我们的权利，即告知客户政府正在调取

第二章
科技与公众安全:"我宁愿失败,也不说谎"

其电子邮件的权利。我们还辩称,这些封口令侵犯了我们客户依照第四修正案权利享有的免受非法搜查和扣押的权利,因为人们根本无法知道发生的一切,也就无法捍卫自己的合法权利。这个案子直接提出了一个问题,即人们在云端的权利是否应得到保护。得益于我们看到最高法院展现出的趋势,我们对此感到乐观。

2012年,最高法院宣布,以5票对4票通过决定,根据宪法第四修正案,警方在将GPS(全球定位系统)定位仪放在嫌疑人的车上之前需首先获得搜查令[14]。正如有的法官认定,在某人的车上安装设备属于"物理入侵",因而需要搜查令。索尼娅·索托马约尔法官认识到,在21世纪,执法部门不一定需要物理入侵来追踪某人的位置。支持GPS,可远程记录某人位置的智能手机开始得到广泛使用,它们泄露了政府可以挖掘多年的各种个人信息。正如索托马约尔所说,除非这种监听受到第四修正案的监管,否则它可能会"以对民主社会有害的方式改变公民与政府的关系"[15]。

索托马约尔法官还抓住了其他一些我们认为的根本性问题。近两个世纪以来,最高法院一直表示,第四修正案未能保护广泛共享的信息,理由是人们对此不再有"合理的隐私期望"。然而,索托马约尔指出,现在,隐私意味着能够共享信息,并能够决定这些信息对谁可见以及可如何使用。她是第一个阐明这种转变的法官,现在面临的最大问题是,其他法官是否认同这一点。

两年后,问题的答案终于出现。2014年夏,首席大法官约翰·罗伯茨代表做出一致裁定的最高法院书写了意见[16]。法官们一致认为,警方需要有搜查令才能搜查某人的手机,即使此人因犯罪而被捕。正如罗伯茨所书:"当代手机并不仅仅是又一种技术上的便利工具。以所存储和可能泄露的内容而言，对许多美国人来说，它们就是生活隐私的载体。"

罗伯茨解释说，宪法第四修正案的目的是保护人们在其家中的权利，而手机"通常能向政府泄露的内容远远超过对一所房子最彻底的搜查。一部手机不仅以数字形式存储着许多以前藏在家里的敏感记录，还会存储大量从未以任何形式存放在家中的隐私信息"[17]。因此，第四修正案在此适用。

读到罗伯茨随后所写的内容，我们不禁欢呼起来，因为最高法院首次明确提到了存储在我们的数据中心（比如昆西）中的文件。他写道："在许多手机上，用户看到的数据实际上可能并不是存储在手机之中。同一类型的数据对某个用户而言可能存储在本地设备，对另一个客户而言则存储在云端。"[18] 最高法院第一次承认，对一部手机的搜查可能远远超出搜查某个人实际拥有的东西。实际上，新技术已经创造出全新的基础，使云本身具备强大的隐私保护功能。

尽管这些意见并没有直接回应我们在西雅图提起的滥用封口令的诉讼，但它为我们寻求更广泛隐私保护的诉求吹来一股东风，我们要做的就是御风而行。

我们将大卫的计划付诸行动，于 2016 年 4 月 14 日提起诉讼[19]。案件被指派给詹姆斯·罗巴特法官审理，他在 2004 年成为联邦法官之前，一直是西雅图法律界的领袖人物。他此前曾审理过我们的案件，包括一个大型专利诉讼。他为人强硬，但不失智慧和公平。他让我们的诉讼团队一刻也不敢放松，从我的角度来看，这对他们来说是件好事。

我们在诉讼中提供了过去 18 个月的数据，显示我们在此期间收到了超过 2500 份针对个人信息的封口令，从而阻止我们告知客户有关调查其个人信息的法律程序[20]。还有一点特别值得注意，甚至令人惊讶，那就是这些封口令中的 68% 根本没有截止日期。这意味着我们实际上永远被禁止告诉我们的客户，政府已经获得了他们的数据。

数字中立性

我们认识到，在表达我们对司法部当前做法的关注的同时，我们需要提出一个改进这种做法的蓝图。我们呼吁更大的透明度，以及被我们称为数字中立性的做法，即承认人们的信息应该受到保护，而不管它在哪里，以何种方式存储。我们指出，应根据必要性的原则达成平衡，即政府可以发出封口令，但仅限于必要的时候，而不是滥用。

政府做出回击，在我们的诉讼正式开始之前提出撤销诉讼的动议。政府辩称，我们没有根据第一修正案通知客户的权利，也不存在根据第四修正案挺身而出，捍卫客户权利的基础。我们很快得出结论，赢得这个动议可能会带来关键的转折点。如果在这个动议中胜诉，我们就可以获得有关大规模使用封口令的政府数据，这很可能会给我们所需的事实，从而帮助我们在最终的诉讼中获胜。

我们决定尽可能建立一个广泛的支持者联盟。整个夏天，我们都在努力争取支持。当劳工节到来时，我们已经成功召集超过 80 个支持方，通过提交"法庭之友"陈述参与此案。这些支持方来自科技界、商界和新闻界的各个部门，甚至包括德高望重的司法部和联邦调查局前官员[21]。

2017 年 1 月 23 日，律师和公众向罗巴特法官提交了陈述，这距离我们决定针对秘密封口令奋起抗争而非投降已经过了一年零两天。现在我们有机会就政府的动议举行公开听证会，并且有司法部的前官员在前排支持我们。

两周后，罗巴特法官裁决，我们的案件可以继续进行[22]。尽管他支持政府的论点，即我们无权捍卫客户的第四修正案权利，但他同意我们有权继续推进我们针对第一修正案的主张。我们成功地前进了一步。

司法部注意到这一点，开始更加认真地对待我们的主张，于是双方开始坐下来谈判。经过多次讨论，司法部发布了一项新政策，明确限定了检察官在何种情况下才可以寻求封口令。此外，司法部还颁布新的指南，指示检察官在发出企业搜查令时，应在向云服务提供商提出要求之前寻求企业的配合。我们对此非常满意，并公开表示，我们认为新的方法将有助于确保秘密搜查令只在必要和特定的时间段内使用[23]。双方同意终止关于封口令的诉讼。

这个结果凸显了隐私和安全之间的微妙平衡。诉讼通常是直截了当的手段，其本身只能裁定当前流程是否合法，而不能带来新的方案，以解决科技应如何受到管理的问题。要解决这一问题，需要深入对话，有时需要谈判，甚至需要新的法律。在上述案件中，我们提起的诉讼已经达到目的，即让各方开始就未来展开讨论。但让各方坐在一起，讨论其他问题仍然是一个持续挑战，而这个挑战将变得日益困难和重要。

第三章
隐私：最基本的权利

2018年冬，我们在柏林度过了繁忙的一天，参加完多个公开活动和一个接一个的会议后，我们准备结束一天的工作。但是我们德国本地团队的德克·博内曼和坦贾·博姆却有不同的想法，他们坚持最后带我们去那天的最后一站——位于城市东北部一座被废弃的监狱。

此前一周，我们曾对这个临时增加的项目充满好奇，但当天寒冷的天气和时差几乎浇灭了我们的热情之火。不过，这次日程之外的参观最终成为那年最值得纪念的日子之一。

在冬日越来越浓的暮色中，我们驱车穿过德国首都的街道。车窗外，一座座建筑物快速闪过，讲述着这个城市的历史。普鲁士、德意志帝国、魏玛和纳粹主义时代的建筑逐渐让位于光秃秃的混凝土建筑，我们也即将到达此行的目的地——前德意志民主共和国的霍恩施豪森监狱。

这个曾经属于最高机密的军营是斯塔西——前东德国家安全部——总部的一部分。斯塔西是前东德的"剑与盾"，通过监听和精神控制统治国家。到柏林墙倒塌时，斯塔西雇了近9万名特工，并建立起一个由超过60万"公民看门狗"组成的秘密网络。这些人监视着他们前东德的同事、邻居，有时甚至包括自己的家人[1]。斯塔西积累了数量惊人的记录、文件、图像以及视频和音频文件，全部排列起来长达69英里[2]。从第二次世界大战结束直至冷战结束，如果一位公民被认为可能逃亡，或者对政权和社会有威胁，其将在霍恩施豪森监狱被拘留、恐吓和审讯。

这座前监狱的大门徐徐打开，我们的车子停在一个混凝土瞭望塔前，一位75岁的前囚犯——汉斯-乔陈·沙伊德勒在那里迎接我们。他健壮的体格和轻松的笑容掩盖了他的年龄与在监狱里经受的磨难。他热情地和我们一一握手，然后把我们领进那座巨大的灰色建筑，他曾在那里度过7个月的黑暗时光。

1968年，沙伊德勒离开柏林，前往布拉格查理大学攻读物理学博士学位。"布拉格之春是我一生中最快乐的一段时光，"他在回忆那一年捷克首都的解禁和政治自由化时说，"每个周末我都在那里庆祝布拉格之春。"[3]但很快，50万华约部队涌入捷克并镇压了改革，捷克斯洛伐克走向自由的行动迅速被终结。

当年8月，24岁的沙伊德勒在柏林的家里听到了这个毁灭性的消息。他"更人性化"的社会主义新时代的梦想在一夜之间彻底破灭。为了抗议，沙伊德勒和他的4个朋友印制了批评苏联政权的传单，并在当晚把它们塞进东柏林人的邮箱。

他们在那天晚上的行动中被当场抓获，随后全部遭到逮捕，并被送到我们现在脚下所站的地方。他在我们参观过的某间狭小黑暗的牢房被关押了足足7个月。其间，他被禁止与其他囚犯见面，禁止与他人交谈，甚至禁止阅读任何东西。他的父母不知道他在哪里，也不知道他为什么就那样凭空消失了。他还遭受了残酷的精神折磨。即使在获释后，他也不能再在他所学的物理领域学习或工作了。

我们那天参观的意义突然无比清晰。

新隐患：当数据被不正当使用

今天，世界上多数政治活动已不再像沙伊德勒当年那样从街头开始，而是源于互联网。电子通信和社交媒体为人们提供了一个强大的平台，以动员支持者、传播信息和表达不同意见，只需要几天时间，人们就能完成布拉格之春时期需要几周时间才能完成的工作。沙伊德勒在20世纪60年代所做的事就像是发送电子邮件，而且他在点击"发送"的时候遭到逮捕。

当我们在微软内部讨论隐私问题时，我们经常谈到德国政府在制定和执行新法律方面所起的主导作用。德克和坦贾希望我们亲眼看到，他们以及其他德国人为什么如此关心这些问题。作为大量个人数据的管理者，科技公司应该铭记那些纳粹和斯塔西统治受害者所遭受的苦难，并清醒地意识到数据被不正当使用的严重后果。德克告诉我们："这座监狱中关押的许多人因为他们在家里偷偷所做的事而被捕。这是一个旨在控制人民的全面监视系统。"

他解释说，因为经历过纳粹和斯塔西的统治，现代德国人对电子监控心存疑虑。斯诺登披露的文件更助长了这些怀疑。他说："只要数据被收集，它就存在被滥用的可能。当我们在世界各地运作时，我们应牢记政权可能随时更迭，这一点非常重要。看看在这里发生的一切，有关个人的数据——他们的政治、宗教和社会观点——在被收集起来后可能被不正当使用，并带来各种各样的问题。"

当我回到雷德蒙德和员工谈论隐私问题时，沙伊德勒的故事有效揭示了我们在处理客户数据时面临的风险。隐私不仅是我们必须遵守的一项规定，而且是我们有义务保护的一项基本人权。

这个故事还能帮助人们理解，当云计算走向全球时，它所涉及的不仅仅是在海底铺设光缆和在其他大陆建立数据中心，还意味着在适应其他国家的文化的同时坚守对我们的核心价值观的承诺，即尊重和保护其他人的隐私权。

10年前，科技行业内的一些人认为，他们可以仅从美国境内的数据中心为全世界的客户提供服务。这种想法很快被现实打破。人们希望网页、电子邮件和带有照片或图形的文档能够即时加载到他们的手机和计算机上。消费者测试表明，只要延迟半秒，人们就会烦躁不安[4]。物理定律要求我们在更多国家建立数据中心，以便用户所需内容不必通过电缆从地球的另一端传输过来。这种地理上的临近性是减少所谓数据延迟或传输延迟的关键。

在昆西数据中心动工之前，我们就已经开始在欧洲寻找合适的地点，以建立我们在美国本土以外的第一个数据中心。我们最初最倾向于英国，但爱尔兰很快加入了竞争。

自20世纪80年代以来，爱尔兰几乎已经成为美国科技行业的第二故乡。微软是第一家在那里进行大规模投资的科技公司。最初吸引科技公司来到这个"绿宝石岛"①的是税收优惠和讲英语的员工。随后，爱尔兰利用其欧盟成员身份和热情好客的精神，吸引了来自欧洲各地，乃至

---

① "绿宝石岛"是爱尔兰的别称。——译者注

第三章
隐私：最基本的权利

世界各地的人来这里生活和工作，尤其是在都柏林地区。这使得这个小国成为"凯尔特之虎"，创造了一代人的持久繁荣。微软为我们与爱尔兰的密切关系和对其经济增长的贡献深感自豪。

20世纪80年代，我们的欧洲客户使用爱尔兰制造的CD-ROM（只读光盘）安装我们的软件。随着软件向云端过渡，爱尔兰人意识到CD（激光唱盘）行业最终将会消失，他们需要为国家的经济发展寻找新的机会。

爱尔兰企业、贸易和就业部极富远见地预见到未来，并为吸引科技公司在爱尔兰建立数据中心奠定了基础。在我们刚刚认识到云业务的广泛前景时，他们就专程来雷德蒙德拜访我和其他人，提议我们将第一个欧洲数据中心建在都柏林附近。代表团中有一位名叫罗纳德·朗的高级官员，我在伦敦的科文顿·柏灵律师事务所工作时与他共事过，并曾经花了整整一个下午和他在都柏林讨论一个具有挑战性的公共政策问题。

在雷德蒙德举行的见面会上，我为难地解释说，在爱尔兰建立我们第一个欧洲数据中心根本不可行。爱尔兰没有连接至欧洲大陆的高速光缆，而没有它，爱尔兰的数据中心将毫无意义。

朗的回答简单有力："给我们三个月的时间。"

面对这个回答，我们怎么能说不呢？

三个月后，爱尔兰政府成功签订协议，铺设我们所需要的那种光缆，为我们在都柏林南部建立数据中心铺平了道路。我们一开始只建了一栋小建筑，但随后开始扩建，然后再扩建。

2010年，微软开始在爱尔兰存储我们欧洲客户的数据。今天，我们在欧洲其他几个国家也建立了数据中心，但规模没有一个可以与我们位于爱尔兰的数据中心相比,后者占地两平方英里[①],与我们在美国最大的数据中心相当。与亚马逊、谷歌和脸书运营的大型数据中心一起,它帮助爱尔兰从一个小小的岛国变身为一个数据超级大国。

今天,爱尔兰已成为全世界最适合建立数据中心的地点之一。有些人可能认为这主要是因为爱尔兰的税收激励政策,但实际上其他因素更为重要。其中之一便是天气。当前的数据中心都是世界上的耗电大户,爱尔兰温和的气候为计算机提供了理想的温度。建筑物不需要人工降温,到了冬天,服务器运行产生的热量循环,通常即可满足建筑物的供暖需求。

比天气更重要的是爱尔兰的政治气候。这个国家是欧盟的一部分,同时其国内在尊重和保护人权方面拥有长期共识。爱尔兰有一个强大且务实的数据保护机构,它了解技术,也会确保科技公司保护其用户的个人信息。

正如我在访问中东国家时对官员们所说:"爱尔兰对数据的态度就像瑞士对金钱的态度。"换言之,它是人们存储其最宝贵的个人信息时应该选择的地方。这个国家给我的感觉是,它是最不可能建立类似我们在柏林参观过的斯塔西监狱的地方。

不幸的是,在全球范围内运营数据中心正变得日益复杂,远不只限于将数据存储在爱尔兰这样安全的地方。原因之一是越来越多的国家希望把数据存储在自己境内。尽管这一趋势对科技行业来说并不喜闻乐见,但从某种角度我们也能够理解。从某方面来说,这个问题关乎一个国家的权威。它还保证政府可以应用自己的法律,并确保其搜查令能够

---

① 1平方英里≈2.6平方千米。

访问有关自己国家的所有数据。

在更多国家建立数据中心的压力引发了另一个问题,而后者正在迅速成为全球最重要的人权问题之一。由于每个人的个人信息都存储在云端,一个致力于大范围监视的独裁政权可以实施酷法,不仅监视人们正在交流的内容,还监视他们在网上阅读和观看的内容。得到这些信息之后,政府可以起诉、迫害甚至处决那些它认为有威胁的人。

这是一个基本生活常识,在科技行业工作的每个人每天都应该提醒自己这一点。我们很幸运能够从事当今最赚钱的行业,但与我们对人们的自由和生命所担负的责任相比,金钱损失的风险微不足道。

因此,微软在决定于一个新的国家设立数据中心之前,都会要求一份详细的人权状况评估报告。我会审查评估结果,每当发现令人关注的问题,尤其是当最终需要做出否决时,我会亲自参与。因为人权风险太高,我们在有些国家没有设立,也不会设立数据中心。在其他一些国家,尽管风险较低,我们也只存储企业数据,而不会存储个人用户的数据,同时还会实施额外的安全措施,并随时保持警惕。我们可能会突然接到新的要求,从而引发不为人知,但充满戏剧性的危机,随时考验着云业务负责人的道德勇气。

超越边界的博弈

即使一切顺利,也可能出现新的状况,完全摧毁我们在爱尔兰这样的地方存储数据带来的所有保护。举个例子,某国政府可能试图要求一家科技公司向其移交存储在另一个国家的数据。如果没有一套有序的流程来保障人权,那么世界各国都可以寻求越过彼此的边界,包括进入像爱尔兰这样的数据避风港。

从某些方面来说，这并不是一个新问题。几个世纪以来，世界各国政府一致认为，一国政府的权力，包括搜查令，都止于其边境。政府有权逮捕人，搜查自己领土内的房屋、办公室和建筑物，但它的人不能冲入另一个国家，带走某个人或抢走文件。它必须通过那个拥有领土主权的政府来达到自己的目的。

有些时候，有些政府会忽视这一机制而自行其是。这种对边界的不尊重加剧了国际紧张局势，并促成类似最终导致1812年英美战争那样的事件。当时，英美两国敌对情绪高涨，英国皇家海军是海上霸主，但由于英国正在与拿破仑在海上交战，其水兵数量一直不足。为了补充严重不足的船员数量，英国派遣"抓夫队"到外国船只和外国港口绑架男子，并强迫他们服役。虽然从理论上讲，当时皇家海军搜寻的对象是英国人，但"抓夫队"在抓人时并不会检查护照。当人们发现他们不分青红皂白地抓人，并强迫一些美国公民服役于皇家海军时，美国采取了行动。这个年轻的国家完全禁止英国军舰停靠美国港口。它给出的信息十分明确："要么尊重我们的法律，要么滚出我们的国家[5]。"

直到1812年的战争之后，两国政府才重拾理智，同意尊重对方的主权。从此，各国开始针对引渡罪犯和在其他国家获取信息制定新的国际条约。这些新协议多数被称为MLAT，或《司法互助条约》(Mutual Legal Assistance Treaties)[6]。然而，过去10年间，这些条约显然已不适用于云计算时代。执法机构不出所料地对MLAT的缓慢进程感到沮丧，尽管各国政府努力讨论更新协议和加快进程的方法，但并未取得多少实质进展[7]。

随着数据转移到云端，执法机构开始寻求绕过MLAT流程的方法。

第三章
隐私：最基本的权利

它们会试图向管辖范围内的科技公司出具搜查令，要求其提供存储在他国数据中心的电子邮件和电子文档。如它们所见，它们不再需要依赖MLAT，甚至不需要告诉另一国的政府它们在做什么。

大多数政府显然并不希望看到科技公司绕过本国法律的保护，将其公民的数据转交给外国。早在1986年，美国国会颁布ECPA的时候，就在其中加入了一个条款，确保其他国家不能这样做。它不希望看到外国人像"抓夫队"一样攫取数字数据。ECPA规定，一家美国科技公司将特定类型的数字数据（如电子邮件）交给外国政府属于犯罪行为，即使这种行为是为了回应外国政府的法律要求。同样，1968年的《有线监听法》也将在美国境内为外国政府拦截或监听通信定为犯罪。相反，我们被要求依据MLAT业已建立的一个国际进程行事。

欧洲的法律没有做出如此明确的规定，但我们知道，它们的观点像美国的观点一样重要。它们与美国政府一样，非常不喜欢外国政府侵入其领土，欧盟及其成员国制定了强有力的法律来保护其公民的隐私权。我们知道，就像19世纪初，英国船只停靠美国港口一样，只有同意尊重当地法律，我们的数据中心才会受到欧洲大陆的欢迎。

然而，随着云计算变得越来越普遍、数据越来越容易获取，一国政府单方行动寻求其他国家数据的诱惑显然变得难以抗拒。从个人角度就事论事，这是可以理解的。执法调查人员需要信息，并希望尽快得到。如果能够迫使一家在本国设有分部的科技公司更快地采取行动，为什么还要花时间通过MLAT程序与另一个政府进行漫长的协商呢？反正如果另一个国家的政府对此提出异议，面对烂摊子的将是这家科技公司，而不是当地的检察官。

微软很快发现自己被卷入这场新型的战斗，需要躲避两边射来的子弹。发生在两个国家的案例生动地概括了我们面对的挑战。

一个国家是巴西。2015年1月的一个早晨，我们巴西子公司的一位高管正在雷德蒙德参加一个销售会议，他的妻子打来电话，于是他走到走廊里接听。她在圣保罗的家里，听上去惊慌失措。巴西警方到他家里来抓人，并要求他出庭受审。他们冲进大楼并封锁了他的公寓。那么，他到底犯了什么罪？因为他在微软工作。

巴西警方坚持要求我们根据巴西法律，交出与一项正在进行的刑事调查相关的个人通信数据。我们当时在巴西没有数据中心，按照美国法律，移交行为应发生在美国。我们解释说，根据美国法律，我们那样做将构成犯罪，因此我们建议他们通过两国之间的MLAT程序获取数据。巴西当局对我们的建议嗤之以鼻。他们已经因为一个类似案件对我们圣保罗的另一位当地高管提起刑事诉讼，对微软的罚款额每月都在上升。

我们让内特·琼斯尽力与巴西官员进行谈判。他后来说："我们被困在了两难境地，一边是岩石，另一边是砖墙，而巴西这块岩石显然不想动。"

如果说内特的处境尚可，可以继续安全地在他雷德蒙德的办公室里寻找这个问题的解决之道，我们在巴西当地的管理层可就没那么好过了。圣保罗当局短暂拘禁了我们的一名高管，并且多年以来一直拒绝撤销对他的刑事指控。我们心甘情愿地承担了在法庭上为他辩护的费用，并表示如果他愿意，我们可以帮助他和他的家人离开巴西。我们还面临另一个挑战，巴西当局针对公司开出的2000多万美元的罚款。

还有一个挑战来自美国。2013年底，我们收到一份搜查令，要求我们提供与一起贩毒案调查相关的电子邮件记录。虽然这是一个典型的要求，但对账户进行审查后，我们很快发现情况并不那么简单。这些电子邮件似乎属于一个不是美国公民的人,并且它们也没有储存在美国境内,而是在爱尔兰。

我们希望联邦调查局和司法部向爱尔兰政府寻求帮助。毕竟,美国和爱尔兰是亲密友好的盟友,并拥有更新过的 MLAT。我们与都柏林的官员进行了交谈,并证实他们愿意提供帮助。但是司法部的官员并不喜欢设置这种他们不想遵循的先例。他们表示,我们需要遵守搜查令。

引人关注的诉讼

对我们来说,设置先例同样重要。如果美国政府可以在不考虑爱尔兰法律的情况下偷偷进入爱尔兰,甚至不必让爱尔兰政府知道,那么其他政府也可以同样为之。它们可能在任何地方尝试这样做。于是,我们决定诉诸法律,而不是屈服。

2013 年 12 月,我们向纽约联邦法院提起诉讼。这个通往曼哈顿下城弗利广场法院大楼的旅程让我回到了职业生涯的起点。1985 年,我从哥伦比亚法学院毕业后,为一位地区法官工作了一年,工作地点就是在这幢位于华尔街附近的大楼的 22 层。那份书记员的工作让我以局内人的视角了解了我们的法律机制。

纽约与我在威斯康星州东北部阿普尔顿镇的故乡迥然不同。虽然这座大城市大大超出了我在中西部的成长经历,但我在第一天早上上班时,并没有意识到我有些不一样。我不仅带着一份法学院刚毕业的学生的热切,作为一个新员工,我还携带着一台笨重但功能强大的个人电脑,这在这座著名的法院大楼中并不常见[8]。

我在前一年的秋天购买了我的第一台电脑,当时大多数人还没有这种设备。说实话，很快就停产的 IBM PCjr 并不真正算得上一台电脑。但我给它装上了一个软件程序，从而改变了我在法学院最后一年的日子。那个程序就是 Microsoft Word 1.0。我简直爱极了这个软件，直到今天它的安装磁盘、手册和塑料盒还放在我家中的办公室里。与我在大学里用过的笔、纸或打字机相比，这个文字处理程序就像魔术。我不仅能写得更快，还能写得更好。所以我努力说服我的妻子凯西（她也是一位刚刚入行的律师），在开始第一份工作之前，同意我花掉 27000 美元年薪的 1/10，买一台更好的个人电脑，放在我的办公室里。谢天谢地，她很支持我。

当时，我为一位 72 岁的法官工作，我办公桌所在的办公室里摆满了一排排整齐的盒子，里面装着他在 20 多年的审判和案件中精心手写的笔记。他做了一个精心设计，经过长时间验证的索引系统，每个要点都附有打印的卡片，这些要点整合起来可形成对陪审团的指示。带着个人电脑进来的我引来一些狐疑的目光。那时，我第一次意识到非常重要的一点，即在使用电脑更好地完成我的工作（撰写备忘录和起草法律判决）时，不能打破仍然行之有效的既定做法。这是我一直牢记至今的宝贵一课：利用科技改进可以改进的东西，但同时要尊重那些已经运行良好的东西。

快进到 2014 年，我们再一次将新的计算技术带入同一座法院大楼。我们知道可能会面临一场长期的战斗，这个观点很快得到了证实，一位地方法官裁定我们败诉，由此我们开启了漫长的上诉历程。

我们的案件迅速在公众中引发巨大反响，尤其在欧洲大陆。我们败诉一个月后，我到欧洲出差，从柏林开始参加了一连串会议，会见了政府官员、国会议员、客户和记者。虽然我知道我们的爱尔兰搜查令案件

第三章
隐私：最基本的权利

会受到关注，但我没有想到人们的关注程度如此强烈。事实上，第一天早晨8点，我开始了和一位记者的第一场会议，我一边灌下第二杯咖啡，一边努力回想裁定我们败诉的地方法官的名字。我们的诉讼团队已经从这场打击中恢复过来，他们重振精神，正在努力为和地方法官的第二轮战斗热身。我们已经开始向前看，但我很快发现德国人并没有放下这场诉讼。

我在柏林开了两天的会，到结束时，那次判决的细节和做出判决的地方法官的名字已经深深地印在我的脑海里。无论我走到哪里，人们几乎都立刻开始和我谈论弗朗西斯法官。在纽约小小的法律圈之外，几乎没有人听说过他，但在2014年，这位曾判我们败诉的地方法官——詹姆斯·C.弗朗西斯四世成为柏林家喻户晓的人物。

人们似乎有问不完的问题。"他说的这个是什么意思？他为什么那么说？接下来会发生什么？"德国朋友们拿来弗朗西斯法官的判决全文，上面仔细地做了注解。其中几个人给我朗读了一些段落，而许多人已经仔细研究了每一页的内容。

第一天下午，当我和德国最大的一个州的首席信息官坐下来的时候，已经感到疲倦不堪。这位首席信息官把弗朗西斯法官的判决放在我们之间的红色木桌上，用食指点着这份判决书称："除非你们能彻底废除这个判决，否则我的州绝对不会把我们的任何数据存储在美国公司的数据中心。"

在随后整整一年的国际沟通中，这个问题一直困扰着我们。我在东京遭遇了和柏林同样的反应，这大大出乎我的意料。在一次招待会上，我被一群企业客户包围，他们争相告诉我，我们爱尔兰数据中心案件的最终结果会对他们的业务造成多么重大的影响。"微软必须赢得这场官司！"他们一遍又一遍地强调。他们同样密切关注我们案件的审理过程。在全球各地的公开场合，我反复发誓，如果需要，我们将坚持到底，一直把官司打到最高法院。

随着案件缓慢进行，我们认识到，即使我们打赢了，诉讼结果也有其局限性。它可能会提醒我们现有法律下搜查令的范围问题，但它永远也不会制定新的法律或新一代国际条约，以取代过时的 MLAT 协议。

我们开始起草新的提案，并广泛接触全球各国政府，寻找盟友来共同推动更广泛的行动计划。美国国会提出了新的立法[9]，但我们还需要将其与新的国际协议相结合。

2015 年 3 月，我们找到了突破点。我在白宫参加了一次会议，有机会审查当前的隐私和监视问题。我在会上讲述了针对我们巴西高管的刑事诉讼和对微软的罚款，奥巴马总统打断了我并评论道："这听起来一团糟。"与会者对此进行了讨论，奥巴马总统赞同，我们应该积极制定新的国际条约，他更倾向于在这么做时能够与一两个主要盟国，如英国或德国的政府合作。

2016 年 2 月，英国和美国在没有大肆声张的情况下，提出了一份更现代的双边数据共享协议草案。我们的计划向前推进了一步。但是，如果国会不能通过一项新的法令，这项协议就无法生效，同时，尽管我们在国会的支持面不断扩大，司法部仍然拒绝通过任何新的立法来改变其使用搜查令在全世界获取数据的方式。我们面临立法僵局，如果不能达成更广泛的妥协，我们的前景仍然很不乐观。

最终，最高法院本身打破了这一僵局，并且是以一种不可思议的方式。

不过，这要等到 2018 年 2 月底。在一个冬季不常见的温暖早晨，我们沿着华盛顿特区第一大街走向美国最高法院高耸的灰白色建筑[10]。我们停下脚步，再次设想即将出现的壮观场景，我们向最高法院的9位大法官陈述云计算的全球影响。

最高法院雄伟的4层建筑正对着美国国会大厦——站在它们中间，就好像站在了美国司法部门和立法部门的十字交叉口。朝一个方向看，国会大厦微光闪烁的穹顶高耸入云。掉转身来，你会看到一段长长的大理石台阶，穿过巨大的圆柱，一直通向一扇高高的雕刻门，那就是美国最高法院的入口。

2月27日，当我们到达那里时，看到长长的队伍沿着标志性的楼梯蜿蜒而下，已经排到街道上，他们都是充满期待的旁观者，等着看我们如何在法庭上挑战我们自己的政府。这将是长达4年之久的司法大战的最后决战。4年前，我们拒绝交出存储在大西洋另一端的爱尔兰的电子邮件。

这已经是微软第四次向最高法院提出上诉。我一直觉得这是一次一生难忘的经历。我们把世界上最先进科技引发的问题带上了这个看起来与百年前毫无二致的法庭。在庭审期间，不允许使用电话和笔记本电脑。每次上交电子设备之后，我会坐进一个巨大的红色包厢，那看上去就像一个带幕布的舞台。然后我会抬头看一下庭上唯一的科技产品——一个时钟。

我已经开始理解最高法院在一个完全没有现代科技元素的环境中考量科技影响的能力。早在2007年，我们就一个有关专利问题的案子首次出庭，巧合的是，那个专利问题是关于我们在爱尔兰的CD生产的[11]。在进行了一周的辩论后，我偶然遇到法院的一位高级行政官员，他说："在有些法官发言的时候，你看起来有点沮丧。"

我意识到我显然没有做到不露声色。我清楚地记得当时的情况。当时，一位大法官与一位反方律师讨论微软从纽约向欧洲的计算机"发送光子"的影响[12]。

"这个案子与光子有什么关系？"我不禁想到，"而且我们讨论纽约干什么？"

不过，我确实从中得到了一个非常深刻的教训，其重要性远远超过在听证过程中努力保持面不改色。那就是，法官们并不总是了解最领先的科技的每一个细节，但他们年轻的助手则对此了然于胸。法官们用其智慧和判断力对事实性的理解加以补充，而这些智慧和判断力甚至经常超越了法律条文本身。尽管公众对大法官的提名方式以及某些有争议的案件判决颇有微词，但美国最高法院仍然是全世界最伟大的机构之一。大多数情况下，9位大法官共同努力，探求各种挑战性问题的法理。我曾参与过世界各地的法庭审理，并对美国最高法院解决问题的能力充满信心。

那天早上，经过一个小时的辩论，9位大法官让双方都感到不足以有信心获胜。尽管双方都有一定获胜的可能性，但没人敢信心满满地预测，最终谁会赢得胜利。无论这是偶然，还是有意为之，法官们创造了完美的氛围，鼓励双方达成和解。

但我们仍面临一个巨大的障碍——只有新的法律获得通过，双方才有可能同意最高法院的裁决不是解决争议的必经之路。换言之，在达成和解之前，需要先有新的立法，而新的立法只能来自第一大街的另一侧——国会大厦。

在某种程度上，要求国会行动就好比要求上帝行动。国会在几乎所有问题上都存在分歧，它也没有顺利通过立法的习惯。但我们看到了一个小小的机会之窗，我和弗雷德·汉弗莱斯讨论了我们面临的选择，他曾长期在华府任职，现在领导着我们的政府事务团队。我们决定联合白宫，一起努力试试。

如果没有参议院和众议院两党的共同努力，这根本不可能实现，所幸我们4年前提起诉讼后不久，两党即已就这个问题开始合作。经过两次立法听证会和一系列反复，我们终于能够坐下来与司法部进行最后一轮讨论，这要感谢参议员林赛·格雷厄姆，他以参议院司法部犯罪和恐怖主义小组委员会主席的身份积极斡旋，促成了此次讨论。

《CLOUD法案》

格雷厄姆以果决的态度积极促成人们进行合作。一年前，即2017年5月，他曾主持了一个参与者众多的听证会，我也参加并做证。由于这会对英国与美国的国际协议产生影响，英国政府也派出了其副国家安全顾问帕迪·麦吉尼斯参加并做证。他有着苏格兰人特有的和善，但也对英国需要如何打击恐怖主义拥有务实而坚定的理解。白宫国土安全顾问汤姆·博塞特经常与麦吉尼斯交流，并一直敦促国会各方寻求共同点。

最高法院的那次辩论后不久，一项新的法案被提出并得到两党的一致支持。它被赋予了一个新的名字——《澄清域外合法使用数据法》，也被称为《CLOUD法案》。

这项法案包含了我们希望的条款。它照顾了司法部的诉求，即其搜查令可以触及国际范围，但同时认可了科技公司在出现法律冲突时向法院提出抗辩的权利。这意味着，如果爱尔兰、德国或整个欧盟希望通过本国法律阻止单方面的外国搜查令，并强制要求采取更加透明或合作的方式，它们可以这样做，而我们以此为依据在美国法庭上提出抗辩。

更重要的是，《CLOUD法案》令现代国际条约拥有了新的权威，从而可以取代单方面的努力。这些条约可以使执法机构借助更快、更现代化的程序获取存储在他国的数据，同时遵循保护隐私和其他人权的规则。如同所有法案，尤其是那些涉及妥协的法案一样，它并不完美，但它已经涵盖大部分我们在4年多时间内努力达成的目标。

我们仍然面临一个巨大的障碍，那就是找到合适的工具促成《CLOUD法案》尽快通过。无论参议院，还是众议院，都不太可能在其立法日程中安排对该法案单独表决，尤其是在最高法院裁决之前的短短时间之内，因此我们需要将它附在另一项法案之上。

我们认识到，该法案获得通过的唯一希望是将它附在预算法案上。这将是一个困难重重的努力，原因有二。第一，国会在通过预算法案上困难重重。第二，由于前面的原因，国会领导人极其不愿意在预算法案之上再附加任何非预算法案。

很明显，得益于格雷厄姆参议员的支持，共和党参议员可能支持这个想法。但如果民主党参议员反对，我们仍无法推进。我们随即想到有一个人可以扭转困局。在许多方面，我们不仅将他视为一位国会领袖，还视他为一位精力充沛、充满魄力的强人，他就是参议院少数党领袖查克·舒默。尽管他原来对这个议题知之甚少，但他迅速进行了研究，并决定积极介入。

在博塞特、格雷厄姆和舒默等人的大力推动下，争取众议院领袖支持的努力随即积极展开。不久，众议院议长保罗·瑞安和少数党领袖南希·佩洛西就是否将《CLOUD法案》纳入预算案进行了深入讨论，并引发对法案的新一轮修正。每隔几天，我们就会感到似乎已经走投无路，

第三章
隐私：最基本的权利

但我们不断与博塞特讨论，并下定决心绝不放弃。让人又惊又喜的是，在多轮电话和见面交谈后，它仍然一息尚存。终于，在2018年3月23日，唐纳德·特朗普总统签署了一项综合预算法案，其中就包括该法案。《CLOUD法案》现在已经成为法律[13]，而我们在最高法院的案件很快将达成和解。

从我们首次踏入纽约联邦法院的大门开始算起，时间已经过去4年多。但从我们最后走出最高法院算起，则还不足一个月。这个案件的最后阶段进展得如此之快，令我们所有亲身参与每一步的人都感到万分惊讶。

我们自然对结果非常满意，不过也难免怀有些许复杂的心情。我们相信《CLOUD法案》是一部强有力的法律。但就像所有的法案与法庭和解一样，它也包含妥协的成分。很久以前，我们就学到一点，即硬碰硬地打一场仗也许更痛快，但达成协议的回报往往会更大。后者通常是取得进展的唯一途径。同时，达成协议需要双方各退一步。

同时，这还要求我们必须做好解释结果的工作，特别是当结果很复杂时。因此，我们通常会提前针对各种结果做出预案并准备好传播材料。但是《CLOUD法案》的进展实在太快，并且需要与华府官员进行大量沟通，因此我们的准备并不充分。

我们迅速收到来自世界各地的问询，客户、隐私团体和政府官员纷纷询问《CLOUD法案》的具体内容及其实际运作方式。客户充满了疑虑，隐私团体也表示担忧。我们勉力上阵，很快地，我们在全球各地提供简报和发布说明来填补这个空白[14]。这一行动涉及了几乎所有国家的每一位微软销售代表。有一个小插曲可以生动地说明这一点，法案通过一个月后，在法国的大街上，一名微软的当地员工拦住了我，他当时正在吃饭，认出了路过餐馆的我，于是丢下晚餐就追了过来，他气喘吁吁地向我提出了一连串有关这一新法案的问题。

目前的结果既反映出我们已经取得了多少成绩，也反映出我们所有人还需要再走多远。现在，我们已经拥有一个框架，可以基于国家间的新协议打造一个不同的未来。正如美国助理司法部长理查德·唐宁在《CLOUD法案》通过一周年纪念日上所说，这一法案"不仅为应对当前挑战提供了解决方案，还提供了一种面向未来的解决方案"。正如他所解释的，它作为"解决方案，旨在建立一个由志同道合、尊重权利并且遵守法律的国家组成的'社群'，使各国在其中能够最大限度地减少法律冲突，并在共同价值观和相互尊重的基础上促进其共同利益"[15]。

但《CLOUD法案》就像一块基石，在此之上我们必须建造新的房屋。在当今世界，执法部门必须迅速行动，隐私和其他人权需要保护，而各国的边界也必须尊重。

新的国际条约能够实现上述所有目标，但前提是它们经过精心协商和不懈努力。

换句话说，未来我们仍有很长的路要走。

第四章

网络安全：唤醒沉睡世界的闹铃

2017年5月12日，帕特里克·沃德被推进伦敦市中心的圣巴塞洛缪医院的手术准备室。这座庞大的医疗中心被当地人简称为巴特，距离圣保罗大教堂只有几个街区，它始建于1123年亨利一世统治时期。在希特勒对伦敦的大轰炸中，这家医院一直没有停止运作。尽管炸弹如雨点般在它的四周落下，有时甚至正中其身，但这座美丽的地标建筑自豪地经受住了第二次世界大战的考验[1]。在巴特近900年的历史中，从未有任何一枚炸弹比这个周五早上扔下的炸弹造成更大的破坏。

沃德花了三个小时才从家里赶到医院，他住在多塞特郡的一个小镇，靠近英格兰南部海港城市普尔。从19世纪末开始，他的家族一直住在这个风景如画的海滨小镇，以务农为生。沃德的工作与他所居住的静谧田园非常般配。他长期担任精品冰激凌制造商珀贝克冰激凌的销售总监。他热爱自己的工作，告诉我们说："我靠聊天和吃冰激凌就能挣钱，这两个都是我所擅长的。"

他排了两年的队，才在巴特医疗中心等到一个手术床位，来治疗一种被称作心肌病的严重心脏病。这种遗传性疾病令他的心脏壁增厚，使这位原来经常徒步和踢足球的健壮中年英国人无法完成大部分日常行动。那天早上，沃德的胸毛被剃光，并接受了一系列身体检查。他躺在医院的轮床上休息，等待他期待已久的手术，外科医生过来告诉他："再等几分钟，很快就会轮到你了。"但沃德并未被推入手术室，他一直在等待。

一个多小时后，医生又过来说："我们遭到了黑客攻击，医院的整个系统都崩溃了，所以我没法做手术。"这家在第二次世界大战期间一直开放的医院突然因成为网络攻击的目标而陷入瘫痪。它所有的计算机系统都崩溃了。当天的急诊病人被转走，预约被取消，手术服务也全部停止。这次袭击使英国 1/3 的国家卫生服务机构瘫痪，而这些机构提供了英格兰大部分的医疗保健服务[2]。

Zinc 的攻击

那天上午晚些时候，微软的高管团队正在雷德蒙德举行每周五的例会，每周例会的参会者包括萨提亚·纳德拉和 14 位直接向他汇报的高管，每次都遵循常规流程。早上 8 点，例会在公司的董事会会议室准时开始，我们中有几个人的办公室就在那一层。我们将在会上依次讨论各项产品和业务计划，会议会一直持续到下午 3 点左右。但 2017 年 5 月 12 日的会议并不是一次常规例会。

我们还没讨论完第二个议题，萨提亚就中断了讨论。他说："我收到了很多封电子邮件，都说我们的客户受到广泛的网络攻击。这到底是

第四章
网络安全：唤醒沉睡世界的闹铃

怎么回事？"

我们很快了解到，微软的安全工程师一直在忙于接听客户的电话，并试图找出原因和评估这一快速蔓延的网络攻击的影响。到中午时，已经很明显可以看出这不是普通的黑客攻击。微软威胁情报中心的工程师很快把恶意软件与一个代号为 Zinc（锌）的黑客组织在两个月前试验过的代码匹配成功。微软威胁情报中心在内部简称为 MSTIC（其发音为"mystic"，即"神秘的"），它按照元素周期表中的元素给各个国家/地区的黑客组织指定代号。一年半前，Zinc 攻击了索尼影业的电脑网络[3]。

从技术角度来看，Zinc 最新一次攻击异常先进，在最初的"Zinc"软件中添加了新的恶意软件代码，使得感染可以自动从一台计算机蔓延到另一台计算机。一旦感染，该代码将加密并锁定电脑硬盘，然后显示一条勒索信息，要求支付 300 美元，以换取电子密匙来恢复数据。如果没有密钥，用户的数据将被永久冻结且不可访问。

这一网络攻击始于英国和西班牙，并在几小时内传遍世界各地，最终影响了 150 多个国家/地区的 30 万台计算机[4]。随着它在全球迅速蔓延，人们会记住它的名字 WannaCry（想哭），这个恶意的软件代码串不仅让 IT 管理员想哭，还成为唤醒全世界的闹铃。

《纽约时报》很快报道说，WannaCry 恶意代码中最先进的一段由美国国家安全局开发，可利用微软 Windows 操作系统中的漏洞入侵电脑[5]。美国国家安全局很可能是为渗透敌方的电脑而开发出该软件代码的。显然，这个恶意软件被盗取，并通过"影子经纪人"在黑市上出售。影子经纪人是一个匿名组织，在网上发布病毒代码，以造成严重破坏。影子经纪人已经把国家安全局的这一先进病毒武器提供给任何知道在哪里找到它的人。虽然该组织尚未与特定的个人或组织有明确的联系，但威胁情报界专家怀疑它代表着某一个国家攻击者[6]。这一次，Zinc 在美国国家安全局的一段代码上增加了一个强大的勒索软件，制造出一个席卷整个互联网的强大病毒武器。

正如我们的安全团队的一位主管所说："美国国家安全局研制了一枚火箭，而有人把它变成了一枚导弹，其区别只在于头上那点东西。"本质上讲，美国研制了一种先进的网络武器，又失去了对它的控制。

我们没有时间来思忖这个情况多么具有讽刺性。我们不得不立即行动，努力帮助客户辨别哪些系统受到了感染，阻止恶意软件的传播，并恢复被禁用的电脑。到了中午，我们的安全团队得出结论，由于我们两个月前已经发布了一个补丁，新的 Windows 系统可以免受攻击，但运行旧版 Windows XP 系统的电脑则可能受到攻击。

这不是一个小问题。全球仍有一亿多台电脑在运行 Windows XP 系统。几年来，我们一直试图说服客户升级他们的电脑，并安装更新版本的 Windows 操作系统。正如我们指出的，Windows XP 在 2001 年即已发布，比第一代苹果手机要早 6 年，比第一部 iPod 早 6 个月。虽然我们可以发布针对特定漏洞的补丁，但它使用的老旧技术已无法应对当前的安全威胁。希望一个已经发布 16 年的软件能够抵御今天的军事级别的网络攻击，无异于通过挖地道防御导弹攻击。

尽管我们一再敦促并提供折扣和免费升级，但一些客户仍然坚持使用旧的操作系统。在努力推动现有客户群体更新系统的同时，我们最终决定继续为旧系统开发安全补丁，但与新版本不同，我们要求客户购买这些补丁，作为订阅服务的一部分。我们的目标是创造一种经济激励，促使客户转向更安全的 Windows 版本。

尽管在大多数情况下，这种做法是合理的，但 5 月 12 日的攻击有

第四章
网络安全：唤醒沉睡世界的闹铃 | 059

所不同。WannaCry 病毒的"蠕虫"特性使这一恶意软件的传播速度极其惊人。我们必须阻止其破坏性。这在微软内部引发激烈的争论。我们是否应该让全世界所有 Windows XP 用户，即不仅面向我们的网络安全服务订户，也包括运行盗版操作系统的电脑用户都可获得针对这个病毒的补丁？萨提亚打断争论并拍板，我们将免费向所有用户提供补丁。微软内部一些人反对这个决定，认为此举会削弱鼓励人们弃用 XP 的努力，后来萨提亚以一封电子邮件压下了反对意见，他表示："现在不是讨论这个问题的时候，攻击的影响面实在太大了。"

在我们从技术上逐步控制和清除 WannaCry 病毒的同时，事件的政治后果也在不断发酵。西雅图时间星期五晚上，即北京时间星期六上午，中国政府官员联系了我们在北京的团队，并通过电子邮件向 Windows 部门的负责人特里·迈尔森询问了针对 Windows XP 补丁的状态。

我们对这一问询并不感到意外，因为中国安装和运行 Windows XP 的电脑比其他任何国家都多。由于恶意软件发动攻击时恰逢当地时间星期五晚上，大多数办公电脑已经因周末而关机，中国在很大程度上躲过了最初一轮攻击，但使用过时 Windows XP 的电脑仍然面临被攻击的风险。

XP 补丁并不是中国唯一想要的东西。那位给特里发邮件的官员询问了当天《纽约时报》报道提出的一个观点。那篇报道称，美国政府一直在搜集软件中存在的漏洞，但对此保密，而不是通知科技公司进行修补[7]。这位官员希望了解我们的反应。我们表示，他们应该和美国政府讨论这个问题，而不是和我们。但毫无疑问的是，我们或者其他科技公司绝对不欢迎这种做法。相反，我们长期以来一直敦促各国政府披露它们所发现的软件漏洞，以便这些漏洞及时得到修复，并使所有人受益。

我们知道，这仅仅是一个开始，随后我们还会收到来自世界各地的人的更多问题。到星期六早上，我们意识到我们需要做的不仅仅是向受到感染的客户提供技术支持，还需要更加公开地应对这一新兴的地缘政治问题。那天早上，萨提亚和我通过电话讨论了下一步的工作。我们决定公开回应下一轮有关 WannaCry 病毒的问题。

我们不再谈论这场攻击的细节，而是关注更广泛的网络安全形势。我们明确表示，微软和科技领域的其他公司负有保护客户免受网络攻击的第一责任。这是一个既定事实。但我们认为，同样重要的一点是应强调客户也应共同承担网络安全的责任。我们当然应该确保客户能够更加便捷地更新和升级他们的操作系统，但这一事件给我们带来一个教训，即如果客户不使用我们更新的技术，那么一切努力都将是徒劳的。

我们还提出了第三个观点，即 WannaCry 病毒的攻击已经证明，随着越来越多的政府致力于发展先进的攻击型武器，更需要对网络武器加以控制。正如我们所说："如果换作常规武器，这就好比美国军方的战斧导弹失窃。"[8] 网络武器只需一个小小的拇指驱动器就可以被盗走或者存储，这既让对它们进行保护更加困难，也让保护它们变得更加重要。

白宫和美国国家安全局的一些官员对我们将此事比作战斧导弹不太高兴，英国政府一些官员也附和他们的观点，他们认为，"把 WannaCry 病毒比作步枪，而不是战斧导弹，要准确得多"。不过，有哪种步枪能在 150 个国家 / 地区同时发动攻击？这些根本不是我们讨论的重点，它只是反映了网络安全官员多么不善于面对媒体直接谈论这些问题，或者面对公众为自己的做法辩护。

有种理论将这次攻击指向了东亚国家，虽然 WannaCry 病毒进行的

第四章
网络安全：唤醒沉睡世界的闹铃

是无选择性全面攻击，但有没有可能这正是重点所在？

WannaCry病毒攻击在以下几个方面支持这个理论。

第一，攻击首先针对欧洲的目标发起，当时东亚的人们都已关闭电脑回家过周末了。随着太阳西移，其他大陆的企业和政府工作人员开始一天的工作，病毒感染也迅速蔓延。但是对东亚大部分地区来说，在人们星期一返回工作岗位之前，还有一个周末的时间来回应。

第二，此次攻击还增加了安全专家所称的"毁灭开关"，使得阻止恶意软件进一步传播成为可能。这个"毁灭开关"指示恶意软件查找一个尚未存在的特定网址，只要网址还没有被注册，WannaCry就会继续蔓延。但是，一旦有人注册并激活了这个网址（这只是一个简单的技术步骤），代码就会停止复制。

5月12日晚些时候，英国的一名安全专家分析了代码并发现了这个"毁灭开关"。他只花了10.69美元的低价注册并激活网址，就阻止了WannaCry进一步传播[9]。有人怀疑这反映出WannaCry的制造者技术不精。但万一事实恰恰相反呢？万一制造WannaCry的人的目的就是确保他们可以在周一早上之前关闭这个恶意软件，从而避免在特定区域造成太大破坏呢？

第三，WannaCry显示的勒索信息和方法也颇为可疑。正如我们的安全专家所指出的，个别国家以前曾使用过勒索软件，但使用方式有所不同，选择的是银行等高价值目标，并以聪明的方式索取大笔资金。因此，不加区别地要求支付300美元来解锁一台机器至少意味着彻底抛弃了以前的做法。那么，有没有可能整个勒索要求只是一种掩盖，以便误导媒体和公众，让他们无法了解真相，而美国和盟国的官员们则对真相早已心知肚明？

如果真的是这样，那么整个事件的严重性就远远超过人们所看到的。它是我们经历过的最接近全球性"热"网络战的情况，意味着在这次网络攻击中，平民所遭受的影响不再仅是附带损害，而是预期的效果。

越来越大的危险

不管答案如何，它反映了一个严重的问题。过去10年中，网络武器已经取得巨大发展，重新定义了现代战争的可能范畴，但网络武器的使用方式掩盖了正在发生的真相。公众还没有充分认识到应该关注的风险或者急需解决的公共政策问题。在这些问题大白于天下之前，我们将面临越来越大的危险。

如果还有人对网络战的威胁心存怀疑，那么6周后的网络炸弹攻击应该会打消他们的怀疑。

2017年6月27日，一场网络攻击突然降临乌克兰，此次的恶意软件同样使用了从美国国家安全局窃取的软件代码，导致乌克兰全国大约1/10的电脑陷入瘫痪[10]。此次攻击事件后来被美国、英国和其他5个国家的政府归咎于俄罗斯[11]。安全专家将此次攻击命名为NotPetya，因为它与已知勒索软件Petya（必加）共享代码。Petya是一种武器卫星的名字，它是1995年的詹姆斯·邦德电影《黄金眼》中虚构出的苏联"黄金眼"武器之一[12]。这种武器可以摧毁半径30英里内的所有电子通信设备。

在2017年的现实世界里，NotPetya攻击的范围更广。它波及整个乌克兰，严重破坏了企业、运输系统和银行系统，然后蔓延到国界以外，渗透到包括联邦快递、默克和马士基在内的跨国公司。马士基这家丹麦航运巨头眼睁睁地看着自己的全球计算机网络陷入瘫痪[13]。

当微软的安全工程师来到马士基伦敦办公室帮助他们恢复电脑时，迎接他们的是以 21 世纪的标准看来极其怪异的场景。马克·恩普森是一位身形高大、快人快语的微软现场工程师，他是第一个到达现场的人。他说："（在办公室里）你总是会听到电脑、打印机和扫描仪发出的各种声音，但在这里你什么都听不到，到处一片死寂。"

当恩普森走在马士基公司的走廊上时，他感觉办公室好像已经死了。他说："首先，我们要走一通标准的故障排除步骤，'好吧，出了什么情况？哪些服务器死机了？还剩下什么？'答案是机器都已经死了。"他继续追问："'好吧，那电话呢？''死了。''互联网呢？''不行，也死了。'"

这是一个鲜明的写照，表明我们的经济和生活在多大程度上依赖信息技术。在一个万物相连的世界里，任何事物都可能被破坏。部分由于这个原因，我们必须严肃看待当今针对电网发动的网络攻击。

如果一个城市失去了电力、电话、输气管道、供水系统和互联网，它几乎像是被抛回了石器时代。如果这发生在冬天，人们可能会冻僵；如果发生在夏天，人们可能会暑热难耐；那些依赖医疗设备生存的病人可能会失去生命。再设想一下，未来自动驾驶的汽车如果正在高速公路上行驶，汽车的控制系统突然遭遇一场网络攻击会造成什么后果。

所有这些都是提醒，让我们对自己生活的新世界更加警醒。在 NotPetya 之后，马士基采取了不同寻常的步骤，向公众保证其船只仍由船长控制。这种保证的必要性说明了世界对计算机的依赖程度，以及网络攻击的破坏力。

软件现在已经普遍应用在我们的社会基础设施中，这是越来越多的政府不断加强攻击性网络武器开发的部分原因。与早期的青少年黑客及他们后来在国际犯罪组织中的继任者相比，各国政府的运营规模和复杂程度完全不同。美国是最早投资于这一领域的国家，目前仍然是该领域的领导者。但其他一些国家已经快速跟上，包括俄罗斯、中国、朝鲜和伊朗，这些国家都积极投身于这场网络武器竞赛。

WannaCry 和 NotPetya 攻击代表着全球日益增长的网络武器能力的大规模升级。然而，几个月后的情况表明，世界各国政府显然并没有注意到这个唤醒闹铃。

在与各国外交官的讨论中，我们听到了同样的怀疑："没有人被杀害。这些甚至不是针对人身的攻击，而只是机器攻击机器而已。"

我们还发现，或许比以往任何武器技术进步都更明显的是，不同年龄段的人对于网络安全的观点大相径庭。年青的一代出生于数字时代，他们的整个生活似乎都由技术驱动，攻击他们的设备就像攻击他们的家，这对他们而言有着切肤之痛，但年长一些的人并不总是以同样的眼光看待网络攻击的影响。

这向我们提出了一个更加严峻的问题：我们能在一场数字"9·11"袭击之前唤醒世界吗？还是说，政府会继续按下"止闹"按钮？

在 NotPetya 之后，我们希望向世界展示乌克兰发生的一切，这个国家已遭受过多次网络攻击。虽然乌克兰因 NotPetya 陷入瘫痪，但该国以外的媒体对此报道很少。我们决定派遣一组微软员工去采访基辅市民，了解到底发生了什么[14]。他们采访了那些失去生意、客户和工作的人，拿到了第一手资料。他们与因信用卡和 ATM（自动取款机）停止工作而无法购买食物的乌克兰人交谈。他们采访了通信网络瘫痪时无法找到孩子的母亲。这显然还不是"9·11"，但它揭示了世界的发展方向。

乌克兰人乐于坦率地讲述他们的经历，不过通常情况下，网络攻击的受害者往往会保持沉默，因为他们对未能保证自己的网络安全感到尴尬。这种态度会使问题一直存在，而不是得到解决。微软也遇到过同样的问题。2017年，我们的律师提议在英国起诉两名成功入侵我们Xbox网络的犯罪分子。虽然这样做会带来一些令我们尴尬的问题，但我还是对公开此事开了绿灯。如果我们自己不能展示更大的勇气，那么我们永远不可能为公众做出表率。

我们不仅需要说得更多，还需要做得更多。

欧洲各国的外交官都对此表示同意。一位欧洲大使在联合国日内瓦办事处对我说："我们知道还需要做很多事，但我们不知道具体应该做什么。而且即使我们采取行动，在目前的情况下，让各国政府就任何问题达成一致也并不容易。在这个问题上科技公司应该发挥主导作用。这是让各国政府行动的最佳方式。"

这个机会很快出现。一个安全工程师团队做出判断，如果几家公司共同采取同步行动，我们将可以打掉Zinc的大部分恶意软件能力，就是这个组织应该对WannaCry攻击负责。我们可以针对Zinc试图利用的漏洞发布补丁，清理受影响的个人电脑，并在我们各自的服务器中统一关闭攻击者正在使用的账户。这样做虽然不能一劳永逸，但会对该组织的能力造成打击。

我们在微软、脸书和其他地方详细讨论了是否可以采取行动，以及应如何推进。这一行动将使我们成为更大的目标。我和萨提亚进行了深入讨论，并在11月与微软董事会分享了我们的行动计划。我们认为，无论是在法律上，还是在其他方面，我们都有坚实的基础，并且如果我们与其他公司合作，这是一个值得一试的行动。

我们还得出结论，我们需要通知联邦调查局、国家安全局以及美国和其他国家的相关机构。我们不是要征求它们的同意，只是简单地将我们的计划知会它们。我们希望确保没有一个情报机构正在借助我们准备禁用的用户账户来应对 Zinc 的威胁。

几天后，我来到华盛顿特区，并在白宫待了大半天的时间。我在白宫西翼的地下办公室会见了总统国土安全顾问汤姆·博塞特和白宫网络安全协调员罗布·乔伊斯，向他们通报了我们的计划。当时我们已经计划在下一周采取行动。

他们分享说，在特朗普总统的大力支持下，他们很快就可以正式宣布，对网络攻击表示反对并宣布负责方。这是关键的一步，它开始公开地认定某国政府对某次网络攻击负责。博塞特指出，美国政府正式对这种"不受控制和不加选择"的网络攻击表示反对十分重要。在这种情况下，白宫正积极与其他国家合作，以便能够第一次与这些国家站在一起。

博塞特首先要求我们推迟行动。"我们要等到一周后才能够发布我们的公告，如果我们同时行动会更好。"我表示，我们不能推迟我们的行动，因为它必须与补丁发布同时进行，而公众预期我们将在 12 月 12 日发布该补丁。众所周知，我们在每个月的第二个星期二发布补丁，我们称之为补丁星期二。

我提出了另一个选择："我们可以探讨推迟对外沟通我们行动的可能性，也许我们可以在此方面合作。"

有关政府对 WannaCry 攻击的反应，这次讨论还揭示了重要但非常讽刺的一点。正如博塞特向我解释的那样（他后来在新闻发布会上重申了这一说法），考虑到已经实施的所有制裁措施，美国政府对这一事件可做的反应很有限。他公开表示:"特朗普总统几乎已经采取了所有能利用的手段,以促使他们改变自己的行为。"[15]

尽管政府稍后也得出结论,其可以对网络攻击做出更大的反应,但显然科技行业更为主动,可以采取一些政府不能采取的措施。科技公司可以轻易地破除该恶意软件能力的一些关键部分。因此,如果我们能同时发布这两个公告,将对国家攻击者造成更大的威慑。

我们在两条战线上协调推进,一条是行动的执行,另一条是公开宣布。微软、脸书和另一家希望匿名的科技公司的安全团队在12月12日上午(补丁星期二)共同工作,破坏了Zinc的网络攻击能力。行动进展得十分顺利。

但公开宣布此次行动的努力更为复杂。几乎所有领域的安全专家通常都不愿公开谈论他们所做的事情。在某种程度上,这是因为他们的文化就是要屏蔽而不是共享信息。而且采取主动行动总是会带来一些风险,例如报复性攻击。但是,如果我们希望国家主导的网络攻击采取有效的行动,必须克服这种不情愿。

我们还面临另一个复杂局面,即科技行业与特朗普领导下的白宫的复杂关系。最近几个月,除了其他问题之外,我们正因移民新政与政府交恶。这使得一些人不愿公开承认他们与政府有任何关系。但我觉得,在必要时我们应该与政府合作,即使这意味着与我们的基本立场不符。网络安全是一项共同的事业,如果我们想取得真正的进展,那么我们不仅可以合作,而且需要合作。

白宫表示将于12月19日公开对外发布消息。我们迅速告诉脸书和另一家公司,如果大家同意共同行动,我们将愿意公开针对Zinc采取的行动。但直到发布会前一天的早上,我们仍然孤独地等待着另外两方做出决定。我下定决心，如果必要，我们将独自上台。我认为，要有效地阻止国家参与网络攻击，唯一的方法是我们显示出越来越强的应对能力。必须有人第一个站出来，我们愿意充当先行者。

那天晚上，我们终于等来了好消息，脸书将与我们一起公开我们所采取的集体行动。第二天早上，博塞特在白宫的新闻发布会上发布了一个更好的消息。他解释说，美国与另外 5 个国家，即澳大利亚、加拿大、日本、新西兰和英国，共同公开认定了攻击者的国家归属。这是多个国家首次通过多边合作，公开指责另一个国家对网络攻击负责。他随后宣布，微软和脸书在上周已经采取了具体行动，破坏了该黑客组织的部分网络攻击能力。

政府和科技公司通过共同行动，取得了任何一方都难以取得的成就。这显然并不是应对全球网络安全威胁的灵丹妙药，甚至不能算是一场胜利，但它是一个新的开始。

第五章

保护民主:"共和制,如果你们能守住它"

1787年,美国制宪会议在费城结束之际,本杰明·富兰克林在离开独立大厅时被问及,代表们建立了一个什么样的政府。他著名的回答是:"共和制,如果你们能守住它。"[1]这句话传遍美国,并回响在随后的岁月中。它强调了民主共和国不仅是一种新的政府形式,而且是一种需要时刻警醒,并在必要时采取行动来加以保护和维护的制度。

在美国历史的大部分时间里,这意味着公民的各种行动,包括投票、公共服务,有时甚至是牺牲生命。在其他关键时刻,它还要求美国企业动员起来,就像美国工业界全力以赴,帮助赢得第二次世界大战一样。历史告诉我们,警惕之心必须长存,因为行动的召唤总会在出人意料的时候出现。

"紧急 DCU 问题"

2016 年 7 月一个周日的晚上，对上述行动的需求突然出现。此前的两周，我大部分时间都在克利夫兰和费城参加共和党与民主党的全国大会。整个周末，我都在加班处理被搁置的工作。到了晚上，我正要结束一天的工作稍事休息，突然收到一封标有"紧急"的邮件。打开这封邮件的时候，我根本没想到，这会是一场大规模运动的开端，这场运动将使整个科技行业面临考验，挑战它勇敢站出来捍卫民主的勇气。

这封邮件来自微软的副总法律顾问汤姆·伯特，邮件的主题是"紧急 DCU 问题"。DCU 是微软的反数字犯罪部门（Digital Crimes Unit）的简称，它是汤姆管理的团队之一。15 年前，我们创建了这个团队，到目前为止它在科技行业仍然是独一无二的，这让我颇感惊讶。这个团队的成员包括分布在全球各地的 100 多人，其中包括前检察官和政府调查人员，以及顶级司法鉴定专家、数据分析师和商业分析师。DCU 的创建源于 20 世纪 90 年代我们的防伪工作，但随着我们看到新形式的犯罪活动开始在互联网泛滥，DCU 逐渐演变为一个与执法部门密切合作的数字 SWAT（特殊武器与战术）小组[2]。

10 天前，在 2016 年民主党全国大会召开前的周五，维基解密发布了俄罗斯黑客从民主党全国委员会（DNC）窃取的电子邮件。这成为贯穿整个会议那一周的重大新闻。随着时间推移，我们的威胁情报中心 MSTIC 监测到新的独立黑客攻击企图，这些攻击来自 Strontium（锶）——我们给俄罗斯黑客组织的代码，它还被称为 Fancy Bear（奇幻熊）和 APT28。汤姆的团队准备在周二发动一场合法的攻击来击毁 Strontium。

第五章
保护民主："共和制，如果你们能守住它"

联邦调查局和情报部门已经将 Strontium 与俄罗斯军事情报机构 GRU 联系起来。汤姆报告说，Strontium 正在试图欺骗微软服务，以入侵多位政界人士的账户，其中包括民主党全国委员会和希拉里·克林顿的竞选账户。这将我们拖入了故事的中心。

MSTIC 自 2014 年起就开始监控 Strontium，因为我们发现它进行所谓的鱼叉式钓鱼攻击（spear-phishing attack），即通过发送精心伪装的电子邮件作为诱饵，诱使目标点击来自看上去可信的网址链接，其中一些网址包含微软的名称。随后，Strontium 将使用各种复杂的工具来收集密钥、电子邮件地址和文件，以及从其他计算机收集信息。该组织甚至使用一种工具来感染与电脑连接的 USB（通用串行总线）存储设备，试图从其他完全与互联网隔离的密闭计算机中检索数据。

与普通黑客犯罪组织相比，Strontium 不仅技术更先进，而且更执着，它会在很长一段时间内向选定的目标发送大量网络钓鱼电子邮件，而成功地欺骗高价值目标显然值得投资。

尽管许多电脑用户已经知道这种欺骗策略，但仍很难与之抗争。正如某人在旧金山网络安全公司 RSA 年会上发推特所说："每个机构都至少有一个员工什么东西都敢点开。"这项技术利用了人们的好奇心和粗心大意。当分析黑客的活动时，我们发现，一旦他们成功地侵入一个电子邮件账户，他们经常做的第一件事就是搜索关键字——"密码"。随着人们为越来越多的服务积累了越来越多的密码，他们经常给自己发送包含"密码"的电子邮件，从而为黑客搜集密码大开方便之门。

2016 年 7 月，MSTIC 监测到 Strontium 试图注册新的互联网域名来窃取用户数据。Strontium 已经开始在这些域名中使用 Microsoft 一词，例如 microsoftdccenter.com，以使链接看起来像合法的 Microsoft 支持服务。DCU 整个周末都在制定一个法律策略来解决这个问题，正如汤姆在周日报告所说，他们已经准备好实施关闭这些网站的计划。

这个计划建立在 DCU 此前不断探索的法律和技术创新之上。我们将走上法庭指控 Strontium 侵犯了微软的商标权，并在此基础上要求将这些新互联网域名的控制权转移到 DCU。从某种意义上说，这部分具备创新性，但也相对一目了然。商标法已经存在了数十年，目前它禁止某人未经许可便将注册商标，如"微软"，纳入其网站名称。

从技术方面，我们将在 DCU 的司法鉴定实验室内创建一个安全的"排水口"，与我们网络的其他部分完全隔离。这个"排水口"将拦截从受感染计算机向 Strontium 的命令和控制服务器发回的所有通信。这样做的目标是控制 Strontium 的网络，识别哪些客户已被感染，然后与每个用户共同清理受感染的设备。

我非常喜欢这个主意。这是一个典型的例子，说明了我们建立 DCU 的初衷，即让我们的律师和工程师以一种对客户产生真正影响的方式共同创新。尽管这个案件不一定会取得成功，但汤姆十分乐观，并建议我们周二上午立即在弗吉尼亚州联邦法院采取行动。我批准了他们的要求。

这种新颖方法的好处之一是我们可以不费力气地赢得胜利——我们几乎可以保证，黑客们不会出现在法庭上为自己辩护。他们怎么能这么做呢？他们将会令自己身陷司法管辖甚至遭到起诉。DCU 团队已经成功地实现了一些我们一直努力实现的目标，但通常大费周章。我们的这个法律策略则把黑客的优势，即隐身于暗处的能力，变成了他们的弱点。

我们打赢了官司，夺回了互联网域名的控制权，并开始与受害者接触和合作。尽管法庭文件是公开的，也有一份安全类出版物报道了我们的所作所为[3]，但其他媒体对此没有给予任何关注。这次胜利给了我们信心继续采取这一策略。我们14次回到法庭，收回了Strontium的90个域名，同时我们还说服法庭任命一位退休法官作为特别法官，以便更快地批准我们的申请。

到2017年初，我们发现了旨在侵入法国总统候选人竞选团队的行为。我们向竞选工作人员以及法国国家安全局发出警报，以便他们能够采取更强有力的安全措施。我们使用我们的数据分析功能来识别当前和未来的发展趋势，并开发了一种人工智能算法来预测黑客在未来可能会寻求注册的域名。这些都不是一招制敌的必杀技，而只是又一轮猫抓老鼠的游戏。不过，至少现在猫有了一些新的利爪。

不幸的是，老鼠也变得越来越聪明，并在美国总统大选过程中使用了尚没有人完全了解的先进工具。2016年，有人通过武器化的钓鱼邮件窃取并泄露了邮件通信内容，公开羞辱了希拉里·克林顿的竞选班子和民主党全国委员会的领导人[4]。

2017年，他们在法国更进一步，泄露了一系列与埃马纽埃尔·马克龙总统竞选相关的电子邮件，其中部分是真实的，部分则是伪造的[5]。尽管微软DCU和科技行业的其他团队找到了新的办法解决这个问题，但很快就可以明显地看出，老鼠和我们一样迅速地进行了创新。

我们紧紧追踪着Strontium在世界各地的黑客入侵行为。值得注意的是，它的攻击目标遍布90多个国家，主要集中在中欧和东欧、伊拉克、以色列和韩国。

在正常情况下，这种攻击本应引发美国及其北约盟国的一致强烈反应，但当时恰好不是正常时期。由于美国发生的攻击事件与2016年总统大选的合法性关系紧密，所有可能的两党讨论全不在考虑范围之内。

我在华盛顿特区与我们的两党政治顾问小组开会时指出，两个党派都让我们大失所望。许多共和党人不愿意抨击俄罗斯人，因为他们认为这样做会间接削弱共和党人当选总统的可能性。而一些民主党人似乎更乐于批评唐纳德·特朗普，而不是针对俄罗斯政府采取有效行动。这种情况的结果是，我们眼睁睁地看着第二次世界大战后捍卫民主的一个主要支柱在我们眼前崩溃，那就是一个得到美国公众支持、团结一致的两党领导层，这个领导层本可以团结我们的北约盟国。当我诉说我的沮丧之意时，我们的政治顾问频频点头，然后其中一个人说道："欢迎来到华盛顿。"

看上去，仅靠科技行业自身的力量不太可能扭转这一趋势。2017年底，我在访问西班牙和葡萄牙时亲耳听到了来自政府官员的呼吁，这两国的人越来越担心俄罗斯的黑客行为。虽然面临压力，对我们需要做得更多这一点也有明确的共识，但如果不能针对我们所看到的情况进行公开明确的讨论，我们也很难赢得公众的支持。

我们面临的一个最大挑战是如何公开谈论这些威胁。每个科技行业的领军者都不愿点名指责任何人，我们也是如此。我们只是一家公司，不是政府，虽然我们都经历过政府的批评，但我们并不习惯指责一个外国政府不当使用我们的平台和服务。不过，有一点日益明显，如果我们继续保持沉默，则有可能使我们希望努力制止的威胁变为现实。

我们内部针对"俄罗斯问题"进行了激烈的讨论。如果我们公开指责俄罗斯政府与黑客组织有联系，我们担心它会进行报复，打击我们在那里的商业利益和员工。我们试图让我们在俄罗斯私人和公共部门的客户放心，我们对其政府的担心并不意味着我们会背弃他们或他们的国家。毕竟，在奥巴马和特朗普任内，我们已经5次起诉我们自己的政府。

第五章
保护民主："共和制，如果你们能守住它"

在移民问题上，我们也直率地表达了与特朗普政府的不同立场。这并不意味着我们不再致力于在美国各地继续参与和支持相关行动，但大家怎么能指望我们一方面批评美国的监视和移民政策，一方面对俄罗斯破坏民主社会的行为三缄其口呢？

2017年底，我们又发现了针对我们服务的新一轮电子邮件黑客攻击，这次的对象是2018年美国中期选举里竞选连任的参议员。在任何账户的信息遭到泄露之前，我们通知了受攻击的参议院办公室。因为没有人愿意公开评论这些被阻止的攻击，我们也保持了沉默。

2018年7月，汤姆·伯特作为演讲嘉宾参加了阿斯彭安全论坛，并在一个小组讨论中提到，我们发现并帮助阻止了两次针对竞选连任的国会议员的网络钓鱼攻击。他没有透露议员的姓名，新闻界对此也没有太多关注。不过，科技新闻网站《每日野兽》做了一些功课，并确认了其中一名受到攻击的议员——密苏里州参议员克莱尔·麦卡斯基尔[6]。媒体的兴趣突然爆发，我们很快就听到，白宫战情室正在举行简报会讨论这个情况。麦卡斯基尔很快做出反应，发表了一份措辞强硬的声明，表示："虽然这次攻击没有成功，但不可容忍的是他们认为自己能全身而退。我绝对不会被吓倒。"[7]这正是我们第一次向她的工作人员提出请求时就希望她做的事情。

我们从这件事中得到一个重要的教训，那就是，国会工作人员和我们一样，并不习惯公开讨论此类攻击。尤其是如果我们首先接触的是一个机构中的IT人员，决策过程将拖上几个月，实际上意味着没有人会做任何表示。但是，如果同样的问题直接向机构的高层提出，人们不难猜出他们会说些什么。

"账户卫士"计划

虽然更公开地讨论这些问题非常重要，但作为网络服务提供商，我们也意识到我们还有很多需要加强之处。我们决定制订一个专门的计划，以更好地保护政治候选人、竞选活动和相关团体免受网络攻击。我们将这个计划命名为"账户卫士"。这项服务将免费提供给使用我们的 Office 365 电子邮件和服务的政治团体与个人。MSTIC 将积极监测国家攻击行为，一旦发现攻击，我们将向竞选工作人员提供详细信息[8]。

我非常喜欢这个计划，但我们知道，"账户卫士"只能解决部分问题。如果说全球民主政府的领导人需要采取更强硬的措施，防止通过网络攻击干预选举行为的泛滥，那么科技行业也应该更加公开地宣布我们看到的一切。

"账户卫士"计划的公布提供了一个突破口。通过近期对 Strontium 的监控，我们发现它创建了 6 个网站。这些网址显然针对美国政界人物，其中三个主要针对美国参议院，另外两个尤为引人注目。其中一个网站的目标似乎是国际共和研究所（IRI），这是一个以支持全球民主运动为宗旨的重要的共和党组织。另一个网站的目标似乎是哈德逊研究所，这是一个保守的智库机构，强烈反对俄罗斯的各种政策和策略。上述所有证据都有力地表明，Strontium 并不是单独针对民主党，而是想要对美国政坛的两侧都进行攻击。

DCU 获得一项法院裁定，将所有 6 个网址的控制权移交给我们的"排水口"。我们认定，我们在任何人遭到黑客攻击之前就可以采取行动。现在的问题是我们应该在多大程度上公开此事。微软内部各个部门之间对此肯定会有一场激烈的辩论。但现在正是促进更广泛地公开讨论

第五章
保护民主："共和制，如果你们能守住它"

此事的好时机，尤其是考虑到此次的黑客攻击影响了民主党与共和党。

我们在内部进行了长达一周的激烈辩论，直至周五早晨打给我办公室的一个电话。我们决定与两个非官方组织的负责人和参议院的官员联系，提前告知他们，我们计划在接下来的周二发布一项声明。

两个私营组织的负责人迅速决定支持我们的行动。正如其中一人所说，这些攻击从某些方面来说可谓是"荣誉徽章"，证明了他们所做之事的重要性。我们宣布正式推出"账户卫士"计划，同时公布了上述新发现的信息，并做出明确声明，指出这6个网站是由"一个被称为Strontium、Fancy Bear或APT28的组织"创建[9]。这标志着我们首次非常明确地指认了这些网络攻击的源头，这个行动得到脸书和谷歌的响应，它们在几天之内均采取行动，从其网站上删除了虚假信息和假账户[9]。

尽管这还不是我们旅程的终点，但它标志着自2016年以来科技行业已经走了多远。在科技行业采取新措施的同时，新闻界也开始敦促美国政府配合我们的努力。这奠定了一个新的基础，我们希望能够在此基础上开展更广泛和更密切的合作。正如我在《PBS新闻一小时》中所说，我们需要"尽可能搁置彼此的分歧，共同努力，确保我们的民主免受类似威胁"[10]。

俄罗斯政府对于科技行业更为强硬的公众立场非常不满，这或许并不令人感到意外。2018年11月，微软雷德蒙德的一名员工申请签证，以参加在莫斯科举行的人工智能会议。他被叫到2000多英里外的华盛顿特区俄罗斯大使馆接受"签证面谈"。当他走进面谈室时，一位领事官员递给他一个信封，礼貌地要求他阅读里面的两份文件。然后，这位官员要求我们的员工将这些文件带回雷德蒙德交给微软高层。面谈不到

5分钟就结束了,这位员工的签证也获得了批准。

我很快就收到了一封附有两份文件的电子邮件。它们是俄罗斯官方新闻报道的英文版复印件。这两篇报道都详细描述了我在8月做出的那份声明,并指出俄罗斯政府不认同我的说法。其中一份报道总结道:"俄罗斯当局已一再驳斥任何有关其干涉外国选举的指控,包括通过黑客攻击。"[11]

俄罗斯向微软传递的信息反映了许多美国科技公司当前面临的困境。一方面,出于可以理解的原因,美国政界人物敦促我们针对外国黑客采取强硬立场。但另一方面,这些行动会给公司造成来自外国的压力。

电子邮件显然不是唯一可能被武器化的数字技术。在风险管理领域最重要的一个经验教训是:你既要考虑最可能面临的风险,也要考虑那些不太可能发生,不过一旦发生就将带来极大危害的风险。如果考虑数字技术对民主的风险,很难想象有什么比入侵投票机或者破坏准确的选票统计更糟糕的情况了。设想一下,如果在一次势均力敌的重要选举之后,有消息显示一个外国政府入侵了我们的投票系统,并造成无法纠正的重大影响,这将造成多么大的冲击啊!借用富兰克林的话,如果公众对公布的投票结果是否真实准确丧失了信心,那我们如何能"守住共和制"?

目前,我们已经见证了民族国家企图通过网络攻击篡改投票结果的尝试,科技界也已经收到有关许多投票机安全性脆弱不堪的报告,这些投票机仍然在使用21世纪初开发的计算机软件和硬件。虽然针对这一问题的公共拨款不断增加,但要解决这些老旧的计算机系统明显且长期记录在案的安全性问题,还需要采取更多的行动。

第五章
保护民主："共和制，如果你们能守住它"

这是需要科技行业来帮助解决的问题。越来越多的创新努力不断涌现，在微软，我们经过长期研究，于 2019 年 5 月推出了"选举卫士"系统。这是一个加密的投票系统，旨在保护个人投票和集体计票[12]。该系统基于开源软件，并使用低成本的现成硬件，从而结合了新旧技术的最佳优势。选民在电子屏幕上选择候选人，其选择将被记录并打印在一张纸质选票上，由选民投入票箱，确保为可能需要的选举后审计提供纸质记录。投票人还可收到一份带有电子跟踪码的个人打印件，该追踪码使用加密算法来反映他的选择。这些跟踪记录随后可供在线检查，以确认个人的投票记录准确无误。这一整体解决方案可以确保投出的每一票都得到可靠和安全的计数。对民主制度的安全和顺利运行而言，此类方法至关重要。

10 年前，针对选举活动的黑客行为和破坏投票的网络威胁还闻所未闻。如今，这些已经成为日常新闻报道中经常出现的切实风险。正如民主政府和工业界在 20 世纪 40 年代为赢得世界大战而共同努力一样，今天人们必须制定统一的对策来守护和平。

第六章
社交媒体：
使我们陷入分裂的自由

瓦巴姆博物馆：科技如何成为一种武器

在位于波罗的海之滨的爱沙尼亚塔林市中心的一个博物馆里，有这样一件展品，它是一对不停旋转的年轻男女雕像。他们分别站在一个窄长跷跷板的两端，随着这个巨大的跷跷板围绕支点慢慢转动，两人双臂伸开，凝视对方，努力保持着自己和对方的稳定。这座雕像不仅设计新颖，吸引人们驻足，还传递出一个不容置疑的严肃信息[1]。它代表了当前全球自由社会面临的脆弱平衡关系，即在社交媒体时代，如何保护民主免受驱使人们四分五裂的过度自由的伤害。

这座旋转的雕塑是该博物馆主题展览的最后一部分，展览讲述了这个波罗的海国家近一个世纪以来赢得、失去和重新赢得主权的故事,以及它的人民为此付出的努力。这个故事还讲述了每一个现代民主国家面临的科技挑战。正如音频指南告诉游客的那样:"爱沙尼亚不是在一日之内实现自由的,我们一直在寻求自由,每天都在这么做。"

这座两层楼的瓦巴姆职业与自由博物馆(简称瓦巴姆博物馆)坐落在塔林中世纪老城区中心的山脚下。尽管规模不大,但这座玻璃和钢结构的建筑骄傲地站立在高高俯视它的 13 世纪老城中心的城墙边,与其形成了鲜明对比。作为爱沙尼亚新时代的象征,玻璃墙壁确保来自北侧的光线毫无阻挡地进入这座当代建筑,点亮了一个现代的舞台,并讲述了一个复杂而悲伤的故事。但博物馆并不仅仅关注苦难、压迫和谋杀,它还表达了全世界渴望自由的人的共同呼声。最重要的是,它检视了自由和责任之间永恒存在的张力,正如博物馆里那两个立在半空的人物雕像优雅地展示的那样。

当我们在 2018 年秋访问爱沙尼亚时,美国国会正在针对推特和脸书上发生的虚假信息宣传战问题进行紧锣密鼓的调查。人们已经意识到这一新的挑战,并开始提问。这是怎么发生的?为什么会发生这些事?为什么我们没能早点意识到它?

一个周六的上午,我们在瓦巴姆博物馆找到了这些问题的一个答案。这座博物馆源于一个爱沙尼亚裔美国人的创意,她名叫奥尔加·基斯特勒·里索,1920 年出生于乌克兰基辅。在她很小的时候,为逃离乌克兰的骚乱和饥荒,她和哥哥移民到爱沙尼亚。在第二次世界大战即将结束,苏联军队准备将这个小国重新纳入自己的铁腕统治范围之际,当时还是一名年轻女子的奥尔加随着撤退的德国士兵,登上最后一艘船逃离了这个国家。

第六章
社交媒体：使我们陷入分裂的自由

1949 年，奥尔加来到美国，最终和丈夫及女儿一起，在华盛顿州雷德蒙德安顿下来，她家距离微软公司总部大楼仅有几分钟的路程。

尽管在美国安度余生，但她从未忘记爱沙尼亚，一直关注着她童年时代的家园[2]。50 多年后，爱沙尼亚脱离了苏联，开始作为一个独立国家建设自己的未来。

奥尔加急于为爱沙尼亚的民主未来做出贡献，她捐出毕生积蓄建造了一座博物馆，以纪念这段重要的历史，并确保它不会被世界遗忘或重演。正如该机构的赞助人伦纳特·梅里总统在 2003 年的开幕式上所说，这座建筑并不只是一座博物馆："这是自由之家。"[3]

每年，瓦巴姆博物馆都会吸引 5 万多名来自世界各地的游客，他们来此参观爱沙尼亚的自由旅程，以及正如其所展现出来的——科技如何成为一种武器。

互联网帮助爱沙尼亚成为一个充满活力的自封的"电子民主"之国。但在 2007 年春，爱沙尼亚遭受了一场网络攻击，这是首次由一个国家针对另一个国家发动的国家级网络攻击。这次攻击是一种被称为"拒绝服务攻击"的数字围攻，它使该国大部分互联网失灵，包括爱沙尼亚政府服务和经济命脉的网站[4]。

2007 年的那次网络攻击使这个仅有 130 万人口的国家被纳入网络安全地图。为此，北约在塔林城外建立了网络合作防御卓越中心。生活在俄罗斯导弹射程内的阴影迫使该国及其领导人不仅关注战争与和平，还关注自由和压迫，这些问题正是当前信息技术方面需要考虑的重要因素。

奥尔加建造的博物馆以一种不寻常的方式展示了科技与社会的碰撞。受到压迫的人们团结在一个共同的愿望下，即对自由的追求。但一旦人们获得自由，这个共同的纽带就消失了。爱沙尼亚人民已经切身体会到，自由本身也会带来挑战，并且这种挑战可能会让人头晕目眩。

展览说明指出："从某种意义上说，这实际上是一个非常恐怖的情况，因为每个人都很难弄清楚他们真正想要什么。那么，如果一切都被允许，你会想要些什么？其后果就是，人们会四分五裂，各行其是。"

科技发展的另一个结果：一起独处

脸书的首席执行官马克·扎克伯格之所以创建他的网络平台，是希望使世界更加"开放和互联"。从某种程度上说，这是对自由的终极认可。但是，爱沙尼亚人非常清楚，当信息和想法突然可以自由流动时，它的力量会有多大。

那么人们是怎么做的呢？正如博物馆的展品所揭示的，他们找到了自己的部落，这一次是网络部落。人们在网上寻找志同道合的人组成群组，复制了人类社会一直特有的社群。因为社群的存在，这些群组的联系更为紧密，但开放性更低，他们选择自己喜欢的渠道和希望与之互动的成员。他们仅仅基于某个优势点共享信息。就像在现实世界中一样，人们很快就不惮以最坏的恶意来揣测他人，尤其是那些他们认为与自己不一样的人。人们的防御机制开始发挥作用。简而言之，理想主义与人性其实水火不容。

我们还需要谨记科技发展的另一个结果，它强化了我们分裂成一个个网络部落的倾向，即一起独处。

我们越来越发现，自己沉迷于与身处异地的人通过电子方式进行沟通。有时候，我们各自活在自己的世界中。数字技术使世界变小，人们

第六章
社交媒体：使我们陷入分裂的自由

能更方便地彼此联系，但它也给相倚而坐的人带来死寂般的沉默。这种现象并不新鲜。一个多世纪以来，几乎每一项帮助身处两地的人更好联系的科技，都会为同居一室的人制造新的障碍。

在现代科技中，没有哪一项像汽车一样改变了我们的生活，而且很少有地方像美国农村地区一样被深刻改变。直到 20 世纪初，美国农村居民通常在他们的马和马车能够到达的 20 英里半径内购物、工作、做礼拜、学习和社交。在小镇中，杂货店是中心，不同年龄的孩子共同在只有一两间屋子的学校学习，一个小小的乡村教堂为整个社区服务。

这一切在燃油动力汽车进入农村后彻底改变。从 1911 年到 1920 年，仅农场的汽车拥有量就从 85000 辆膨胀到超过 100 万辆[5]。汽车和现代化的公路开辟了新的前景，为偏远地区带来机遇，并缩小了城乡之间的差距。正如一位历史学家所说，汽车使"农村居民从物质和文化上的孤立中得到解放，后者本是农村生活的一个特征"[6]。

其实，更强的流动性也有其代价[7]。人们花在别处的时间越多，与家人和邻居相处的时间就越少。汽车彻底破坏了小镇居民之间紧密的联系。

从 20 世纪 60 年代开始，固定电话的出现对家庭产生了类似影响。对于青少年来说，单独待在卧室现在意味着花时间和朋友打电话或者通过电脑联系。家庭成员发现自己在同一个屋檐下独处。

又过了 40 年，智能手机的出现使孩子们重新回到父母身边，但他们的心思显然在其他地方。对于家庭来说，放下手机的争论变得司空见惯，尤其是在餐桌上。随着时间的推移，科技使世界变得越来越小，但人们与隔壁邻居甚或同处一室的家人的联系却越来越少[8]。

对民主的挑战

这也给民主带来了新的挑战。由于花在网络上的时间更多，并且有时和完全陌生的人在一起，人们更容易受到虚假宣传的影响。这些宣传会影响他们的喜好、欲望，有时还有他们的偏见，并对其在现实世界的行为产生影响。

几十年来，全球各个共和国的优势之一，就是能够利用公开交流和公开讨论来确保达成广泛与跨越党派之争的理解，以及对外交政策问题的支持和对民主自由的承诺。这通常不是一项简单的任务，但正如富兰克林·罗斯福所证明的，新的通信技术，如他所在时代的无线广播，可以用来赢得公众对艰难决定的支持，例如，在美国正式参加第二次世界大战之前支持英国的决定。在随后的几十年中，美国利用从广播到传真等一切手段，在中欧和东欧封闭的社会中传播信息，培育民主。

现在，其他人也已经开始转而占据这个自由开放社会最核心的优势。有线新闻和社交媒体已经在西方民主国家，特别是在美国，制造出越来越多独立的信息泡沫。如果信息——无论是真实的，还是虚假的——可以借助脸书和推特等平台广泛传播，从而激怒各个群体，并抹黑政治候选人，我们应该如何应对？如果技术专家和社会科学家们利用美国同行创建的网络平台来影响美国的政治和社会舆论，我们又该如何应对？如果美国根本没有人注意到所发生的一切，又会怎么样？

2018年底，牛津大学和美国社交媒体分析公司Graphika共同组成的一个团队分析了脸书、Instagram、推特和YouTube向参议院情报委员会移交的数据。

2017年下半年，真实情况日益显现。尽管如此，当大量虚假信息

第六章
社交媒体：使我们陷入分裂的自由

在脸书上开始出现时，包括马克·扎克伯格在内的大多数科技界人士对这些行为是否具备广泛性或是否会产生重大影响仍然表示怀疑[9]，但这种局面很快发生改变。到 2017 年秋，脸书发现自己已成为世界各国政府攻击的目标。自从将近 20 年前针对微软的反垄断诉讼后，还没有任何一家科技公司像脸书这家社交媒体巨头一样，遭到如此巨大的公众质疑。我曾见证了微软的那一段岁月，因而能够理解政府针对脸书提出的不断加码的重要要求。我也充分理解脸书所面临的巨大困难。脸书从未想过在设计自己的服务时，使其成为外国政府破坏民主制度的平台，但它同时也没有制定措施来阻止甚至辨别这种活动。该公司，以及科技行业或美国政府，从未有任何人料到会出现这种情况。

慕尼黑安全会议：未来应该怎么做

2018 年 2 月，当我们参加慕尼黑安全会议时，我被全世界对脸书事件的巨大关注震惊了。慕尼黑安全会议是一个始于 1963 年的年度峰会，现在由德高望重的前外交官沃尔夫冈·伊辛格尔领导，每年都会邀请世界各地的国防部长以及其他军事和政府领导人讨论国际安全政策。2018年的与会者名单中也包括了我以及信息技术行业的一些同行。

慕尼黑巴耶里舍尔霍夫酒店的大堂中挤满了各国高级军官，我穿行其中，有些不自在。当我终于挤进电梯，看到身旁时任谷歌董事长的埃里克·施密特和他的团队时，有一种回到家的感觉。在这个地方碰到硅谷的同行确实有些奇怪。

"你以前来过这里吗？"他问道。

"事实上，我以前从未真正想过我需要来这里。"我答道。

但时过境迁，2018年，我们都来到了慕尼黑，这很重要。

那一周的大部分讨论都集中在信息技术的武器化上。在与首席执行官们共进午餐时，国际货币基金组织负责人克里斯蒂娜·拉加德被问及她为什么来参加一次国防会议。她解释说，她想了解信息技术正在如何被用来危害民主进程，这能帮助她思考信息技术可如何被用来攻击金融市场。这是一次发人深省的对话，而她的远见使我安心。

峰会中的一些对话略显艰难和沉重，我也情不自禁地对脸书的首席安全官亚历克斯·斯塔莫斯深感同情，他在整个会议期间一直处于守势。在我们共同参加的一个小组会谈中，他遭到一位新晋荷兰籍欧洲议会议员各种尖锐问题的轰炸。那天晚上，在与大西洋理事会成员共进晚餐时，政府官员和其他愤怒的与会者又反复质问他，脸书"是怎么允许这一切发生的"。

虽然人们的担心是可以理解的，但我对讨论越来越恼火。每个人都在指责脸书，但没有人对罪魁祸首进行任何指责。这就像是对忘记锁门的人大喊大叫，而绝口不提潜入室内的小偷。

对于脸书、美国，以及各个国家和整个科技行业而言，最大的问题是未来应该怎么做。政府中一些人的反应是将责任推到脸书和其他社交媒体公司身上，坚持认为它们应该解决这个问题。虽然推出技术的公司确实应承担大部分责任，但这种解决方法似乎并不完整。真正的答案是，政府和科技行业应联合行动。

正如2018年夏，马克·扎克伯格在国会做证时所说，对于该问题的严重性和应该做出的反应，科技行业的看法已经改变。扎克伯格表示："我的立场并不是不应该有任何监管。我认为，随着互联网在人们的生活中变得越来越重要，真正的问题是什么是恰当的监管，而不是监管是

第六章
社交媒体：使我们陷入分裂的自由

否应该存在。"[10]

恰当的监管

正如他的声明所反映的那样，认识到显而易见的事实并承认监管是必要的，这是一回事，弄清楚什么是有效的社交媒体监管则是另一回事。

在寻求后一个问题的答案的过程中，有一个人处于引领者的地位，他就是前电信行业高管，自2009年以来一直活跃于参议院的弗吉尼亚州参议员马克·华纳。2018年夏，华纳发布了一份白皮书，其中包括一系列旨在通过新的法规，从而部分解决虚假宣传行为的提案[11]。他认识到与这些问题相关的一些技术和隐私问题，并呼吁进行更深入的讨论。

正如华纳在其白皮书中指出的那样，基于互联网的社交媒体面临一个新问题，那就是人们对目前社交媒体根据美国《通信规范法》享有的豁免权越来越感到不安。1996年，美国国会通过了一项立法，允许"交互式计算机服务"出版商免于遵守传统出版商面临的许多法律责任，从而部分促进了互联网的发展。例如，在美国，与电视和广播不同，社交媒体服务对在其网站上发布的非法内容不承担任何法律责任[12]。

但是，互联网已经不再处于萌芽阶段，它今天的影响在全球无处不在。随着敌对国家、恐怖分子和犯罪分子利用社交媒体网站进行恶意活动，越来越多的政界领袖加入传统出版商的行列，并质疑社交媒体网站是否应继续享受法律豁免。华纳指出，预计"深层次伪造"或"可以生成伪造的音频或视频文件，从而虚假证实某人说了或做了什么的高级音频和图像合成工具"将会泛滥，因此我们更有必要通过新的法律，要求社交媒体网站担负起严格审查其所发布内容的责任[13]。

随着全球范围内越来越多的恐怖行为在社交媒体上被放大，相关的政治压力也越来越大。10 年后，我们可能会将 2019 年 3 月视作一个转折点。正如《纽约时报》专栏作家凯文·罗斯所写，3 月 15 日，恐怖分子在新西兰基督城的两座清真寺内屠杀了 51 名无辜的穆斯林，这在某种程度上"感觉像是第一场网络原生的大规模枪击案，其构思和实施完全遵循了充满反讽的现代极端主义言论"[14]。如他所描述的，"袭击在推特上被转发，在网络留言板 8chan 上被宣布，并在脸书上直播。然后，这些视频在 YouTube、推特和红迪上被无休止地重复播放，各家平台全力以赴地删除这些视频，但新的复本则以几乎同样快的速度涌现"[15]。

枪击案发生两周后，我们来到新西兰首都惠灵顿，这是一次酝酿了好几个月的旅行。新西兰总理杰辛达·阿德恩以非凡的判断力和优雅处理了这场震惊世界的危机，她在一次讲话中提出了社交媒体的显著转变。她说："我们不能简单地袖手旁观，接受这些平台存在，并且不为在它们上面发表的内容承担任何责任。"[16] 然后，她特别提到了社交媒体网站："它们是出版商，而不仅仅是邮递员。它们不可能只要利润，而不承担责任。"[17]

当我们在新西兰会见阿德恩和其内阁成员时，我对此完全表示同意。这一事件表明，科技公司应该做得更多，其中也包括微软自己的服务，如 Bing、Xbox Live、GitHub 和领英。而且，从更广泛的角度来说，近 25 年前确立的监管制度突然已似乎不足以应对敌对国家和恐怖分子对公众的威胁。

虽然恐怖分子和敌对国家支持的攻击者在利用社交媒体平台时有着明显的区别，但两者也有相似之处。他们都涉及破坏社会稳定的有意行

第六章
社交媒体：使我们陷入分裂的自由

为，而稳定是所有社会存在的基础。事实证明，在政治上，对上述两种攻击的反应可能会相辅相成，促使政府转向一种新的社交媒体网站监管模式。

尽管对社交媒体进行监管的行动似乎是史无前例的，但我想提醒人们注意，美国曾经历类似情况。我们目前所看到的许多努力与20世纪40年代对无线广播内容进行监管的努力几乎毫无两样。

1920年11月，西屋电气公司播出了美国第一个无线电广播节目，宣布沃伦·哈定在总统选举中获胜，成为伍德罗·威尔逊的继任者[18]。当无线广播第一次走进家庭时，它被认为是一个现代奇迹。它通过共同的经历、现场直播、娱乐和突发新闻将世界连接起来。无线电收音机在20世纪30年代迅速流行，到30年代末，它已经成为美国83%的起居室的固定设备[19]。这是无线广播业的黄金时代，这一技术塑造了从美国的文化、政治到家庭生活的方方面面[20]。

随着无线广播在20世纪30年代后半期的普及，人们对其社会影响的担忧也在蔓延。正如2010年 Slate 杂志上的一篇文章指出的那样："无线广播节目被指分散了孩子们对阅读的兴趣，拉低了他们的学习成绩，而这两种能力当时被认为是适当和有益的。1936年，音乐杂志《留声机》报道说，孩子们已经'养成了一种习惯，在完成枯燥的学校作业时分一半心思在高音喇叭令人激动的声音上'，并描述了广播节目如何使思想尚不稳定的孩子们心神不安。"[21]

第二次世界大战结束后，出现了学者文森特·皮卡德所称的"对无线广播的反抗"[22]。据他记录，最初无线电广播市场的商业发展模式是提供免费节目以促进销售无线电收音机。到20世纪40年代，大多数美国家庭已经拥有一台或多台收音机，无线广播节目的商业模式开始向广告发展。在一些评论家的眼中（更准确地说，在他们耳中），广告导致肥皂剧和其他毫无意义，甚至粗俗的节目大量涌现。皮卡德指出："这种批评的声音出现在基层社会运动，各种新闻报纸的评论和期刊观点，以及普通听众写给编辑、广播公司和联邦通信委员会的千千万万封信件中。"[23]

随着公众的不满不断加剧，联邦通信委员会在1946年发布了一份蓝皮书（该报告因其封面为蓝色而得名），旨在将"持有广播许可证的权力与满足实质性公共利益要求的前提相挂钩"[24]。商业广播公司从政治上对该报告发起反击，并否决了该报告的提议，但这一事件仍然改变了广播业的历史，导致主要的广播网为纪录片提供资金，并改进了其公益节目[25]。

有些人可能从"对无线广播的反抗"的发展进程得出结论，相信目前对社交媒体的挑战可能同样代表着政治上一个短暂的时刻，不太可能导致长期监管变化。虽然我们永远无法准确地预测未来，但我们有理由相信，与无线广播相比，社交媒体引发的问题将造成更大的影响，而不是更小。其原因之一是，目前的担忧，如敌对国家主导的虚假信息和恐怖主义宣传所引发的问题，远比20世纪40年代的庸俗节目引起的争议严重。第二个原因是当前监管建议的全球性。尽管考虑到宪法第一修正案的重要性以及其他一些因素，美国在传统上不愿意对内容进行监管，但其他国家的标准并不是十分一致。

如果对第二点有任何疑问，澳大利亚发生的事件应该能很快打消这种疑问。在新西兰基督城的袭击发生后不到一个月，澳大利亚政府通过了一项新的法律，要求社交媒体和类似网站必须"迅速"删除"恐怖的暴力内容"，否则将可能承担刑事责任，其中包括对科技公司高管处以

第六章
社交媒体：使我们陷入分裂的自由

最高三年的监禁，以及面临最高 10% 公司年收入的罚款[26]。尽管科技行业的许多人对此表示无法理解，他们认为刑事处罚过严，且法律标准不明确，但该法的颁布表明了全球政治领袖不断累积的焦虑情绪，并清楚地显示从政治方面要求取消网络服务"享受的法律豁免权，并建立新的监管模式"[27]。

当然，知道我们需要新事物并不代表着我们准确地知道需要什么，这二者之间仍然存在着很大的区别。社交媒体网站似乎不可能遵循传统的纸媒、广播或电视所使用的出版前编辑审查流程。想象一下，如果脸书上的每一张照片或领英上的每一个条目在被其他人看到之前都需要经过一个编辑审查，将会出现怎样的情景。它将"摧毁这些模式"，而正是这些独有的模式，使全世界数亿甚至数十亿用户能够上传内容，并将其与家人、朋友和同事分享。

这是一个需要用手术刀而不是剁肉刀来解决的问题。它不是一个容易应对的挑战，尤其是在面临政治压力的时刻。2018 年，华纳曾鼓励与社交媒体平台进行对话，这部分是为了避免草率的立法，但他从一些知名的社交媒体公司得到的反馈寥寥，有些甚至全无回应。由于担心俄罗斯加大对社交媒体的利用，他提出了一系列更为量身定制的方法。他的一个想法后来被澳大利亚采纳并发展，即强制社交媒体平台阻止用户重复上传非法内容，有效地增加了平台在问题已被证实后需要承担的法律责任[28]。在澳大利亚颁布法规两周后，英国政府提出了一个更为普遍适用的方案，建议出台新的"法定保护义务，使公司对用户安全承担更多的责任"，并指定独立监管机构对其予以监督[29]。华纳还提出了一些想法，将强制社交媒体平台确定账户或发帖的来源，识别虚假账户，并在机器人程序传播信息时通知用户。

如上所述，可能仍有空间提出相辅相成的监管方法，一方面将关注重点缩小到令人反感的特定内容上，另一方面则兼顾更广泛的努力，为用户提供有关这些内容来源的更多信息。后一种方法的一个重要特点是，在解决虚假信息传播问题时，不是着重于评估内容本身是真是假，而是着重于向社交媒体用户提供有关传播者身份的准确信息。这是现代政治广告中采用的常识性方法，即让公众来决定什么是真的，但要让他们在做出决定时清楚地知道这些话是谁说的。在 21 世纪，我们还要让公众知道说话的到底是人还是自动机器人。

有趣的是，同样的方法也被一个非政府计划采用。这个计划由两位著名的美国媒体人发起，他们一个是保守派，一个是自由派。戈登·克罗维茨是《华尔街日报》的前出版人，史蒂文·布里尔是一位前记者，创办了"美国律师和法庭电视"。他们共同创建了 NewsGuard（新闻卫士），依靠记者反馈为媒体创建所谓"营养度标签"，以提供媒体评级服务。

通过一个免费的互联网浏览器插件，NewsGuard 会在搜索引擎和社交媒体（包括脸书、推特、谷歌和必应）的链接旁边显示绿色或红色图标，表明一个网站是"努力说出事实，还是有隐藏目的，甚至有意发布虚假消息或做宣传"[30]。除了对新闻和信息网站进行评级外，NewsGuard 还会将发布用户生成内容的平台网站标记为蓝色图标，将那些发布貌似正常新闻，实则是搞笑或讽刺内容的网站标记为橙色图标。那些还没有被审查和评级的网站，则被标记为灰色图标[31]。

这项努力在早期遇到了很大的挑战，特别是当 NewsGuard 团队将服务扩展到美国以外，寻求制定全球有效的评级标准时，但克罗维茨和布里尔的行动速度比政府快得多。在为华纳的提议举行国会听证之前，他们的服务已经启动并运行，该团队还在继续调整和改进业务。作为一项非政府计划，它可以迅速扩展到全球。但它的运作要依赖私人资金以及科技公司对浏览器插件的支持，并最终取决于用户自己是否接受该服务。

深刻的教训

最终，我们可以学到两个深刻的教训。首先，公共部门和私营部门提出的计划可能需要共同推进与相互补充。其次，面临当前的创新科技，我们仍能从过去的挑战中学到很多东西。

有趣的是，美国自建国伊始即面临外国对自身价值体系的干涉。一个民主共和国因其自身性质天然容易面临来自国外或国内势力的破坏，这些势力会试图破坏公众信心和操纵公众舆论。第一个意识到这一点的人是一位早期法国驻美大使，名叫埃德蒙·查尔斯·热内。他于1793年4月初，即乔治·华盛顿总统正式宣布美国在不断升级的英法战争中保持中立几周之前，抵达美国。热内的使命是赢得美国这个年轻的共和国对法国的支持，包括劝说美国加速偿还其对法国的债务，以及让武装私掠船能够从美国港口出发攻击英国的船只。如果需要，他还准备试图发动一场推翻美国年轻政府的行动。

热内的到来引发了华盛顿内阁日益紧张的局面，其中托马斯·杰斐逊同情法国，而亚历山大·汉密尔顿则同情英国。热内试图直接面向美国公众呼吁，争取对自己事业的支持。以一位历史学家的话说，这一举动激发并推动了美国两党制的确立，"政治对话充满火药味，街头斗殴司空见惯，多年的友谊也恩断义绝"[32]。1793年，华盛顿及其内阁成员化解了分歧，团结一致，要求热内被召回法国[33]。

这个结果对我们这一代人来说是一个教训。只有当一个共和国内的各方力量能够放下分歧，共同努力有效地应对时，我们才能成功地抵御外国对民主进程的干涉。人们很难记得，杰斐逊和汉密尔顿以及他们各自的支持者之间的分歧就像今天共和党与民主党之间的分歧一样严重。不过，百老汇音乐剧《汉密尔顿》有力地提醒我们，至少在今天，我们的政治家在面对分歧时不会再诉诸武力决斗。事实上，对任何一个民主共和国来说，巨大的分歧，甚至尖刻的言辞都是固有的风险和不断的挑战。

正是在这种背景下，再加上法国不断企图干预美国政治，华盛顿在1796年借他的告别演说警告人们外国影响的风险。他说道："一个自由民族应当经常警觉，提防外国势力的阴谋诡计，因为历史和经验证明，外国势力乃是共和政府最致命的敌人之一。"[37]历史学家有时会在权衡我们参与国际事务的利弊时探讨其演说的含义。但我们还应记住，华盛顿同样更加关注眼前的冲突和外国对美国政治的直接参与，因为他曾亲自应对了这种参与所导致的风险。

当然，在华盛顿发表上述演说后的几百年来，许多事情都已经发生变化。在他的时代，试图影响公众舆论的人会借助报纸、小册子和书刊，接下来是电报、广播、电视和互联网。今天，圣彼得堡一个小小工位上的人可以通过特定的虚假信息，在几分钟内影响世界任何地方的政治发展。

美国政府本身也曾利用信息技术来告知乃至说服其他国家的公众支持特定立场。其中一些是秘密行动。今天的许多美国人将不会认同美国中情局于20世纪50年代在欧洲和拉丁美洲采取的一些行动。其他一些则已经是公开行动，包括冷战期间的自由欧洲电台和今天的《美国之音》。

作为一个国家，美国已经习惯于使用技术来传播信息，以播下民主的种子和推进其发展，但现在科技正被用来传播虚假信息和破坏民主。在一个层面，我们可以根据与基本人权有关的原则，将这些活动分为不同的类别。但在另一个层面，现实政治在一个关键的方面发生了变化。直到最近，通信技术似乎对民主有利，并使独裁主义处于守势。现在，我们必须扪心自问，互联网是否为民主国家带来了一种不对称的技术风险，比起富兰克林敦促我们全力守护的共和制政府，独裁政府可以更有效地对抗这种风险。

这个问题的答案可能是肯定的。数字科技已经创造了一个不同的世界，它并不总是意味着一个更美好的世界。我们还不完全清楚应如何解决这个问题。但和华盛顿所处的时代一样，它要求民主共和国的各个利益相关方齐心协力，不仅要跨越党派，还应与整个科技行业以及各国政府进行合作。

第七章

数字外交：科技的地缘政治

科技行业越来越成为外交政策问题的焦点

2018年2月，卡思珀·克林奇拜访了微软的雷德蒙德总部园区。人们可能会误以为他是一位科技行业的创业家，或者根据他考究的衣服、地道的加州范儿，还有精心修整的胡须，说他是一位演员或音乐家也没问题。我和他握手的时候也微微一顿，心里在想到底见的是谁。

卡思珀不是人们心目中传统的外交官，他也没有具体的派驻地点。他是丹麦任命的首位科技大使，负责丹麦政府与世界各地科技企业的联系。他的"大使馆"有20多名员工，分散在三大洲工作，美国、中国和丹麦都有工作人员。

2017年春，我在哥本哈根会见了一群欧洲大使，卡思珀的新工作成为人们热议的焦点。丹麦外交部长安德斯·萨缪尔森宣布这个职位是

"世界首创",也介绍了它的必要性,表示科技公司对丹麦的影响已经与国家不相上下。他说:"这些公司已经成为某种新的国家形态,我们需要应对这种情况。"[1]

尽管丹麦是第一个指定正式大使与科技行业保持联系的国家,但丹麦的决策其实是在效仿英国政府。2014 年,英国首相大卫·卡梅伦在其办公室辖下设立了一个特殊外交职务,最初负责解决执法中的技术问题,后来成为"美国科技公司特使"。第一个担任这个新职务的是英国前驻美大使奈杰尔·谢瓦尔德爵士。

从澳大利亚到法国,其他政府也采取了类似的行动。这一转变显示了世界的变化。

自镀金时代的商业帝国诞生以来,大公司一直在经济和社会中发挥着重要作用。19 世纪下半叶,铁路做到了其他任何一个行业都没有做到的事,它改变了美国社会,并最终改变了美国的法律。随后的世纪之交,《普尔美国铁路手册》对此曾有一番入木三分的评论:"因为铁路可发挥的影响力、可给予的力量,以及可带来的收获希望,没有任何其他产业具备如此强大的诱惑力。"[2]

当时,铁路是美国第一大产业,穿越数州,绵延数千英里,引发了商业、专利、财产和劳工等方面法律法规的激增。詹姆斯·伊莱所著的《铁路和美国法律》似乎不太可能出现在软件行业高管的书架上,但它却是我不时拿来品读和借鉴的一本书,它帮助我思考科技如何改变了周遭世界[3]。

虽然有些人认为铁路好比那个时代的互联网,但今天的数字科技实际上有很大的不同。科技产品和公司的全球化程度明显更高,而信息和通信技术的普及性也正在使科技行业越来越成为外交政策问题的焦点。

第七章
数字外交：科技的地缘政治

2016年，一句口号——"没有网络安全就没有国家安全"[4]在微软内部流行起来，并逐步引发公众讨论。我们并不是唯一意识到这个问题的企业。德国企业集团西门子公司以精练的描述预测："网络安全将是未来最重要的安全问题。"[5]显然，发生任何触及国家安全根本的问题，都会进一步推动科技行业成为国际外交领域的焦点。

在某种程度上，这使得公开和清楚地解释我们为解决这些问题所做的努力变得更加重要。随着网络安全工作的不断发展，我们认识到有必要采取（并公开讨论）三种截然不同的策略。第一种也是最明显的对策是加强技术防御。这项工作自然将从科技行业开始，但是，一旦客户部署了这些新服务，它就变成了一项共同的责任。在微软，我们每年花费逾10亿美元开发新的安全功能，这项投资涉及3500多名专职安全专家和工程师。随着我们不断加速推出新的安全功能，这项工作一直向前推进，堪称整个科技行业工作的重中之重。

第二种方法涉及我们所说的运营安全，从某种程度上讲，微软比其他一些科技公司更加重视这一问题。这具体包括三方面的工作，我们的威胁情报团队负责探测新的威胁，我们的网络防御行动中心侧重于与客户共享这些信息，而反数字犯罪部门则负责瓦解网络攻击并反击。

后一项工作使我们越来越多地涉足一个传统上由政府单独应对的领域，也因此带来一些复杂的问题。例如，企业应该如何应对特定的攻击？当然，我们需要帮助我们的客户从黑客攻击中恢复过来，但我们怎样才能先发制人，阻止攻击？而且，我们能选择还击吗？

2016年，我们在白宫的一次会议上把这个问题抛给一群科技行业领袖，大家反应不一。一位出席会议的高管强烈建议授权公司予以反击，但我担心，伸张技术正义会导致错误甚至混乱。所以，我们通常要求我们的反数字犯罪部门在涉及执法的案件上，原则上通过法庭解决问题。这种做法多少让我感到一丝欣慰。它使我们建立了一套法律体系，在这个体系中，公共当局发挥了它们应有的作用，而我们仍然服从它们，更普遍的意义上说是服从法治。我觉得有充分的理由坚持这种做法。

随着民族主义在包括美国在内的许多国家逐渐抬头，全球化企业也需要一个共同的思想基础，以一种全球化的方式展开行动。我们向同业发出挑战，成为"中立的数字瑞士"，致力于保护我们在世界各地的所有客户，保证百分之百的防御和零进攻。让每个政府，包括那些有更多民族主义观点的政府，都能信任科技。如果科技行业能够承诺我们所有的客户，无论来自哪个国家，都能得到保护，同时不帮助任何政府攻击无辜平民，那这些政府也会受益。

当我们把这两种策略结合起来时，它们对于应对扩大化的攻击似乎仍显不足。要支撑网络安全这把凳子，我们还需要最重要的第三条腿：以更强大的国际规则和协调一致的外交行动来遏制网络威胁，鼓励国际社会向各国政府施压，并停止无差别网络攻击。不过我们担心，在全球问责机制得到进一步加强之前，政府否认任何不当行为实在是太容易了。

是时候签订一份《日内瓦数字公约》了

2017年1月，就在丹麦宣布设立后来卡思珀·克林奇出任的那个大使职位前一周，我们在微软讨论如何激励科技行业，让国际社会围绕网络安全问题团结起来。我突然想到，红十字国际委员会（ICRC）在1949年召集世界各国政府签订了《日内瓦第四公约》，以便在战争时期

第七章
数字外交：科技的地缘政治

更好地保护平民。"现在本应该是一个和平时期，我们却目睹这些针对平民的袭击，这难道不是很讽刺吗？"

我们的公共事务负责人多米尼克·卡尔迅速回应道："也许现在是签订一份《日内瓦数字公约》的时候了。"

英雄所见略同。正如1949年各国政府承诺在战争时期保护平民一样，政府也需要在和平时期保护互联网平民，也许《日内瓦数字公约》能够激发大家对这一需要的期待之情。这个想法也具有现实基础，各国政府、外交官和专注于建立所谓国家间网络安全规范的科技专家已经开展了相应工作。也许一个令人信服的例子和品牌可以帮助我们更有效地与非业内受众交流，要想让我们的想法成为现实，我们需要赢得这些受众的支持。

我们呼吁继续强化国际规则，避免针对和平时期的普通公民、机构或关键基础设施进行网络攻击，并更加严格地禁止利用黑客技术窃取知识产权。同时，我们敦促制定更强有力的规则，要求各国政府协助私营部门努力发现、应对这类攻击，以及从攻击中得以恢复。最后，我们敦促建立一个独立的组织，可以调查并公开披露将国家级攻击归因于特定国家的证据[6]。

2017年，我们在旧金山的RSA安全年会上宣布了我们的想法。此后，一些记者抓住了这个主题，热情地投入到《日内瓦数字公约》的宣传活动[7]。尽管新闻界总是一块很好的试金石，能够测试新想法可以获得多大程度的接受，但更大的考验在于，各国领导层的政策议题是否会因此发生变化。讽刺的是，衡量人们是否在倾听的一个好方法是，是否有人表示不同意。毕竟，在一个问题如此之多，媒体又如此碎片化的世界里，许多想法很容易就会像倒在荒野中的枯树，再也引不起任何关注。那些位尊权重，整日忙碌的人不可能严肃认真地花时间解决别人平日里的大多数诉求。

我们经受住了这次考验。在华盛顿特区，最讨厌《数字日内瓦公约》这个想法的人，往往是那些在培养国家进攻性网络能力方面起主导作用的官员。他们认为，限制使用网络能力的规则会让美国这样的政府自缚手脚。我们指出，美国政府已经反对在和平时期对平民进行网络攻击，这才是我们试图限制的领域。退一步说，武器技术的历史也表明，即使美国今天处于领导地位，其他国家也会很快赶上。

他们指出，即便我们制定了更强有力的规则，而美国也遵守了这些规则，美国的对手也未必会这么做。但我们相信，国际规则无论如何都会对所有国家施加更大的压力，为国际社会更加协调地应对网络攻击打造所需的道德和知识基础。毕竟，如果从一开始就没有规则，那就谈不上违反规则，也就更难约束这类行为。

像往常一样，我们从这些交流中学到了很多。有些人认为，已经制定了重要的国际规则，我们是在冒险，想营造现有规则无关紧要的认知。他们是对的。我们从一开始就清楚地认识到，《数字日内瓦公约》是一个长期目标，而它背后的愿景，可能需要10年才能实现。在这个过程中，我们不想破坏现有规则。我们与来自世界各地的政府人员和学术专家更为详细地讨论了方方面面的问题，确认网络空间已经应用了哪些规则，既要加强这些规则的应用，同时也要找出需要填补的空白[8]。

我们还遇到了另一些人的回击，他们反对跨国公司将在全球范围内保护平民，而不是帮助本国政府攻击其他国家的想法。特朗普的某个顾问就在我去华盛顿特区出差的路上对我提出质疑："作为一家美国公司，你为什么不同意帮助美国政府监视其他国家的人民？"

第七章
数字外交：科技的地缘政治

我指出，特朗普酒店集团刚刚在中东和宾夕法尼亚大道上各开了一家新酒店："这些酒店会监视住在那里的，来自其他国家的人吗？这似乎对家族生意不太好吧。"他点了点头。

至少我们成功地引发了一场新的谈话。2017 年 6 月，萨提亚和我出席在白宫举行的科技峰会，我参加了一场关于网络安全问题的分组会议。白宫的一位官员事先向我传话："请不要提及《数字日内瓦公约》的话题。我们希望这次讨论的重点是美国政府的安全最佳实践，而不是其他问题。"

我们走进准备开会的那间华丽的会议室，我一边走一边向他保证，我知道他的意思了。随着讨论的进行，另一家公司的首席执行官，我甚至都没有和他说过话，突然从桌上探过身说："看，我们真正需要的是一份《数字日内瓦公约》。"

我和那位白宫工作人员交换了一下眼神，耸了耸肩。

随着我们与更多的人讨论《数字日内瓦公约》的概念，我们意识到，提出的许多观点越来越像是某种形式的军备控制。关于武器管制规则的公开讨论经历了漫长的过程，我们需要从中吸取教训。

来自历史的教训

在冷战后期的几十年里，作为当时世界上的超级大国，美国和苏联就管控核武器的条约进行过很多次谈判，也使军备控制成为地缘政治的焦点[9]。当时，政策圈对有关军备控制的问题了解得很充分，并且经常进行范围广泛得多的讨论。人为核灾难的可能性已经成为埋藏在人类思想深处的梦魇，并在 20 世纪 80 年代初彻底爆发，形成一股强大的流行文化。

1983年6月4日，被核风险压得透不过气来的里根总统乘坐直升机前往马里兰州郊外的戴维营，随身带了一摞军备控制的机密文件。当晚，阿巴拉契亚的暴风雨席卷而来，里根和他的妻子南希在小屋里安顿下来，准备看一部电影，这是这位老电影明星在两届总统任期内计划观看的363部电影之一[10]。这部名叫《战争游戏》的新电影[11]在前一天刚刚首映，电影的一位编剧为总统安排了这场放映。

这部惊悚片的主角是一个十几岁的黑客，他从黑进高中学校的计算机修改自己的成绩开始，一路误打误撞，最后黑进了北美防空司令部（NORAD）的超级计算机，并几乎引发了第三次世界大战。这个冷战故事吓到了三军总司令大人。两天后，在白宫举行的高层会议上，里根总统询问是否有人看过这部电影。面对众人一脸茫然的神情，他详细描述了故事情节，然后询问参谋长联席会议主席情节是否合理[12]。那次谈话引发了一连串决定，导致联邦政府首次涉足网络安全。这次是生活源自艺术，《计算机欺诈和滥用法》的通过就有这部电影的部分功劳，而电影中描述的黑客行为也被认定为违法犯罪行为[13]。

《战争游戏》加剧了那个时代的人对核武器和科学技术的不安心理。当时，个人电脑还是一种新生设备，大多被业余爱好者藏在自己的卧室里。然而这部电影却引起了广泛的关注。拍摄于36年前的《战争游戏》，现在看实在太有先见之明了。从电影主题来看，它不仅反映了公众对于计算机的脆弱性、战争威胁以及机器摆脱人类控制的前景的担忧，而且还点到了外交战胜战争的力量，这种力量体现在NORAD的超级计算机上，它用玩井字游戏的感悟来形容核战争带来的破坏，说出了让电影得到最终升华的那句台词："一个奇怪的游戏。唯一的取胜之道就是不去玩它。"

第七章
数字外交：科技的地缘政治

冷战结束以后，军控问题在许多方面已从公众的视野中消失。整整一代军控专家走下舞台，了解这些问题的公众也越来越少。2018年，我们再次以史为鉴。正如美国前驻俄罗斯大使迈克尔·麦克福尔形容的那样，目前已没有冷战，只有热和平[14]。是时候重拾过去的一些经验教训了。

从某些方面来说，对第二次世界大战的反思以及数十年核武器谈判积累的经验为解决网络安全问题提供了一些启示，让我们知道需要去做哪些必要工作。毕竟，在1945年日本吃了两颗原子弹之后，世界已经在核冲突的阴影下维持了将近75年的和平。从第二次世界大战结束到冷战结束，其间各国政府经历了重重挑战，一路行来不时有山重水复、迂回曲折，为我们带来了诸多教训。

其中一个教训来自国际人道主义法以及世界各国政府在1949年共同制定《日内瓦第四公约》时所付出的努力。最后形成的公约不是强调对特定武器的禁止和限制，而是更加注重限制政府如何参与军事冲突。根据其规定，政府不能蓄意以平民为目标，采取造成不成比例的平民伤亡的行动，或使用超出其军事价值的造成额外伤害的武器[15]。有趣的是，1949年公约的推动者不是某一个政府，而是国际红十字会，它一直在公约的执行中发挥着至关重要的作用，直至今日[16]。

《日内瓦公约》用一种重要的方式为我们提供了可用于军备控制本身的经验教训。限制特定武器的数量或性能，或者控制它们的使用方式，通常比试图完全禁止它们来得更现实。正如一位作家所说："如果一种武器被认为是恐怖的，但是用处不大，那么禁令很可能会成功。如果一种武器在战场上具有决定性的优势，那么禁令就不太可能奏效，不管它看起来多么可怕。"[17]

工具，还是武器？

军控是世界上最困难的工作之一。不过按照冷战即将结束时一项研究得出的结论，就控制武器达成协议，让武器失去用武之地——与完全消除武器截然不同——"可能，最后证明，效果更好，如果单从它成功前景更大的角度来说"[18]。也许这是一个思路，与其他任何思路一样，可以推动国际法律专家努力制定限制网络武器使用方式的国际规范[19]。

另一个在军控历史上反复出现的教训也同样适用：各国政府有时会设法避开国际协议，因此如果可能，需要有效的方法来监督协议遵守情况，并追究违约者的责任。这直接点明了控制网络武器所面临的一项最大挑战。各国政府不仅认为网络武器有用，而且特别容易使用，可以躲避侦察。正如《纽约时报》的大卫·桑格所说，不幸的是，这使它们成为"完美的武器"[20]。

这就表明，增强找出发起网络攻击的国家的能力，在发生此类攻击时形成集体应对能力，具有十分重要的意义。美国和其他国家的政府正越来越多地致力于发展此类应对能力，从响应性回击到包括制裁在内的更传统的外交手段，不一而足。但是，不管形式如何，只有在违反了哪些国际规则的问题上达成一致，并就谁应对攻击负责形成多边共识，这些协议才可能对网络稳定做出最大的贡献。而且在当今这个时代，当这些新武器被释放到公司拥有和运营的数据中心、电缆和设备上时，在首先判定攻击方面发挥更广泛的作用的，很可能是来自私营部门的信息[21]。

所有这些都表明国际外交的重要性仍然存在。当我们思考新一代的外交挑战时，外交工具箱中有了一些新工具。丹麦外交部长指出，科技公司已经成为某种形式的"国家"，这是我们的一个新机遇。虽然我们认为这种比较有其局限性，但它强调了一个关键机会。如果我们的公司像国家一样，那么我们就可以打造我们自己的国际协议。

第七章
数字外交：科技的地缘政治

微软的数字外交团队

当我们呼吁建立"中立的数字瑞士"时，我们曾试图推动科技行业朝着这个方向发展。我们需要将这一目标付诸实施，将各家企业聚集在一起签署一项协定，承诺采取行动，保护我们世界各地所有的合法客户。虽然我们能感觉到公众对于网络安全概念的广泛支持，但我们知道这不是一项容易的任务。科技行业充满了雄心勃勃的企业以及为之奋斗的精力充沛的员工。把企业联合起来以协调一致的方式做事，说起来容易，做起来难。

制订所谓《网络安全技术协定》[22]的任务，最适合交由凯特·奥沙利文及其领导的数字外交团队来完成。她指挥着一支由微软"外交官"组成的团队，他们与世界各地的政策制定者和行业伙伴合作，增进互联网的信任和安全。鉴于网络空间的私有化，我们早就认识到保护网络空间不仅需要多边参与，还需要各个利益相关方参与。像代表各国政府的新任科技大使一样，我们需要具有外交价值观的特使专注于创造数字和平，并在新的战场中保护我们的利益和客户。

我们草拟了技术协定的原则，数字外交团队迅速展开行动，征求业内意见。协定首先让所有缔约方致力于维护两大基本理念：保护世界各地的用户和客户，反对来自任何地方的对无辜公民和企业的攻击。这就为科技行业提供了我们所认为的必要的原则基础，在全球范围内促进和保护网络安全。协定还将通过两项更加务实的承诺来补充完善这两大原则。一是采取新的措施，加强科技生态系统，与用户、客户和软件开发人员合作，以切实可行的方式加强安全保护。二是更加密切地合作，促进网络安全，包括分享更多的信息，并在需要时互相帮助，以应对网络攻击。

让人们同意这些原则言之有理是一回事,但让他们公开承诺则是另一回事。很快就有一小部分企业与我们站到了一起,其中包括脸书,它在解决自身日益增长的隐私问题上变得更具前瞻性。其他几家经验丰富的大型IT公司,包括思科、甲骨文、赛门铁克和惠普,也迅速表态支持这一事业。

我们和谷歌、亚马逊和苹果的沟通则要困难许多。当我们和这些公司的相关人员沟通时,其中一些人表示脸书已成为全球各国政府的众矢之的,选择在此时与脸书站在一起,实在是太违和了。我们自己在20世纪90年代也有过成为千夫所指的经历,所以我可能比大多数人更同情脸书。从某种程度上说,我也很感激这段经历。谁都有困难的时候,如果我们的首要原则是在别人遇到麻烦的时候弃之不顾,一走了之,我们自己恐怕也会在需要行动的时候注定无所作为,哪怕是在最需要大家共同努力的问题上。

这些公司的其他人说,他们听到一些来自美国政府内部人士的个人回击。他们不想支持那些被批评的东西。还有些人说,他们根本无法让公司内的人做出决定,所以他们无法获得批准。尽管反复发邮件、打电话,但我们还是无法让这些公司迈出这一步。

好消息是,科技界的其他公司开始纷纷加入我们。我们内部决定,如果我们能获得至少20家企业公开签字,我们就将启动技术协定。随着2018年旧金山RSA网络安全大会日益临近,显然我们将实现这一目标。

在临近宣布网络安全技术协定的最后几周,我们把计划向白宫和其他几个美国政府部门的主要官员和盘托出,也告诉了另外几个国家的政府要员。我们不想让他们感到惊讶。来自白宫的反馈很积极,但我们通过小道消息得知，情报界的一些人对于承诺不帮助政府发起针对"普通公民和企业"的网络攻击这种说辞表示关切。他们担心"普通公民"的提法会庇护恐怖分子，意味着如果出现紧急情况，他们就不能求助于科技行业了。这条反馈意见很有帮助。我们更改了文本，代之以"无辜公民"的提法，这个问题似乎解决了。

共同行动

2018 年 4 月，我们正式公布了《网络安全技术协定》，共有 34 家公司在上面签了字[23]。这足以创造一定的推动力了。到 2019 年 5 月，签字的企业已达 100 多家，来自 20 多个国家和地区。我们还通过支持加强网络安全保护的实际步骤，将该协定付诸实施。

重要的是，加强私营部门合作的呼声在世界各地得到了广泛支持。值得称道的是，西门子在这一领域率先行动起来，创建了一份被称为《信任宪章》的文件，重点保护构成物联网的无处不在的小型设备。包括空客、德国电信、安联和道达尔在内的多家欧洲领先公司迅速加盟。[24]

从某种意义上说，更有趣的回应正在亚洲等待我们。2018 年 7 月，我们在东京会见了日立公司的高级管理人员，他们希望成为日本第一家签字的大企业。当我们到达它的总部准备签字盖章时，他们坦言："我们遭到了 WannaCry 的攻击。我们想保持沉默，但我们意识到，如果我们不站出来和你们一起做些这样的工作，我们永远也解决不了这个问题。"

他们的话切中肯綮。我惊讶于这样一个事实：一家在一个比美国公司更保守并以此著称的行业中经营多年的日本科技公司，反而愿意挺身而出,而像谷歌、苹果和亚马逊这样的公司却还安坐不动。我们在东京讨论认为,科技行业需要更加积极主动,建立新形式的多边联盟。

我们最想看到的结果是,会有越来越多的政府领导层愿意维持自第二次世界大战结束以来一直发挥基石作用的多边安全策略。但白宫或其他国家的领导层目前都没这个心思,大家都在忙自己国内的事。

作为一家公司,接过多边主义的衣钵并继续把它推向前进似乎很讽刺,甚至让人不舒服,因为多边主义的主角通常是政府。但在我们前进的过程中,我们得到的支持远远多于批评。而且随着我们取得进展,越来越多的公司表示愿意加入。

如果要让外交工作更加有效,我们就需要迈出科技界和商业界的圈子。政府、公司和非营利组织需要找到一种方式来共同行动。我们四处寻找合适的机会,最后得出结论,最好的机会将是2018年11月在巴黎举行的国际会议。法国总统埃马纽埃尔·马克龙决定主办被他称为"巴黎和平论坛"的活动,纪念第一次世界大战结束100周年。他在YouTube上发布了一段视频,我们反复看了好几次[25]。视频谈到了第一次世界大战结束后的20年间,民主不断削弱,多边主义分崩离析,结果导致第二次世界大战的爆发。马克龙呼吁世人集思广益,建言献策,为21世纪加强民主和多边主义做出贡献。对于我们想要开创的事业,这简直是一份完美的邀请。

巴黎的官员们对此很感兴趣。法国也有一位与丹麦的卡思珀·克林奇类似的官员,他就是法国网络外交和数字经济大使大卫·马丁农,负责互联网治理、网络安全、言论自由和人权。在马克龙总统外事顾问菲利普·埃蒂安的领导下,马丁农和其他法国官员早已将重点放在了规划未来上。我们与他们讨论了制定新的宣言和倡议以解决网络安全的可能性。

第七章
数字外交：科技的地缘政治

在法国强有力的领导下，经过世界各地持续数月的认真对话，在停战100周年纪念日后的第二天，马克龙总统宣布了《网络空间信任和安全巴黎倡议》（简称《巴黎倡议》），[26] 强化了现有国际规范在保护公民和民用基础设施免受系统性或无差别网络攻击方面的重要性。它还呼吁各国政府、科技公司和非政府组织共同努力，保护民主进程和选举进程免受民族国家的网络威胁。我们认为还需要在国际法的框架下给予这一领域更明确的支持。

更为重要的是，《巴黎倡议》得到了全世界的广泛支持。马克龙演讲的当天下午，法国政府就宣布已有370个缔约方。名单里既有世界各地的51个国家或地区的政府，包括欧盟全部28个成员国以及29个北约成员国中的27个，也有来自世界其他地区的主要政府，包括日本、韩国、墨西哥、哥伦比亚和新西兰。到2019年初，这一数字将达到500多个，包括65个国家或地区的政府和谷歌、脸书等大部分科技企业，尽管亚马逊和苹果仍然不在其列[27]。

令人感到讽刺，而且在我们看来很不幸的是，《巴黎倡议》是在没有美国政府支持的情况下获得了所有这些支持，美国政府自己并没有在巴黎签署这项声明。虽然我们原本希望华府能够签字，但在巴黎会议召开前一个月，形势变得明朗起来，美国政府显然还没有做好站队的准备，无论用哪种方式。白宫的某些幕僚的态度表明，他们并不支持多边倡议，不管哪个领域的多边倡议都不支持。这就让我们处于一个很尴尬的地位，因为我们的政府事务团队正在世界各地要求其他国家支持这一努力。

尽管如此，《巴黎倡议》仍然不失为一项重要的创新。它采用了对20世纪维护国际和平发挥了至关重要作用的多边主义战略，并将其转变为多元利益参与战略，为当今世界解决全球科技问题提供了所需的方法。它团结了世界上大多数民主国家或地区，并将它们与全球大部分科技企业和领先的非政府组织联系起来。随着时间的推移，肯定还会有更多缔约方在倡议上签字。

《巴黎倡议》所采用的模式很快就引起了全球关注。2019年3月，基督城惨案发生后不久，我们在新西兰会见了总理杰辛达·阿德恩及其内阁成员，讨论如何防止恐怖分子以互联网为平台攻击民众的悲剧重演。我们的谈话很快转到了《巴黎倡议》上，探讨我们是否可以通过类似的方式将政府、科技界和民间社会团结在一起。我们考虑了一夜，第二天早上，当有更多的政府官员加入会议时，屋子里已经开始讨论《基督城倡议》可以解决哪些问题了。

在阿德恩的领导下，新西兰政府牢牢掌握着主动权。正如我在第一次会议上对阿德恩所说，她会给这个问题带来一种道德权威感。她很快回答说，全世界的愤怒终将消散，她希望利用这个机会，追寻一些更长远的重要意义，而不是挣什么公关分。她派遣新西兰网络安全官员保罗·阿什前往欧洲，探索与某个欧洲国家在《巴黎倡议》的基础上进行合作的可能性，阿什发现马克龙的团队愿意快速行动。

科技行业也肩负着巨大的责任。我们面临的挑战是找出我们可以采取的务实措施，防止我们的服务像在基督城那样被用于扩大极端主义暴力。在微软内部，我请总法律顾问戴夫·斯托尔科普夫和她的办公室主任弗兰克·莫罗牵头研究，寻找思路和对策。尽管我们没有经历过曾对脸书、推特、谷歌和YouTube的服务造成影响的广泛视频上传，但我们很快就得出结论，我们有9种不同的服务可能会受此种弊端影响。从领英和Xbox Live游戏在线互动，到通过OneDrive云存储共享视频、必应搜索结果以及使用我们的Azure云平台。

第七章

数字外交：科技的地缘政治

其他科技公司不仅准备向前迈进，而且准备更上一层楼。谷歌、脸书和推特都认识到，基督城恐怖分子使用了它们的内容共享服务，它们必须做更多的事情。值得称道的是，亚马逊表示，尽管其服务不是问题的一部分，但它也愿意参与解决方案的构建。

显然，面对不同的技术服务，需要采取不同的对策，进行不同的取舍和平衡。我们既要考虑工程方面的要求，也要保持敏感，注意回应公众对于人权和言论自由的广泛关切。我们成立了一个小组，召开了一系列电话会议，提出了解决网络极端主义暴力和恐怖主义内容的9项具体建议，迅速赢得了各大公司的支持。我们建议各服务部门可以采取五大对策，明确服务条款，加强对直播视频的管理，对有关滥用的用户报告迅速响应，改进技术控制，发布透明度报告。小组还制定了4项全行业措施，包括发布危机响应协议，基于开源的技术开发，加强用户教育，以及支持非政府组织开展研究和更广泛的工作，促进多元和尊重的网络文化。

阿德恩迫切要求做出决定，并且要在即将于巴黎举行的会议上宣布，而当时距离开会只剩一个月的时间了。新西兰和法国政府的代表在北加州与民间社会团体和科技公司会面，讨论《基督城倡议》拟议草案提出的具体问题。新西兰政府的团队夜以继日地工作，尽量兼顾来自政府领导人和其他利益相关者的反馈。萨提亚和我有一次深夜打电话给阿德恩，我提到自己对其政府的反应速度感到吃惊。她回答说："如果你个子小，那么你就必须灵活！"

5月15日，新西兰恐袭发生两个月后，阿德恩在巴黎与马克龙和其他8位政府领导人共同发起了《基督城行动倡议》。文件呼吁各国政府和科技部门做出承诺，通过单独和联合行动，应对恐怖分子和暴力极端分子发布的网络内容[28]。我也在巴黎，代表微软与多位科技界领袖和政府首脑一起签署了倡议。我们5家公司组成的集团还公布了将要采取的九大步骤,以帮助《基督城行动倡议》付诸实施。

巴黎和基督城两份倡议的发起仅仅相隔6个月多一点的时间,彰显了全世界推进"科技外交"——卡思珀·克林奇喜欢这样称呼——所取得的成功。作为一种新型的多元利益外交,"科技外交"不再只依靠政府的力量,而是将政府、民间社会和科技公司团结在一起。

在某些方面,这个想法并不完全是一个新东西。正如最近一项研究得出的结论,在游说集团、智囊团、社会运动和教育团体的积极参与下,各种非政府组织长期以来在军备控制问题上发挥了重要作用[29]。19世纪60年代,由红十字会的创始人在日内瓦开创了这股非政府组织的浪潮,而当今最成功的举措之一,则非20世纪90年代的国际禁止地雷运动莫属。1992年,6个非政府组织联合发起了国际禁止地雷运动,发展至今已有来自60个国家和地区的大约1000个非政府组织参与其中[30]。该组织"成功将地雷改造成人道主义和道德问题,而不是单纯的军事问题",并在加拿大政府的支持下,将禁止地雷运动发展成一个特设论坛,"于1997年12月通过了一项禁止地雷条约,距禁雷运动发起时间仅仅过了5年"[31]。

从这个角度来看,《巴黎倡议》和《基督城行动倡议》最新颖的地方可能是企业开始参与新一代人道主义和军备控制问题,这是一种与其他类型的非国家行动者截然不同的组织形态。毫无疑问,有些人对于企业的怀疑胜过非政府组织。但考虑到这些企业在拥有和运营网络空间方面的重要地位,说它们发挥不了什么作用似乎很难站住脚。

巴黎和基督城两份倡议还涉及另一项创新,我们认为它对开创数字外交时代十分重要。军控和人道主义保护一直需要广泛的公众支持。在

第七章
数字外交：科技的地缘政治

20世纪，新的思想有时需要先成功地借助智库与非政府组织和政府政策界的深入对话实现传播，最终再通过国际政治家的重要演讲为公众所知晓。但在当今时代，传统媒体碎片化，社交媒体兴起已成为主流趋势，人们需要，同时也有机会采用新的方式与公众保持联系。

这是我们从关于《数字日内瓦公约》的公开讨论中得到的若干感悟。尽管一些传统的外交官可能对此嗤之以鼻，不屑一顾，但这一想法抓住了公众的想象力，相比之下，在意义重大但没那么高调的国际网络安全《塔林手册2.0版》的讨论中，专家们并未想到这种方法[32]。这是我从卡思珀·克林奇的创新策略和频繁发布的推文中学到的一点经验[33]。也正因为如此，我们需要将《巴黎倡议》的工作与支持公民外交结合起来，例如，我们推出一项网上承诺，从世界各地征集了10万多个签名，以支持"数字和平现在时"运动[34]。

或许，我们同时还需要以勇往直前的决心来推进数字外交。这种决心的基础，不仅是我们面对的新环境，也不仅是对以史为鉴的希冀，更包括历史上那些发人深省的失败案例。2017年11月，我们访问了位于日内瓦的联合国欧洲总部。在发表演讲时，我们想起了这段历史。现为联合国驻地的万国宫，在20世纪30年代曾是国际联盟的总部所在地。现在，楼里仍有几个小型会议室，保留着第一次世界大战后时代的艺术装饰风格。

万国宫充当国际外交舞台之时，正是20世纪最悲惨的一段时期。日本在1931年入侵中国东北，不久之后，希特勒的纳粹政权逐渐成为欧洲之患。当时，来自31个国家的政府齐聚一堂，用了5年多的时间，试图通过一系列会议限制军备竞赛。但是，美国犹豫不决，不愿意发挥它的领导力，因为在它看来，问题主要是欧洲人的。希特勒带着德国退出了谈判，后来又退出了国际联盟，为实现全球和平的努力敲响了丧钟。

在1932年外交会议召开之际，爱因斯坦作为那个时代最伟大的科学家，发出了振聋发聩的警告。他提醒世人注意，"要是人类组织能力的发展能够跟得上科技前进的脚步"，科技进步"早就可以使我们生活得愉快幸福且无忧无虑了"[35]。相反，"这些辛苦赢得的大机器时代的成就掌握在我们这一代人手里，但却像把剃刀交给一个三岁小孩一样危险"。日内瓦会议以失败告终，在那个10年临近尾声的时候，这一失败已经蜕变为无法想象的全球灾难。

爱因斯坦的话揭示了当今挑战的关键所在。在科技不断进步的同时，它所创造的未来能否被世界控制？导致战争的原因，往往就是人类跟不上创新的步伐，在新技术的管理上几乎无所作为，而且为时已晚。随着网络武器和人工智能等新兴技术越来越强大，我们这一代人将再次接受这一考验。

如果我们要在一个世纪前人们失败的地方取得成功，我们就需要一种切实可行的威慑方法，同时辅以新型数字外交的力量。2019年4月，我们与卡思珀·克林奇以及他那些来自20多个政府的同行在旧金山举行了一次会议，看到新一代网络外交官更加紧密地合作，我们感到无比振奋。

无可否认，虽然丹麦是一个小国，只有570万人，比华盛顿州还要小，新西兰的人口甚至更少，但丹麦外交部长说的话完全正确。在21世纪，解决全球问题的最佳方式是组建一个团队，不仅能与其他政府合作，而且能与定义科技未来的所有利益相关方合作。低估一个思维敏锐、领导坚决的小国是错误的。新型数字外交时代已经到来。

第八章

消费者隐私："枪口将会调转"

2013年12月，科技行业领袖齐聚白宫，敦促奥巴马总统改革政府的监听措施。这次对话一度改变了方向，总统停顿了片刻并做出了一个预言："我怀疑，未来枪口将会调转。"他指出，许多参加此次对话的公司拥有的个人数据比地球上任何一个政府都要多，因此，科技行业很快会发现，我们现在对政府提出的要求，将会成为人们对科技行业的要求。

从许多方面来看，枪口依然没有调转，这本身就是一件令人惊讶的事。在欧洲，可以说，枪口早就转向了。欧盟在1995年即通过了一项严格的数据隐私指令[1]。它为隐私保护建立了坚实的基础，远远超过美国的任何法规。在此指令的基础上，欧盟委员会在2012年提出了更为严格的隐私法规。审议这一法规花了4年时间，不过，欧盟终于在2016年4月通过了全面的数据保护条例[2]。仅仅两个月后，英国在脱欧公投中投票决定退出欧盟，但该国的数据保护部门迅速确认它支持继续在英国实施这一新规。正如时任英国首相特蕾莎·梅在 2017 年初的一次会议上对科技业高管所说，英国政府认识到，英国经济将继续依赖与欧洲大陆的数据流动，而这需要统一的数据隐私法规。

反观美国，随着数据隐私法规在全世界普及，美国仍然置身事外。随着越来越多的数据跨越国界进入美国的数据中心，而美国未能在国家层面广泛地保护隐私，欧洲各地的官员越来越担心其公民的隐私如何得到保护。2005 年，我在国会山发表了一次演讲，呼吁通过国家隐私立法[3]。但除了惠普和其他几家公司外，行业内大多数人要么冷漠以对，要么干脆反对这个想法。同时国会也仍然对此丝毫不感兴趣。

在两个看似不可能的人的努力下，美国开始发生改变。第一个人是维也纳大学法律系一位为隐私保护而奋力拼搏的学生，名叫马克斯·施雷姆斯。2019 年，我在欧洲短暂停留期间，他向我们推荐了奥地利美味的煮牛肉，并分享了他不寻常的经历。

"我因为一场隐私的官司而失去了我的隐私"

施雷姆斯在奥地利小有名气，如果你关注了那场横跨大西洋的隐私传奇，你会立刻认出他来。他笑言："我因为一场隐私的官司而失去了我的隐私。"

隐私，以及美国人对隐私的看法，一直吸引着他。施雷姆斯在 17 岁时，曾作为高中交换生，被送到佛罗里达州一个"与世隔绝的地方"。那座名为塞布林的小镇对他而言确实是一个巨大的文化冲击，但并不是因为一般人认为的原因。让施雷姆斯迷惑不解的，不是以美国未来农民协会（Future Farmers of America）或南方浸礼会教堂为中心的社交聚会，而是学校追踪学生的方法。他说:"学校里有一整套控制体系,校园内有一个警察局,每个走廊都装有摄像头。从成绩、SAT(学术能力评估测试)分数、出勤率到学生证上允许我们使用互联网的小贴纸,一切都被追踪。"

施雷姆斯骄傲地回忆起他如何帮助美国同学绕过学校对谷歌搜索的屏蔽。他说:"我向他们展示了 google.it,这个网站完全可以正常使用,因为学校只屏蔽了 google.com。一个交换生向学校介绍了国际顶级域名!"

他告诉我们,回到维也纳真是让他大松一口气,"在这儿我们实在太自由了"。

2011年,24岁的施雷姆斯再次来到美国,在加州圣克拉拉大学的法学院学习了一个学期,他在那时仍然十分关注隐私问题。一位给施雷姆斯讲授隐私课程的客座讲师恰巧是脸书的律师,当施雷姆斯问起他脸书公司根据欧洲隐私法所承担的义务时,那位律师回答说,法律并没有得到执行。施雷姆斯说:"他告诉我们'你可以做你想做的任何事情',因为欧洲的惩罚如此微不足道,所以没人会真的执行。显然,他并不知道课堂上有一个欧洲人。"

这次交流促使施雷姆斯更深入地探索,并选择了他认为脸书在遵循欧洲法律义务方面存在的不足作为自己学期论文的主题。

对大多数学生来说,故事本该就此结束,但施莱姆斯并不是一位普通学生。不到一年,他拿着自己的研究成果向位于爱尔兰的数据保护局提出了投诉(脸书的欧洲数据中心位于爱尔兰)。他的投诉直截了当,但有可能颠覆全球经济。他提出,由于国际安全港隐私原则的实施而允许欧洲公民的数据被传输到美国的做法需要废止。他指出,其原因是美国没有足够的法律保障来恰当地保护欧洲的数据。

安全港原则是跨大西洋经济的一个基本支柱，但除了隐私专家外，它鲜为人知。这是欧盟 1995 年隐私指令的产物，该指令要求欧洲公民的个人信息只有在获得足够隐私保护的情况下才能转移到其他国家。鉴于美国缺乏国家隐私法，需要一些政治创造力来保持数据在大西洋两岸流动。该解决方案于 2000 年通过，这是一项自愿计划，允许公司自我证明自己遵守了美国商务部认可的 7 项隐私原则。这些原则反映了欧盟的规则，并使欧盟委员会能够得出结论，即美国按照 1995 年指令的要求提供了充分的隐私保护[4]。国际安全港隐私原则就此诞生。

15 年后，跨大西洋数据流动呈现爆发式增长。超过 4000 家公司利用安全港每年提供 2400 亿美元的数字服务[5]。这些服务包罗万象，包括从保险和金融服务到图书、音乐和电影的一切。但财务数字只是信息冰山一角。美国公司在欧洲拥有 380 万名员工，它们需要依靠安全港原则传输包括从薪水到健康福利，以及个人绩效评估等方方面面的个人数据[6]。美国公司在欧洲的总销售额高达 2.9 万亿美元，其中大部分业务需要数字数据的流动，以确保货物发送到目的地，销售收入得到准确记录[7]。这其实已成为世界对数据极度依赖的晴雨表。

虽然政府官员和商界领袖认为安全港是现代社会的必需品，但马克斯·施雷姆斯却看到了完全不同的东西。就像安徒生童话中的那个孩子一样，他研究了安全港原则，然后宣称，实际上"这个皇帝没有穿衣服"。

施雷姆斯自 2008 年以来一直是脸书的用户，他以此为基础对爱尔兰数据保护专员提出了投诉。2012 年，他已返回维也纳。在与脸书进行了"多达 22 封电子邮件往来"之后，施雷姆斯收到了一张 CD，其中

第八章
消费者隐私："枪口将会调转"

包含一份 1200 页的 PDF（便携式文档格式）文件，全是他的个人数据。他说："这只是脸书拥有的我的个人数据的 1/2 或 1/3，其中 300 页还是我已经删除的内容。实际上，每一篇帖子上都标记着'已删除'。"

如他所认为，一项允许脸书以这种方式收集和使用如此多数据的安全港协议，绝对不可能提供欧洲法律所要求的保护。

施雷姆斯公开了自己的投诉，辩称安全港原则应该被废除，并在整个欧洲酿成了一个小型媒体话题。脸书迅速派遣了两名欧洲高管前往维也纳，试图说服他重新考虑自己的观点。他们在机场旁边的酒店会议室里待了 6 个小时，敦促施雷姆斯缩小投诉范围。但他不肯放弃，坚持说他希望爱尔兰专员解决他的疑虑[8]。

科技行业和隐私团体的其他人也密切关注着这一问题，但大多数人并不认为施雷姆斯的案件会有什么结果。毕竟，他因为花了太多时间起草投诉书，而不是在圣克拉拉完成他的学期论文，导致这篇论文一直没有完成，不过他得到了教授的延期允许[9]。不久之后，爱尔兰数据保护专员裁决施雷姆斯败诉，并判定基于 2000 年欧盟委员会的决定，安全港满足了"充分保护水准"的要求。这个案件似乎画上了句号，施雷姆斯也应该回去写他的法学院论文了。不过，他并没有退缩。

他的案件最终打到了欧洲法院。2015 年 10 月 6 日，地狱之门被打开了。

当天一大早，我正在佛罗里达州准备和来自拉丁美洲的客户一起参加一个活动，电话突然响起。欧洲法院已经废除了国际安全港隐私原则[10]。法院判定，欧洲国家数据保护当局有权根据该协定对数据传输自行进行评估。实际上，法院赋予独立监管机构更多的权力，它知道这些机构在审查美国的隐私保护行为方面会更加严格。

人们立刻开始怀疑,这是否意味着我们将回到数字的黑暗时代。跨大西洋的数据流动现在是否会停止?为了应对这种突发事件,我们已采取其他法律措施,以确保我们的客户能够继续使用我们的服务将其数据进行国际转移。我们竭力安抚客户。在整个科技行业,每个人都尽可能表现得很淡定,但欧洲法院的裁决引发了巨大不安。用一位曾参与过安全港谈判的律师的话来说:"我们不能假设任何事情在目前是安全的。这项裁决非常广泛,任何用于从欧洲传输数据的机制都可能受到威胁。"[11]

这一裁定导致了长达数月的激烈谈判。这有点像试图把摔得粉碎的蛋头先生(Humpty Dumpty[①])重新拼在一起。美国商务部长佩妮·普利茨克和欧洲专员韦拉·朱罗瓦正在努力制定一种更能够令欧洲法院和欧洲各国隐私监管机构满意的方法。2016 年 1 月,我抵达欧盟委员会与朱罗瓦讨论谈判进展,当我在楼下等待出入证时,她突然向我打招呼,令我大吃一惊。她笑着说她刚才出去了一会儿。一位她从未见过的男士在外面认出了她,并走上前说:"我们应该彼此认识一下,我叫马克斯·施雷姆斯。"

在国际谈判紧锣密鼓进行的同时,科技行业也做好了最坏的准备。在微软内部,我们探讨了是否可以利用西雅图靠近加拿大的优势,将关键支持转移到我们在温哥华的设施中。这意味着要让雷德蒙德的一些员工来回奔波,但由于法院的裁定不影响加拿大和欧洲之间的数据传输,我们可以确保更无缝的操作。

所幸,最终我们免去了这些麻烦。2016 年 2 月初,普利茨克和朱罗

[①] Humpty Dumpty 为一首英国童谣的主人公,中文译作蛋头先生,在歌中从墙上落下摔碎。——译者注

瓦宣布达成了一项新的协议。他们用隐私护盾（Privacy Shield）取代了安全港原则，新的协议包含了更高的隐私要求和年度双边审查。微软成为第一家承诺遵守新数据保护要求的科技公司[12]。

没有隐私岛

一场数据灾难得以避免，但这段插曲揭示了形势已经发生了多么巨大的变化。

一方面，它表明没有隐私岛这样的东西——任何人都不能再假设他们所有的数据都在一个国家的边界内。即使是像欧洲这样的大陆，或者像美国这样巨大的经济体，情况也是如此。个人信息被从一个国家转移到另一个国家，用于所有类型的数字交易，而大多数时候人们并没有意识到这一点。

这创造了一个新的外部政治杠杆，可能对美国的隐私保护产生深远影响。欧洲法院的成员在事实上授权了欧洲大陆各国的数据保护监管者（他们以对隐私保护的热情承诺而闻名）就更严格的美国隐私保护标准展开谈判。

如果还有人怀疑这个目标，那么在欧洲法院 2015 年的裁决后不久，随着可靠的第一手报告在政府圈子内悄无声息地传阅，这些疑问随即烟消云散。一位曾参与判决过程的欧洲法院成员亲自与欧洲多个国家的隐私监管机构会面，向他们介绍裁决的细节，并就他们如何最大限度地利用这一裁决与白宫和美国商务部进行谈判提供建议。在美国司法和行政部门分立的情况下，这种做法似乎有悖常理。这在欧洲也是不常见的情况，但在世界上其他许多地方却并不奇怪。

尽管美国政治领袖们可以发表演讲，谴责欧洲隐私监管机构管得过宽，但有一件事他们不能改变。这就是，美国经济严重依赖于美国企业与其他国家之间进行数据转移的能力。在当今世界，人们可以争论是否要建造一道移民墙来阻止人口流动，但是没有一个国家能够容忍阻止国际数据流动的障碍。这意味着影响美国公司隐私保护做法的跨大西洋谈判已经成为一个经济现实。

其最终影响甚至对中国也颇为沉重。随着时间的推移，欧洲的做法可能会导致中国面临越来越大的压力，并将其推到一个重要的十字路口。它可以在不保护境内数据隐私的情况下前进，也可以通过加强与欧洲的经济联系实现发展，但后者不可避免地需要数据流动。同时做到这两者将越来越困难。

然而，正如许多人在幸免于难后的反应一样，科技行业对隐私保护谈判结果的第一反应主要是松了一口气。这是另一个唤醒闹铃，但人们再次按下了"止闹"按钮。数据可以继续流动，公司也可以继续做生意。大多数科技公司和政府官员也就乐得将对长期地缘政治影响的深入思考再推迟一天。

欧盟的数据保护条例

在某些关键方面，这也并非完全不可理解。在2016年剩下的时间里，英国举行了脱欧公投，美国也举行了总统选举，这些都吸引了人们的关注。在几个月内，所有人的关注点都集中在欧洲的另一项隐私保护政策，那就是欧盟实施通用数据保护条例（GDPR）的时间日益临近。

GDPR很快成为在科技行业工作的人耳熟能详的一个缩略词。虽然

第八章
消费者隐私："枪口将会调转"

律师使用首字母缩写词来指代政府法规并不罕见，但 GDPR 开始成为工程师、营销人员和销售人员的日常用语。他们这么做有充分的理由。该法规要求重新设计全球许多科技平台，这不是一项小任务。虽然它不一定是欧盟推出这一法规的目的之一，但它已成为欧洲影响美国和全世界隐私标准的另一种方式。

GDPR 与许多政府法规不同。大多数情况下，一项法规会告诉公司它不能做什么。例如，不能在广告中包含误导性陈述，或者不能在建筑物中使用石棉。自由市场经济的基本理念鼓励商业创新，并用法规将某些行为限制在一定范围内，在其他方面则让公司有充分的实验自由。

GDPR 最大的特点之一是，它实际上是一项隐私权利法案。通过赋予消费者某些权利，它要求公司不仅要避免某些做法，还要创建新的业务流程。例如，掌握了个人信息的公司需要让消费者能够访问这些数据。客户有权知道公司都掌握了他们的哪些信息。如果信息不准确，他们有权更改这些信息。他们有权在各种情况下删除它。如果他们愿意，他们有权将信息转移给其他提供商。

在很多重要的方面，GDPR 类似于数据的大宪章（Magna Carta）。它代表了欧洲隐私保护关键的第二次浪潮。第一次浪潮发生在 1995 年，其隐私指令要求网站在收集和使用数据之前通知消费者并征得他们的同意。但随着互联网的爆炸，人们被隐私通知淹没，几乎没有时间阅读它们。认识到这一点，欧洲的 GDPR 要求公司为消费者提供上网查看和控制从中收集的所有数据的实际能力。

它对科技的影响如此广泛并不令人奇怪。首先，该法规要求任何拥有数百万客户，或者只有数千名客户的公司，需要确立一个明确的业务流程来管理这些新的客户权利。否则，员工将会以低效率并且几乎肯定是不完整的方式来追踪客户数据，从而将公司带入困境。更重要的是，这一流程需要自动化。为了快速和低成本地遵循 GDPR 的要求，公司需要以统一的方式访问各种数据孤岛中的客户数据，而这需要技术变革。

GDPR 面前的微软方案

对于像微软这样的多元化科技公司来说，GDPR 的影响几乎不可能更强烈了。我们拥有 200 多项产品和服务，我们的许多工程团队都有权创建和管理自己的后端数据基础架构。尽管这些信息架构有一些相似之处，但在公司不同部门使用的信息架构存在重大差异。

我们很快意识到这些差异面对 GDPR 会有问题。欧盟的消费者将会期望以单一流程将他们在我们所有服务中的所有信息都提取出来，以便他们能够以简单和统一的方式加以检视。要想有效实现这一点，我们的唯一方法是创建一个全新的单一信息架构，涵盖我们的所有服务。换句话说，它要涵盖从 Office 365 到 Outlook，再到 Xbox Live、Bing、Azure 以及 Dynamics 等所有服务，以及这些服务之间的所有内容。

2016 年初，我们挑选最优秀的一些软件架构师组成一个团队。在 GDPR 于 2018 年 5 月 25 日正式生效之前，他们有两年时间，但他们显然没时间可以浪费。

这些架构师首先需要得到律师的帮助，以确定 GDPR 的具体要求是什么。在律师的帮助下，他们制定了一个规范，列出我们的服务需要支持的所有技术功能。然后，架构师们制定了一个新的蓝图，用于处理和存储适用于我们所有服务的信息，并使所需的功能有效。

到了 8 月的最后一周，该计划已准备好提交给萨提亚和公司高层管理团队审查。每个人都知道这一蓝图需要大量的工程工作。我们需要让300多名工程师在该项目上全职工作至少18个月。在GDPR正式实施前的最后6个月，员工的数字将膨胀到数千人。它意味着数亿美元的财务投入。因此这是一个不容错过的会议，有些人为此缩短了他们的假期。

工程和法律团队全面讲述了蓝图、时间表和资源分配，并给每个人都留下了深刻印象。在某些方面，它让每个人感到惊讶。随着会议的进行，萨提亚突然大声笑着说：“这难道不是很棒的一件事吗？”他继续说道：“这么多年来，我们几乎从没有可能让公司所有工程师都同意某一个隐私架构。现在监管机构和律师告诉了我们应该怎么做，创建单一架构的工作也变得轻松了很多。”

这是一个有趣的观察。工程是一个创造性的过程，而工程师则充满了创意。当两个软件工程团队以不同的方式处理同一个问题时，说服他们调和差异并制定统一的方法可能非常困难。即使差异并不会严重影响具有根本重要性的技术特性，人们也倾向于坚持他们所创造的东西。

鉴于微软大型、多元化和授权型的工程结构，这种挑战有时比其他科技公司更大。它过去曾导致我们在多年内维持两个或更多的重叠服务，而这种方法几乎从未取得过太好的效果。相比之下，苹果公司有时依赖其较窄的产品重点和史蒂夫·乔布斯的一言堂式的决策来解决这个问题。略具讽刺意味的是，欧洲监管机构通过明确要求一种需要全面工程妥协的单一方法，反而帮我们解决了这个问题。

萨提亚批准了那个计划。然后，他转向大家，并提出了一项新要求。"考虑到我们花了这么多时间和金钱来做出这些改变，我希望不只是为我们自己来做这些，"他说道，"我希望我们作为第一方使用的每项新功能，都能提供给我们的客户作为第三方来使用。"

换句话说，我们创建的技术应该可供每个客户使用，从而帮助他们遵守 GDPR。在数据主导的世界中，这无疑是一个完全合理的做法，但它也会使工作量增加。屋内的所有工程师都倒吸了一口冷气。他们在离开会议室时知道，他们需要投入更多人力参与这个项目。

这种巨大的技术要求有助于解释迅速出现的第二个情况，它具有重要的地缘政治影响。一旦工程工作按照 GDPR 的要求向前推进，工程师们很难愿意为其他地方创建不同的技术架构，因为维护不同系统的成本和工程的复杂性实在是太高了。

这种情况引发了我们与加拿大总理贾斯汀·特鲁多在 2018 年初进行的一次有趣的对话。当时，萨提亚和我拜见了他和他的一些高级顾问，我们谈到了隐私问题，这一直是加拿大公众关注的一个重要话题。由于特鲁多提到加拿大隐私法可能会发生变化，萨提亚鼓励他干脆采用 GDPR 中的条款。他们听到这个建议时非常惊讶，但萨提亚解释说，除非具有根本性的差异，否则为了某一个国家维持不同流程或架构的成本可能会超过潜在收益。

我们拥抱 GDPR 的巨大热情让我们与科技行业内其他一些公司的立场迥然不同，它们有时倾向于更强调抱怨监管过于烦琐。尽管我们也发现 GDPR 的部分内容令人困惑或者更糟，但我们认为，科技行业长期成功的关键之一是维持公众对隐私保护问题的信任。这种理念同样源于我们在 20 世纪 90 年代所经历的反垄断诉讼，以及我们为此付出的极高的声誉代价。对潜在有争议的监管问题采取更加平衡的方法可能会使我们的一些科技业同行，甚至一些我们自己的工程师认为我们过于圆滑，但长期经历告诉我，这是一条更明智的道路。

然而，科技行业中的一些人经常以美国公众对隐私保护的矛盾心理为理由忽视美国的监管压力。他们会说:"隐私已死。人们只需要忘掉它。"

我相信隐私保护问题可能会一直保持平静,直到某天突然爆发。在几乎不存在政治基础来制定更周全方法的情况下,风暴可能随时发生。公众对隐私保护的矛盾心理让我想起了几十年前核工业的经历。

整个20世纪70年代,核电工业未能就其技术进步所带来的风险进行有效的公众讨论,这使得公众和政治家们对1979年在宾夕法尼亚州北部三里岛核电站发生的泄漏事故毫无准备。与其他国家不同,由于这场灾难,三里岛事故政治余波不止,使美国的核电站建设陷入停滞。直到34年后,美国才开始兴建另一座核电站[13]。

我认为,我们应该吸取这个历史教训,而不是重蹈覆辙。

保护我们的个人数据

2018年3月,剑桥分析公司的争议突然爆发,无异于隐私保护领域的三里岛事故。脸书用户了解到,他们的个人数据已被这家政治咨询公司获得,用来建立一个针对美国选民的数据库,定向发送旨在支持唐纳德·特朗普的总统竞选活动广告。虽然如此使用个人数据本身违反了脸书的政策,但该公司的合规系统未能发现问题。此类问题往往会引发大量批评,同时让公司无法辩驳。它所能做的就是道歉,正如马克·扎克伯格所做的那样[14]。

几周之内,华盛顿特区的公众情绪发生了极大的转变。政界和科技界领袖终于不再对监管嗤之以鼻,而是开始谈论监管不可避免,但他们仍然未能说清他们认为监管法规到底应该做些什么。

问题的答案在美国另一端靠近硅谷的一个地方出现了,并引出了我所说的第二个不可能的人,他像马克斯·施雷姆斯一样在这个问题上发挥了主导作用。

　　他是一位美国人,名叫阿拉斯泰尔·麦塔加特,是旧金山湾区的一位房地产开发商。2015 年,他在位于加州皮蒙特的家中举办了一个晚宴。皮蒙特是一个浓荫密布的郊区小城,与静悄悄处理大量私人信息的硅谷巨头们隔湾相望。当麦塔加特询问一位客人在谷歌工作的情况时,对方的回答不仅让他很不满意,而且让他觉得非常吓人。

　　科技公司收集了哪些私人数据?它们用它干了些什么?我该如何选择不提供这些数据?如果人们知道谷歌都知道什么,这位工程师回答说:"他们会发疯的。"

　　这场鸡尾酒桌旁的对话开启了一场为期两年、超过 300 万美元的"十字军东征"。事情过去差不多三年后,我们在旧金山见到了麦塔加特,他告诉我们:"我感觉这非常重要。我想,必须有人为此做点什么。既然这样,那么我可以成为那个做点什么的人。"

　　这位三个孩子的父亲的目的并不是打击科技行业。他是一位成功的商人,坚定地相信自由和开放的市场。毕竟,在科技行业的推动下,该地区飙升的房地产价格让他赚得盆满钵满。但他决心要推动改变,希望有一天能告诉孩子们,他帮助保护了一些珍贵的东西——我们的个人数据。

　　在被麦塔加特和其他一些人称为"商业监视"的时代,我们因为网络搜索、通信、数字定位、购物和社交媒体活动而暴露的个人信息远远多于我们希望分享的。[15] 他认为,这赋予十几家科技公司难以置信的权力。他在谈到那些我们无意中以个人信息为代价使用的免费网络工具

第八章
消费者隐私:"枪口将会调转"

时表示:"你必须接受它们的隐私条款,否则你就不能使用它们的服务。这些服务是我们得以生活在现代世界的基础,所以我们根本没有选择的余地。"

面对缺乏监督的现状,他招募了一些志同道合的支持者,并为加州起草了一项新的隐私法。"我生活在一个受到高度监管的世界,"他在谈论当前的房地产业管理法规和建筑规范时表示,"这是一种健康的环境。法律需要跟上科技的步伐,否则人们将不断突破底线。"

麦塔加特从他的房地产业经验中已熟知政府的运作方式。他拥有敏锐的政治触觉,认识到,来自硅谷的反对可能会使加州首府萨克拉门托难以通过一项法律。同理,华盛顿特区也难以通过一项联邦法律。但是加州和美国西部其他一些州一样,存在一个政治上的选择。这些成立于 19 世纪中后期的州根据宪法规定享有一项权利,如果收集到足够的签名,就可以将一项提案付诸投票,并由选民来做决定。

加州在过去曾经成功地借助表决提案进程改变了美国的历史进程。1978 年,加州选民通过了第 13 号提案以限制税收。这一提案降低了加州的房产税,并带来更加广泛的影响。它带动了全国范围内的公众运动,为 1980 年罗纳德·里根的总统选举增添了动力,并更有力地促进美国缩小政府规模和减税。它创造了一个政治分水岭,这部分是因为每八个美国人中就有一个居住在加州。

如果说剑桥分析公司事件相当于三里岛核电站事故,那么阿拉斯泰尔·麦塔加特能完成隐私保护领域的第 13 号提案吗?

很快,似乎我们将得到肯定的答案。麦塔加特收集了两倍以上的签名,可以将提案付诸投票表决。他的民意调查显示,80% 的选民从开始时就支持他的提议。他本来还对未能获得剩下 20% 选民的支持感到失望，直到民意调查人员向他解释，他们从未见过如此高的数字。虽然如果提案正反两方资金充足，最终几乎总是会导致势均力敌的结果，但很明显，如果麦塔加特愿意把他从房地产中挣到的几百万美元多花一些用于有效的宣传活动，那么他有很大的机会在 11 月的投票中获得成功。

在微软内部，我们怀着非常复杂的心情关注着麦塔加特的提案。一方面，我们长期支持美国的隐私立法，包括联邦层面的立法。在联邦贸易委员会前委员，公司隐私和监管事务主管朱莉·布里尔的领导下，我们决定在 2018 年 5 月 GDPR 生效时采取与其他科技公司不同的应对之道。同时我们将 GDPR 规定的消费者权利提供给全球的所有客户，而非仅限于欧盟成员国的消费者。这种做法让我们获得了一些惊喜的洞察。我们很快发现，美国消费者比欧洲消费者更愿意将这些权利付诸实践，从而证明了我们的看法，即美国将最终转向接受更强的隐私保护权利[16]。

我们也发现，麦塔加特提案草案的文本过于复杂，在某些方面令人困惑。我们担心，它在某些地方会导致与 GDPR 不同的技术要求，并且这些不同的要求其实并没有多大必要。这些问题可以通过立法机构及其详细的起草程序加以解决，但不能通过一项"支持或反对"的全民投票来解决。问题是，应该如何说服所有人不执着于通过 11 月投票来对提案进行表决，而是转向寻求州议会的立法支持，同时又不会在这个过程中扼杀提案呢？

其他科技公司发起了一场筹款运动，以反对这项提案。硅谷认识到，要想取得成功，可能需要筹集超过 5000 万美元的款项。我们捐了 15 万美元。这样做既足以保持与同行业其他公司的关系，又不足以让反对提案的努力获得过多动力。

最终，这一加州提案宣传所需的巨大资金促使双方愿意坐下来进

第八章
消费者隐私:"枪口将会调转"

行谈判。麦塔加特愿意与主要民选官员坐下来讨论立法细节,其他一些科技公司则对该怎么做颇为犹豫。我们派出了两名隐私专家到萨克拉门托,他们几乎夜以继日地努力工作,与立法领袖和麦塔加特的团队共同推敲细节。

在最后一刻,立法机关通过了《2018年加利福尼亚消费者隐私法》,州长杰里·布朗很快签署了该法案。这是美国历史上最强有力的隐私法。与GDPR一样,它赋予加州居民权利,可以知道数据公司正在收集他们的哪些个人数据,对销售这些数据说不,并迫使未能保护个人数据的公司承担责任。

该法案对全国的影响几乎立刻显现。几周之内,即使华府内部长期抵制全面隐私立法的反对者,也开始找到类似于新信仰的东西。随着加州的水闸打开,很明显其他州也会效仿。商业团体开始游说国会通过一项国家隐私法,该法将优先于(或实际上否决)加州法律和其他州的法规,而不是面对五花八门的各州法规。尽管还有很多未竟之事,但麦塔加特确实已经成功地改变美国对隐私问题的考虑。这是一个重大的成就。

当我们在旧金山见到麦塔加特本人时,他给我们留下了深刻的印象。他本来很容易被视作一个威胁——一位想要控制一个已变得过于强大的行业的活动家。但与此相反,我们看到了一个对未来有着多方面思考、和蔼可亲的实用主义者。

"一切都尚未结束,"他说道,"在接下来的100年里,我们仍将持续讨论科技与隐私的关系,就像标准石油公司案件后一个多世纪以来,人们仍在持续讨论反垄断法那样。"

鉴于在美国司法部拆分标准石油公司80年后,我们公司也经历了一场反垄断风暴并幸存下来，我们能够轻而易举地理解这个比较。同时更重要的是，麦塔加特以历史做比较的做法引发了一些值得深思之处。

马克斯·施雷姆斯和阿拉斯泰尔·麦塔加特的共同努力为我们揭示了未来可以吸取的几个重要教训。

首先，很难相信像科技行业中某些人在 10 年或 20 年前预测的那样，隐私保护会悄无声息地死去。人们已经意识到，他们生活的每一个方面都会留下某种数字足迹。隐私需要得到保护，更强有力的隐私保护法已经不可或缺。美国加入欧盟和其他国家，实施与 GDPR 类似的隐私保护法律的一天终将到来。

我们还有可能在未来几年内看到第三次隐私保护浪潮的出现，特别是在欧洲。正如 GDPR 回应了人们没有时间阅读大量隐私声明的困境，我们已经听到，人们担心他们没有时间审查根据 GDPR 在网上调取的所有数据。这可能会促使政府出台新一轮法规，并规范数据的收集和使用。

这也意味着科技行业需要在通过技术创新使数据得到更好利用的同时，将更多创新应用于保护隐私。一些新的技术方法已经出现，比如利用加密的数据来推动人工智能技术进步，从而更好地保护隐私。这只是一个开始。

最后，施雷姆斯和麦塔加特的经历充分说明了全球民主国家的重要优势和机遇。一个独裁政府的领导人可能会警惕地看待一个法律系学生和一个房地产开发商所拥有的不可预测的能力，这种能力让他们得以颠覆统治我们这个时代的一些极其强大的技术规则。同时，我们还可以从另一个视角看待它，总体而言，这似乎是一个更好的视角。施雷姆斯和麦塔加特成功地借助既定司法和提案程序来纠正他们认为的错误情况。

他们的成功体现了一个民主社会的能力，当运行良好时，它能够适应人民不断变化的需要，并以较少破坏而非更大破坏的方式，在需要时改变一个国家的法律。

全球经济一体化的性质以及欧洲隐私保护法规的广泛覆盖性会给包括中国在内的其他国家带来压力，迫使它们采取强有力的隐私保护措施。换句话说，欧洲不仅是民主的诞生地，也是隐私保护的摇篮，它很可能是全球隐私保护未来最大的希望。

第九章
农村宽带：21 世纪的电力

没有宽带的费里县

多结松（Knotty Pine）餐厅酒廊位于华盛顿州共和城的主街上，一走近它，你就会意识到自己现在身处一个老西部的新兴城市。餐厅的前脸由雪松木装饰，洋溢着旧日时光的怀旧气息，彼时，美国西部曾如雨后春笋般兴起无数类似以采矿和伐木为生的小城镇。不过，餐厅的大门上挂着一块明黄色的标牌，上面写着"欢迎摩托骑手"，提醒你这个小镇已经迈进了新时代。

我们整整一上午都开着租来的车在附近迂回，左兜右转，在牧场和农场间的小路上曲折前行。四周风景优美，所以我们并不介意绕绕路。不过，我们着急赶赴一个约好的会面，而我们的 GPS 在华盛顿州东北角的这个地方显然毫无用处。最后，我们放弃了智能手机，沿着纸质地图上的 20 号州际公路前往费里县，终于直接开进城区，成功和一群当地人士会师。他们正翘首以盼，等着和我们共进午餐。

费里县的失业率一直高居华盛顿州榜首。在冬季，随着该地区的农业工作岗位因气温下降而大幅减少，它的失业率会超过 16%。这与我们当天早上的启程地金县形成鲜明对比，那里是微软、亚马逊、星巴克、开市客和波音的故乡，失业率一直徘徊在 4% 以下。此外，金县的经济增长率也高达全国平均水平的两倍。我们此行的目的是找到思路，帮助费里县融入喀斯喀特山脉另一侧蓬勃发展的 21 世纪的经济大潮。

多结松餐厅全天提供早餐，所以我们点了 5.95 美元的早餐，有炒鸡蛋、培根和枫糖浆浸透的薄煎饼。这些薄煎饼个头巨大，已经溢出了餐盘。对于长途跋涉而来的我们来说，这份食物相当诱人，但主人的热情好客很快就令美味的食物黯然失色。

共和城最初被称为尤里卡峡谷，这座小城是 19 世纪末由勘探者建立起来的，位于华盛顿州东北部松林覆盖的沃康达和谢尔曼山口之间的山谷。谢尔曼山口得名于著名的内战将军威廉·特库姆塞·谢尔曼，他于 1883 年率军穿越此地。这个地方拥有令人屏息驻足的优美风光，是众多旅游爱好者的梦想之地。

这座小城过去的兴衰是由黄金矿脉决定的，这些矿脉蜿蜒穿过周围的花岗岩，深深地钻入河流的峡谷。银行、运输和其他支持服务很快就跟随矿工——再后来是伐木工人——来到这里。今天，矿山已经关闭，这一地区正在努力寻找未来发展的新方向。

当我们安排会面的时候，曾经当过伐木工人的现任市长埃尔伯特·昆茨告诉我们，他会穿上自己"最好的运动装"来吃午饭，因此，看到他穿着熨得笔挺的西裤出现，我略感失望。埃尔伯特知识渊博，妙

第九章
农村宽带：21世纪的电力

语连珠，不过，听我问起费里县高速宽带的状况，他的笑容消失不见，换上了一副不高兴的表情。

"我们这儿几乎没人有宽带，"他说道，"他们承诺了好几年，但什么都没做。"然而，根据联邦通信委员会的数据，费里县的每个人都有条件接入宽带。

由于有一条光纤线路穿过谢尔曼山口，大约有1000个居民的小城中心地区接通了宽带。很显然，除此之外的其他居民都无法享受宽带。埃尔伯特告诉我们："问题在于我们都住在森林里。我的意思是，你只要离开城区，伙计，你就一步来到了乡下。"

人们纷纷点头表示同意，并诉说没有宽带给他们带来的烦恼，欢快的气氛也渐渐冷却。他们有些人只能依靠不稳定的卫星连接上网，另外一些人甚至连下载笔记本电脑软件升级都需要来到城区借用热点。还有一些人寄希望于5G（第五代移动通信技术）最终能改变这种局面。但在座的每个人都对一点毫无疑义：费里县的绝大多数地区没有可靠的高速宽带接入。

"应该让联邦通信委员会也知道这个。"有人略带嘲讽地建议。

事实上，我们就是这么做的。

几个月后，我们冒着大雨，穿过拥堵的交通赶往华盛顿特区第十二街上的联邦通信委员会总部。我们此行是专程来拜见联邦通信委员会主席阿吉特·派的。在登记并通过安检后，我们被领进了他的办公室。

派主席微笑着迎接我们："感谢你们光临！我能为你们做些什么？"

他的办公室俯视着湿乎乎的首都街道，屋内的书架和窗台上摆放着家庭照片。他是第一代印裔美国人，在堪萨斯州长大，父母都是医生，在他出生前两年移民到美国。

我向他讲述了我们的费里县之行和当地的情况，并指出，联邦通信委员会的国家地图显示，费里县的每个人都能够接入宽带，每个人！

得益于派的努力，联邦通信委员会一直致力于让每个美国人都能享受宽带服务，但要解决这个问题困难重重，而且代价高昂，尤其是在你并不真正了解问题到底有多严重的时候。"这个问题不是您这个联邦通信委员会主席造成的，"我谈到有问题的数据时指出，"但是您可以成为修复这个问题的主席。"它需要被视作国家应优先解决的问题。

就像共和市的市长告诉我们的那样，联邦政府关于费里县的数据都是错误的（美国大部分农村地区存在同样的问题）。整个费里县的人都知道这件事，而这肯定不会增加他们对政府的信心。对于这些人来说，不准确的数据不仅会带来极大的不便，还会影响联邦政府宽带建设资金的分配，这些资金不会再流向政府认为已经有宽带接入的地区。从更广泛的层面看，缺乏宽带接入还会损害其他重要的公共资源，如应对每年夏天在西部肆虐的森林大火需要的资源。

埃尔伯特表示："我们仍身处蛮荒的西部，没有强大的治安部门，也没有强大的消防部门，任何这样的部门都没有。我们所有的消防队员都是志愿者。"当大火在这片土地肆虐时，这些志愿者发现自己身处险境。

2016年8月，炎热的大风吹断了一条电力线，在费里县北部燃起大火。风助火势，火灾快速蔓延，不到5个小时，熊熊燃烧的大火就吞噬了2500英亩①土地，而且火情还在不断加剧[1]。受到影响的社区处于三级疏散状态，即"立即撤离"。

---

① 1英亩≈4 047平方米。

第九章
农村宽带：21世纪的电力

由于当地只有零星的蜂窝基础设施，缺乏宽带，火灾最前线的关键数据无法及时传输供当局随时掌握火灾发生地点和需要疏散人员的最新信息。消防员、森林服务部门和警察部门共享重要信息的唯一方法是将数据存储到记忆棒里，把它交给一位皮卡车司机，然后等着卡车从火灾最前线行驶40分钟到共和城，在那里当局可以使用宽带和无线电连接。

按照埃尔伯特的说法，当时的大火能在一分钟内把20英里的风速迅速变成时速50英里的热流，"情况简直是万分危急"。

更大的人群

滞留在拨号上网时代的美国人并不局限于费里县，他们散落在美国的每一个州。根据美国联邦通信委员会2018年的宽带报告，超过2400万美国人没有固定的高速宽带接入，其中超过1900万人生活在农村地区[2]。这个数字与纽约州的人口大致相当。

农村社区缺乏宽带不是负担能力的问题。即使这些居民希望为宽带服务付费，他们也无从购买这个服务。他们中的许多人不得不依靠拨号技术，通过铜线传输数据，而无法以我们大多数人认为理所当然的基本下载和上传速度享受网络服务[3]。换句话说，目前美国农村很大一部分社区甚至无法享受城市地区10多年前即已获得的互联网接入速度[4]。

尽管这个数字已经颇为惊人，但强有力的证据表明，美国没有宽带接入人口的比例甚至远远高于联邦通信委员会公布的数字。在分析这些数据时，我们发现，进行统计所依据的方法论存在缺陷。如果某一地区的本地服务提供商报告说，"在无须特别的资源投入的前提下"，其可以提供宽带服务，那么联邦通信委员会就会认为，该地居民可以享受宽带接入服务[5]。但是，许多声称可以提供宽带服务的公司实际上并未提供这种服务。这就好比告诉某人他可以去吃免费午餐，其依据仅仅是当地一家餐馆表示，只要它愿意，它就可以为人们提供免费午餐。但是，餐馆这么说了并不意味着它实际会这么做[6]。

事实上，其他来源的数据描绘了一个完全不同的情况。例如，自2000年以来，皮尤研究中心开始通过定期调查跟踪互联网使用情况。根据其最新数据，35%的美国人——大约1.13亿人——报告说他们在家里不使用宽带[7]。甚至联邦通信委员会自己的订阅数据也表明，46%的美国家庭尚未通过宽带速度接入互联网[8]。

就算宽带的可用性和使用率之间可能存在差异，但这两个数字的差异实在太大，人们必须要追问，这两个数字中是否有一个是明显错误的。我们要求自己的数据科学团队依据公开数据和微软的数据来源进行更详细的研究。他们的研究表明，与联邦通信委员会的估计相比，皮尤研究中心的数字更接近真实情况[9]。更重要的是，这个研究让我们得出了一个不容置疑的结论，即今天针对美国的任何地方，我们都没有完全准确的宽带可用性估计。

这有什么关系吗？当然有，而且关系很大。

宽带已成为21世纪的电力。它是人们当前的工作、生活和学习模式的基础。医学的未来是远程医疗。教育的未来是在线教育。农业的未来是精准农业。即使未来人们将拥有更强大的"边缘"计算智能，即无处不在并可独立处理更多数据的小型而功能强大的设备，人们也需要对云的高速访问，而后者需要宽带。

如今，缺乏宽带的农村地区仍生活在20世纪。几乎所有的经济指标都显示了这一点。我们的数据科学团队证实了全球各地大学和研究

第九章
农村宽带：21 世纪的电力

机构已经发现的一个现象：美国失业率最高的地区通常是宽带可用性最低的县，这凸显了宽带可用性以及经济增长之间的紧密联系[10]。

如果与商业界领袖讨论他们想在哪里扩展业务和增加工作机会，他们会立即提出宽带的需求。要求他们在一个没有宽带的地方开设一家新的工厂，就像要求他们在莫哈维沙漠的中心开店一样。在一个极度依赖现代高速数据访问的世界里，没有宽带的地区就好比通信沙漠。

就业增长不足会对本地社区的方方面面造成影响。回望 2016 年 11 月的美国总统大选，广大农村的社区充斥着被遗忘的失落感丝毫不足为奇。对于这些地区的许多人来说，美国的经济繁荣似乎在城市和郊区各县的边界上戛然止步。

费里县这样的农村县遍布全美各地，正是它们把一个民粹主义者送入了白宫。在我们那天旅程的启程地，西雅图所在的金县，只有 22% 的人投票支持唐纳德·特朗普，而在费里县，则只有 30% 的人投票支持希拉里·克林顿[11]。从国家政治的角度来看，这两个县完全对立。在一天之内往返于两个地方，为我们提供了一个绝佳的机会来更清楚地理解一个分裂的国家。

这也同时指明了一条道路，告诉我们至少可以做些什么，以便为农村地区创造一个更光明的未来。

农村事务中心（Center for Rural Affairs）几乎是凭直觉认识这一挑战的。该机构在艾奥瓦州和内布拉斯加州设有三个办事处，以美国中部特有的直截了当的语言提出了自己的主张："我们是不折不扣的乡巴佬。我们支持小家庭农场主、新晋企业主和农村社区。"[12]

事实证明，农村事务中心也掌握宽带应用支持经济发展的具体事例和数字。其 2018 年的年报题为"迈向繁荣的地图"，报告显示，每新增

1000名宽带用户，就会创造80个新的工作岗位[13]。住宅宽带速度每增加4兆比特/秒，则意味着家庭年收入增加2100美元。如果想寻找工作，通过网络搜索比通过更传统的方法成功找到工作的概率高25%[14]。

有几个原因造成了今天美国农村惨淡的宽带状况。第一，也是最重要的一点，安装传统的宽带和互联网替代方案成本高昂。据业内估计，如果铺设光纤电缆（传统的宽带服务黄金标准），每英里的成本可能高达三万美元[15]。这意味着为美国偏远地区提供足够的宽带将花费数十亿美元，到目前为止私营部门并不愿意支付这个费用[16]。然而，每年联邦通信委员会通过其通用服务机制和遗留项目，为固定电话运营商提供大笔资金，是其通过移动基金和遗留项目为无线运营商提供资金的8倍[17]。

这种情况说明了第二个问题。直到最近，光纤电缆替代产品的发展还是缓慢而不平衡的。尽管4G LTE等移动通信技术使客户可以通过智能手机和其他移动设备享受接近宽带的传输速度，但这种技术更适合人口密度较高的地区。在人口稀少的地区，卫星宽带可能是正确的解决方案，但它经常遭受高延迟、缺乏足够带宽和高数据成本的困扰。

第三，监管的不确定性也给美国农村地区的宽带安装带来挑战。例如，寻求获得网络设施关键访问权限的供应商往往面临混乱不堪的联邦、州和地方许可规定，从而增加了项目的时间和成本[18]。

第四，有一种看法认为，农村地区对宽带的需求不大，无法支持私人投资。如果按照每英里三万美元的光纤电缆铺设成本来考虑所需的市场回报，这种看法不失准确。但它忽略了重要的一点，那就是农村地区的需求是现实存在的，而市场可以采用成本更低的方法来运作。

这是历史和科技的交汇点，蕴含着对未来的重要洞察。

第九章
农村宽带：21世纪的电力

微软乡村空中通信计划

历史表明，有线电视、电力和固定电话等有线技术进入农村地区所需的时间总是要大大长于无线技术，如无线电、电视和移动电话。固定电话花了40年的时间才达到90%的普及率，但手机在短短10年内就达到了同样的门槛。你从来没有听说过人们需要解决无线电或电视服务空白的问题——这些无线设备被迅速采用，并且即插即用，迅速锁定正确的频率工作[19]。由此得出的经验显而易见：如果宽带技术有可能从光纤电缆转移到无线宽带技术，我们就能以更低的成本和更快的速度不断扩展宽带的覆盖范围，不仅在美国，而且在世界各地均是如此。

在过去10年里，一种新的无线技术已经出现，用以填补这个空白。它被称为电视空白频段，即使用远距离传输的电视信号频段中的空白频道。如果你生在有线电视普及之前，在看电视时你要么需要依靠屋顶上的一个大天线，要么得花时间耐心调整家里电视机上的"兔子耳朵"来捕捉到甚高频（VHF）或超高频（UHF）信号，这些强大的地面信号的传输距离可长达数英里，并可穿过山丘、树木，以及我们住宅的墙壁。许多VHF和UHF频道目前已经不被使用，因而可用于其他目的。利用最新开发的数据库技术、天线和终端设备，我们可以利用这些频段，具体做法是将一个电视空白频段基站连接到一根光纤电缆上，并依靠这些无线信号将数据传输到10英里以外的城镇、家庭和农场。

巧合的是，我曾经按动开关，帮助开启了非洲首个电视空白频段技术的现场演示。那是2011年，在肯尼亚内罗毕举行的联合国会议上，我们基于传输了一英里的电视空白频段，使与会者能够以宽带速度接入互联网，进而使用Xbox。肯尼亚政府官员是最先认识到这项技术潜力的人之一，我们后来继续与他们以及其他几个非洲政府就这项技术开展合作。2015年，我回到位于赤道上的一个肯尼亚小村庄，那里只有12%的人口能够使用电。但我们与一家初创公司合作，为使用电视空白频段的用户提供宽带速度。我坐在那里，和当地的老师们讨论学生考试分数提高和人们找到新工作的喜人现象。一年前，这些工作对于当地社区的人来说根本不可想象。

到2017年，我们得出结论，电视空白频段技术已经可以在更大的范围内被广泛采用，包括在美国的农村地区。经过几个月的计划，我们于当年7月在华盛顿威拉德洲际酒店正式启动了"微软乡村空中通信计划"。

我们承诺在5年内，即到2022年7月4日，为农村地区的200万美国人提供宽带覆盖。我们不会涉足电信业务，但我们会与电信提供商合作，部署多种无线技术，包括使用电视空白频段的新无线设备。我们还承诺，在这5年中，我们将把该计划产生的每一美元利润进行再投资，以进一步扩大覆盖范围。我们呼吁制定国家政策，使农村地区的宽带更加普及，并宣布我们将在12个月内在12个州启动12个项目，并随后以此为基础不断推进项目。

我们选择威拉德酒店是有原因的，不仅为了吸引联邦立法者的关注，还为了向1916年3月7日在同一地点举行的一个特别活动致敬。当时，亚历山大·格雷厄姆·贝尔曾经与美国电话电报公司的领导者们以及来自全国各地的知名人士齐聚这家酒店，共同出席国家地理学会主办的一场盛大宴会，以庆祝贝尔发明电话40周年。而且美国电话电报公司的领导者并不只是想庆祝过去，他们还制订了一个计划，在当晚为大家勾勒出一幅大胆的未来宏图[20]。

第九章
农村宽带：21世纪的电力

美国电话电报公司总裁西奥多·维尔希望发布一个鼓舞美国人民的愿景：将长途电话带到美国的每个角落，无论多么偏远。美国人民立即兴致勃勃地拥抱了这一愿景。直到那天晚上，人们都认为商业电话业务只限于国内最大城市之间的城际线路和其他一些小型电话交换机。"假以时日，无论你是谁，无论你在哪里，你都能够及时与世界上任何地方的任何人通话，我们是否要得太多了？"维尔大声地问人们[21]。

正如我们今天所知，这是可能的。美国让它成为现实。因此我们坚信，美国以前曾经战胜过同样类型的挑战，我们相信它能再次做到。

在全力推进我们的 Airband 计划，将宽带带给 200 万人的同时，我们清楚地知道，我们的真正目标远不止于此。我们希望借助科技来驾驭自由企业的力量，并启动新的市场动态，使每个人都能享受迅速填补农村地区宽带接入空白的益处。这意味着我们的资金将部分用于加速芯片制造商和终端设备制造商的硬件创新，这些终端设备将把信号带到家庭、办公室和农场，并在那里转换为本地 Wi-Fi 信号。这还意味着将小型电信供应商整合到买方联合体中，以便他们能够购买这些设备，并获得仅针对较大买家提供的批量折扣。

我们发现，我们可以比任何政府更为专注和更快行动，并取得比我们预期更快的进展。Airband 计划宣布仅仅 17 个月后，我们已经在 16 个州建立了商业伙伴关系。这些合作伙伴关系将为 100 多万原来缺乏宽带接入的人口提供宽带覆盖。由于计划推进顺利，我们在 2018 年底提出了更加雄心勃勃的目标，宣布我们将在 2022 年前为 300 万人，而非 200 万人，提供宽带覆盖。如果辅以其他措施，这项技术应该可以走得更快。

微软的声明一石激起千层浪，这也许并不出人意料。美国各地农村的广播脱口秀和报纸社论纷纷表达了对我们的支持。我们被州长和议员们的电话淹没，他们都希望自己的州和地区能够被列入我们的名单。

部署这个战略的一个关键点是在正确的地方使用正确的技术。我们预计，电视空白频段和其他固定无线技术最终将提供最佳方法，以覆盖约80%尚未拥有宽带服务的农村人口，特别是人口密度在每平方英里2至200人的地区。其他一些地区将需要其他技术，包括基于电缆和卫星的方法。我们认为，这种混合方法与完全依赖光纤电缆相比，可以将全国的初始资本和运营成本降低约80%，与现有的LTE固定无线技术相比，成本可以降低约50%。

听到Airband计划会将电信合作伙伴的收入用于再投资，而不是作为利润，人们有时会疑惑地看着我们。为什么一家公司要这样花钱？正如我们所指出的，随着更多的人连接到云端，整个科技行业，包括微软在内，都将受益。此外，我们正在开发新的应用程序，一旦农村人口能够接入宽带，这些应用程序即可投入使用。我们最喜欢的一个程序是FarmBeats，它可使用电视空白频段连接农田中的小型传感器，以便应用可提高农业生产力和减少环境径流的精准农业技术。如果我们能找到新的方法，把"做好事"和"把事做好"相结合，就将为更多的投资打开大门，而这些投资可以重新发动农村地区的经济增长引擎。

然而，即使存在上面的市场因素，公共部门在填补宽带接入空白方面依然发挥着重要作用，认识到这一点十分重要。首先，我们需要明确稳定的监管政策，以确保必要的电视空白频段可供使用。目前已经有一些电视频段经过拍卖授权给移动运营商使用，但监管部门应确保每个市场上至少有两个可用频段供公众用于空白电视信号频段，并在农村地区保留更多的可用频段。好消息是，许多工作已经开始并在持续推进

第九章
农村宽带：21 世纪的电力

当中。

我们还需要更多的公共资金用于更好地支持新技术，而不仅仅是试图在地面铺设昂贵的光纤电缆。如果政府资金能侧重于提供机会，使资金得以更有针对性地与电信公司的资本投资相匹配，那么它就能以最低的成本产生最大的影响。这样将能加速这项工作的推进，从而更好地惠及那些私营部门依靠自身力量难以迅速覆盖的地区。

最终，我们需要一场全国性的运动来关注并填补宽带接入服务的空白。我们需要认识到，与电力一样，如果一个国家在宽带可用性上存在巨大差异，那么它在整体上仍然是一个分裂的国家。

事实上，美国曾经成功地将电力带到城市中心以外的全国各个角落，而国家在当时采取的措施可以让我们受益良多。出于对农民困境的感同身受，富兰克林·D. 罗斯福在 1935 年对此做出了明确承诺。他意识到，国家不能在进入一个新的科技时代时把广大农村人口抛在身后。

作为将美国拖出经济大萧条深渊的计划的一部分，罗斯福总统签署了一项命令，将成立农村电气化管理局纳入国家新政。该机构将帮助农业社区组建本地电力合作社，以支付最后几英里的电力连接费用，对于已经习惯通过合作社购买饲料和设备的农民来说，这个概念已经相当熟悉。农村电气化管理局的低息贷款用以支付本地电力系统的建设费用，而合作社则拥有和监督这些系统。

这是一个由华府自上而下推动的项目，但它的成功有赖于人们践行把电力带到国家各个角落的坚定承诺。和现在一样，那时也要求希望改变国家的人赶赴艾奥瓦——不是为了竞选总统，而是为了传播新技术的前景。

80 多年前，艾奥瓦州琼斯县疲惫的农民们所经历的痛苦，恰如我们在多结松餐厅里结识的新朋友。但在 1938 年夏,希望化身为一个灿烂夺目的大穹顶,出现在地平线上。艾奥瓦州农村地区的居民们齐聚在州东部的阿纳莫萨小镇,观看"巡回电动秀"的开幕之夜。经历了一天的辛苦劳作,以及近 10 年的经济困难之后,这无疑是一个难得的放松。

虽然没有小丑、杂技演员和训练有素的动物,但农村电气化管理局的这场巡回电动秀带给观众的乐趣丝毫不减。帐篷内摆满了电灯、电炉、电冰箱、家禽孵卵器和挤奶机等现代奇迹,所有这些都由农村电气化管理局的"第一夫人"露易珊·马默亲自演示,她堪称那个时代的凡娜·怀特[①][22]。

只要拨动开关或转动旋钮,露易珊就可以照亮房间,清洗和熨烫衣服,播放音乐,清扫灰尘和冷冻食品。在没有电的情况下,做饭在当时是一件辛苦劳累的事情,而她让在厨房工作看起来轻松惬意。看到她在西屋电气公司生产的炉灶上面迅速做出香喷喷的炖牛肉、烤火鸡和水果饺子,人们既惊且喜。展示结束时,她向观众中的两位男士发出挑战,邀请他们进行现场烹饪比赛,把这场大秀推向了激动人心的高潮[23]。

露易珊加入农村电气化管理局的时候,美国 90% 的城市居民已经用上电,而在农村居民中,这个比例只有 10%[24],这种巨大的差异在其他西方国家是看不到的。当时,法国近 95% 的乡村住宅和谷仓都已经有电力供应[25]。

如同今天的大型电信公司一样,美国的私营电力公司当年也只为主要公路沿线的城镇接通了电线,但绕过了人口稀少,以农场为主的地区。这些公司认为,它们无法收回将供电线路延伸到美国乡村地区的成

---

① 凡娜·怀特是美国著名电视节目主持人,自 1982 年以来一直主持广受欢迎的益智猜谜节目《幸运之轮》。——译者注

第九章
农村宽带：21世纪的电力

本。电力公司还认为，即使这些农村社区通电了，由于大萧条对美国农民的打击尤其巨大，他们也永远无法支付供电的月度服务费用。

缺乏电力供应不仅使农民无法享受现代生活的便利和舒适，并且使他们无法参与国家经济的复苏。那些渴望进入国家新经济的人不得不向私营电力公司支付高昂的费用，以便将电力线路延伸到他们的土地上。宾夕法尼亚州的约翰·厄尔·乔治得知，他必须向宾夕法尼亚电力公司支付471美元，才能将一条供电线路再延伸1100英尺，接到他在德里镇的乡村住宅。1939年，471美元意味着宾夕法尼亚州农村地区的年平均工资[26]。

最终，农村电气化管理局在全国范围内共支持了417个合作社，为28.8万户家庭提供了服务[27]，它还派遣露易珊和巡回电动秀进行了为期4年的全国巡演，教农民如何充分利用这项新技术。艾奥瓦州的马奎克塔山谷农村电力合作社是第一家举办巡回电动秀的合作社[28]，4年之后，巡回电动秀共吸引了一万多名农村人口[29]。

截至20世纪30年代末，25%的农村家庭实现了电气化[30]。宾夕法尼亚州的约翰·厄尔·乔治支付了5美元，成为西南中央农村电气合作公司的会员。他的第一张账单只有3.4美元[31]。到1945年罗斯福总统逝世时，美国农村的10家农场中已经有9家通电[32]。通过公私合作、坚持不懈和一点点的独创性，美国在10年内成功地将农村地区通电的比例提高了80%。这一切都发生在艰难的经济复苏和第二次世界大战期间。

对露易珊来说，把现代技术带给农民不仅仅是经济上的需要，还是一项社会事业。她在伊利诺伊州的农村长大，当时那里没有自来水和电，她体会过农场生活的艰辛。没有电不仅损害了农村家庭的生计，还破坏了农民的生活。她在80多岁接受采访时说："我想，也许在几乎所有农村家庭中,都有一种认识,那就是,农村地区繁重的家务劳动必须被减轻。一切都必须靠双手艰难地完成,同时还要生养许多孩子,这种沉重的负担使妇女的平均寿命远远低于今天。"[33]

重要的一点是,她的故事证明了人们需要再次认识到,新技术的传播不仅仅是经济上的需要,它还应该被当作一项社会事业。

离开华盛顿州费里县后,我们热烈地讨论了看到和了解到的一切。我们讨论最多的一个问题是:我们是否能做些有意义的事情?

我们不想给那里的农村居民留下一堆空头支票,就像以前很多人所做的那样。我们知道我们的 Airband 计划可以帮助埃尔伯特·昆茨和他在费里县的邻居,为他们带来21世纪的技术。我们请微软的 Airband 负责人保罗·加内特着手寻找合适的合作伙伴。

保罗和他的团队取得了成功,到年底,我们宣布与宣言网络集团（Declaration Networks Group）达成协议,使用电视空白频段和其他无线技术,在三年内向费里县东部和邻近的史蒂文斯县的4.7万人提供宽带互联网接入。这只是一个开始,但它是一个真正的开始。

2019年夏,在我们第一次访问费里县将近一年之后,我们重返共和城,检查与宣言网络和其他新伙伴的合作进展情况。这一次我们已经轻车熟路。

当天傍晚,当我们驱车出城时,我们在此行最后一站稍事停留,那就是主街上的共和城酿酒厂酒吧,这里是公认的小镇中心。它的前面有一扇很大的卷帘门。当阳光明媚的时候,门会被卷上去,餐桌则会被摆到便道上。

一年前,当我们造访这里时,它的一位老板正在照看酒吧。听说我们来自微软,她非常惊讶。在我们和她交谈时,她向我们提供了一个机

第九章
农村宽带：21 世纪的电力

会，同时也是一个挑战。她沉思着说道："毫无疑问，互联网接入将在未来 5 年内让这里彻底变样。这里有那么多聪明的人，一旦他们能够更好地访问互联网，他们就会意识到，在他们的生命中还有那么多不同的事情可以做。"

正是这个挑战，激励我们在接下来的几个月里不断努力。同时这个挑战，还需要在未来的几年里，激励整个国家不懈努力。

第十章
人才鸿沟：科技发展的人本因素

科技对优秀人才的依赖

大多数人认为科技行业的立身之本是产品，它依靠产品吸引公众的注意力，并塑造人们的工作和生活方式。但在一个今日爆款迅速变成明日黄花的世界里，一家科技公司的持续成功有赖于其新产品的受欢迎程度。而其新产品到底能有多出色，完全依赖研发产品的人有多优秀。简而言之，这意味着从本质上讲，科技业是一个以人为本的行业。

第四次工业革命由数字转型定义。每家公司在一定程度上都已经成为一家科技公司，政府和非营利组织也是如此。因此，人的因素对于经济的每个领域都变得越来越重要。

这将带来多方面的深远影响。为了在数字化时代取得成功，企业需要从国内外招聘世界级的人才。本地社区也需要确保其居民能够掌握新的科技技能。各国需要有效的移民政策，使其能够找到并吸引世界顶尖人才。雇主也需要着力培养一支优秀的员工队伍，以便能够反映和理解他们所服务的客户与公民的多样性。这不仅要求企业会聚更多不同的人，还要求它能够创造一种文化和流程，使员工能够持续地相互学习。最后，随着科技使主要的城市中心实现高速增长，这些地区还需要管理这种增长所带来的挑战。这些挑战将不仅针对某个机构，还针对整个社区。

在上述每个领域，科技公司都依赖社区乃至国家的支持。在每个领域，科技公司也同样有机会和责任做得更多。这是一项艰巨的挑战，很像是解魔方，需要同时移动许多色块才能解开。

那么，我们如何才能最好地推动科技行业的人才发展？

在参加2018年公司的软件开发者年度科技展时，一个绝佳的学习机会出现在我们面前。在那一刻，微软的会议中心已经变身成为我们的年度技术盛会。这个活动由微软研究院负责，大家习惯以其简称MSR称呼它。MSR是全球最大的致力于基础研究的机构之一。它其实很难被称作典型的基础研究机构，因为它会集了创造科技的精英中的精英。不过它确实提供了一个重要的小窗口，让人们得以窥见神奇的科技世界。

MSR拥有超过1200位博士，其中800位拥有计算机科学学位。与此相对，主要大学的计算机科学系通常雇用60到100名博士作为教员和博士后研究员。从质量上看，MSR通常被认为足以匹敌任何顶尖大学。因此，你可以将它看成世界上最好的大学计算机科学系，只不过其规模是后者的10倍。它就像是几十年前美国电话电报公司人才济济的贝尔实验室的现代翻版[1]。

MSR的年度科技展很像一场交易会，但主要针对微软员工开放。不

第十章
人才鸿沟：科技发展的人本因素

同的研究小组搭建展台，展示他们最新的研究成果。这个活动的目标是使公司各个团队的工程师都能够看到这些进步，并在他们的产品中尽可能快地采用它们。

在我们必看的展台名单中，最重要的一个是"隐私人工智能"展示，这是最新的一项技术突破，它通过创建技术能力训练人工智能算法处理加密的数据集，以更好地保护人们的隐私。隐私人工智能团队聚集在他们的展台周围，热情地回答了我们的各种问题。这群工程师显然是一个密切的小团体，彼此之间非常熟络。但谈话结束的时候，我们还意识到一些非同寻常之处。这个8人小组来自7个国家。有两个美国人，另外6个人分别来自芬兰、以色列、亚美尼亚、印度、伊朗和中国。这8个人现在都住在西雅图地区，并共同在雷德蒙德园区工作。

这个研究团队生动地诠释了超乎它本身的一个现象。它是一个紧密协作的团队，正在努力应对当今的一个重大技术挑战。要做到这一点，需要一个世界冠军阵容，而美国的移民体系使我们得以做到这一点。

应对难题

长期以来，移民问题一直是美国科技行业面临的难题。一方面，移民对于美国保持在全球科技领域的领导地位不可或缺。如果美国没有吸引到世界上众多极其优秀和聪明的人来到全美各地的顶尖大学工作或者科技中心生活，它根本就不可能成为全球信息技术的领导者。

当年，尽管美国西海岸的经济仍然以农业为主，硅也只与沙子有关，但移民已经在创新中发挥了十分重要的作用。在大萧条最严重的时期，美国成功地吸引阿尔伯特·爱因斯坦从德国赴美，从而一锤定音地让富兰克林·罗斯福总统看到设立曼哈顿项目的必要性[2]。第二次世界大战后，美国向德国的火箭科学家敞开了大门，对美国成为首个将人送上月球的国家也发挥了至关重要的作用。随后，联邦政府对美国各所顶尖大学的基础研究加大投资，艾森豪威尔总统下令支持美国公立学校的数学和科学教育[3]，这些都支持美国发展出一套研究、教育和移民体系，并使其在几十年以来一直引领着全球经济和知识领域的发展。

其他国家也在不断研究这种模式，并越来越多地加以仿效。但是，美国人已经越来越不记得这一切是如何实现的，对这个模式各组成部分的政治支持开始分崩离析。

迈入21世纪后不久，科技行业在应对移民挑战时就面临着这种日益严重的分歧。多年以来，共和党人一直支持高技能移民，但不支持更广泛的移民政策改革。民主党人愿意支持高技能移民，但前提是将这作为更广泛移民政策改革的一部分。多年来，与两党领导人的探讨几乎总是以一个令人沮丧的结果告终，那就是别想看到任何作为。2016年总统大选之后，情况变得更加糟糕。

2016年12月，我和萨提亚飞往纽约，参加当选总统特朗普与科技领袖们在特朗普大厦举行的会面，我们决定在谈话中找到合适的时机和方法来提出移民问题。在讨论刚开始时，萨提亚提到了移民政策对他个人生活产生的重要影响，以及它在今天为什么仍然重要。不过，其他人并没有对此加以附和，直到特朗普客气地问我们这一群人是否愿意谈谈我们的观点。我们深入探讨了一些重要的细节。听完这些之后，他告诉我们没什么好担心的。"只有坏人才会被赶走，"他说道，"所有好人都可以留下来，也可以继续来这里。"谁能对此表示反对呢？但谁又知道这句话到底意味着什么呢？

第十章
人才鸿沟：科技发展的人本因素

我们在会谈中还与即将就任的白宫工作人员讨论了移民和教育问题。这次讨论带来了一丝希望，但在 2017 年 2 月，即总统就职典礼一个月后，这种希望便破灭了。新任总统下令暂停向 7 个伊斯兰国家发放签证。在美国各地，人们聚集在机场抗议以宗教为理由针对某些国家。在微软，这项禁令影响了 140 名微软员工及其家庭成员，其中包括十几名当时恰巧在国外，无法返回美国的员工。

整个科技行业对于在这个问题上应该站在哪一边都毫无疑问。我们要和我们的员工坚定地站在一起。我们的部分员工及其家庭处于危险之中，我们会帮助他们度过这场危机。

几个小时内，华盛顿州检察长鲍勃·弗格森决定提起诉讼。在最初的几天里，我们试图制定一条战略路径，此时亚马逊深思熟虑的总法律顾问大卫·扎波尔斯基发挥了特别重要的作用[4]。随后的周日下午，我组织了一次电话会议，我们与苹果、亚马逊、脸书和谷歌一起，决定共同寻求科技行业的广泛支持，并提交一份意见陈述书。

尽管旅行禁令激起巨大的反响，但我们仍希望这个问题能够得到解决，并能找到回旋余地。2017 年 6 月，萨提亚和我前往白宫出席了另一场有科技行业领袖参加的会议。这是由微软前首席财务官克里斯·利德尔计划的一系列会议中的一个，他在贾里德·库什纳的领导下发起了一系列旨在使联邦政府现代化的举措。我参与了一场畅所欲言的讨论，寻求制定一个更广泛的突破性移民方案的可能性。虽然白宫不同部门之间存在明显的分歧，但我们看到了新的希望。

然而，到 9 月初，白宫以及整个国家显然即将在移民问题上踏上一条不归之路。新的问题是，总统是否会废除"童年抵美者暂缓遣返"计划（DACA 计划），这将彻底击碎超过 80 万年轻梦想家的美国梦，其中也包括我们的一些员工。我们尽力敦促各方达成妥协，在解决边境安全问题的同时，能够保留 DACA 和其他关键移民法规不受影响。

这些努力全部化为泡影。在最终决定宣布前几个小时，我和白宫的人进行了交谈，前景看起来越来越不容乐观。我和微软的首席财务官艾米·胡德讨论了可以采取什么措施来保护我们的 DACA 员工。我们制订了一个计划，并得到了萨提亚的批准。就在总统宣布决定废除 DACA 计划时，我们已经做好准备。微软成为第一家承诺为受到影响的员工提供法律辩护援助的公司。正如我对美国国家公共广播电台（NPR）的一位记者所说的那样，如果联邦政府想要驱逐我们的任何一位 DACA 员工，"它必须先越过我们"[5]。随后，我们加入普林斯顿大学及其一名学生，共同提起诉讼，反对废除 DACA[6]。

在许多方面，废除 DACA 的决定为随后的每一次移民政策讨论设定了基调。人们首先会讨论妥协的各种可能性，然后一切灰飞烟灭。不过，这其实也延续了一个已经存在 10 年的模式。小布什总统在其第二届任期内试图通过全面立法，以打破移民问题僵局。奥巴马总统也在第二届任期内进行了尝试，而参议院也在 2013 年通过了一项全面法案。但最终，僵局是这个问题的唯一赢家。

然而，现在的辩论更加尖锐。各个派别都能轻而易举地退守其最核心的政治主张，变本加厉地迎合其基本盘的诉求。这种策略学起来不难，做起来也容易，但它造成的唯一问题是，人们根本没有机会达成任何结果。

抛开万众瞩目的政治问题不谈，我们有时也会遇到类似的情况。无论是在商业领域，还是在监管领域，各方经常会就某个问题僵持不下，并最终变成一场必然会有一个赢家和一个输家的零和游戏。这种情况往

第十章
人才鸿沟：科技发展的人本因素

往会演变成长期的僵局，最终大家都一无所获。

具有讽刺意味的是，要想解决这些问题，有时需要扩大挑战面。我在谈判中一直遵循一个简单的原则：绝不让谈判局限于只能产生一位胜利者的某个问题，即使这意味着要先暂缓处理其他一些可能达成协议的问题。相反，应扩大讨论范围，把更多的问题摆到桌面上，创造更多交换和让步的机会，并做出一轮又一轮的妥协，从而使每个人都能在最后宣称自己是赢家。事实证明，这是一种不可或缺的方法，它使我们能够与世界各国政府和公司解决棘手的反垄断与知识产权纠纷。

它使我们相信，这种方法也可以在解决移民政策问题中发挥作用。毕竟，美国需要建立一种真正公平的平衡，兼顾用移民填补新的技术工作岗位和创造更多由美国公民填补的工作岗位的需要。

这是一个既需要原则又需要务实的政治问题。我们已经花了大量时间探讨移民问题，足以使我们认识到它最大的政治挑战是，人们认为移民威胁了在美国出生的人可能拥有的机会。在我们雇用员工的许多其他国家，我们也看到了同样的情况。与贸易一样，大量移民的涌入可能会被视作对国内人口就业的威胁。但移民问题在政治上往往更具争议性，因为考虑到来自其他国家的人大量涌入，并带来不同的习俗，移民还被认为会破坏一个国家的文化传承。

我们在2010年提出了我们认为的最佳做法，当时我们倡导美国采取"国家人才战略"[7]。我们努力拓宽问题的影响面，从而能够用为美国人创造更多机会的方式推动移民政策。我们的想法是，将签证和绿卡供应的有限增长与移民费用的大幅上涨结合起来，并利用增加的收入，针对新兴工作最需要的技能提供更广泛的教育和培训机会。

这个提议自然还有大量细节需要完善。2013年，一些参议员接受了这一挑战，奥尔林·赫奇和艾米·克洛布查尔共同领导了两党合作，推出了他们所称的《移民创新法案》（Immigration Innovation Act）[8]。该法案也被称为"I-Squared"（I-平方）法案，采用了我们提出的基本公式，同时也照顾到某些关键国家绿卡严重短缺的问题，并提出了其他一些早该进行的改革。这个法案的大部分条款都纳入了参议院于2013年通过的全面移民法案，但最终止步于众议院。2016年12月，我们在特朗普大厦讨论移民问题时，我再次提出了这种方法。多数科技行业领袖都对此表示支持，但当选总统的幕僚对此明显存在分歧。

I-Squared法案的部分吸引力在于，它将筹集资金以支持一个明显变得日益重要的事业。每个国家都面临着一项新的紧迫任务，即帮助人民更方便地发展他们需要的技能，以便在基于人工智能和技术的经济中获得更好的就业机会。作为一家科技公司，这是我们在进行招聘时需要直面的一个重要问题。同时，20世纪90年代我们面临的反垄断法律难题使我们有了更深切的体验，因而对这个问题拥有了更深刻的理解。

我们自己面对的转折点出现在2003年1月初，当时每个人都刚刚结束假期回来上班。我们的诉讼团队已经达成了一项原则上的协议，以解决由于输掉华盛顿联邦上诉法院的一场反垄断诉讼而导致的集体诉讼，这是我们所知史上最大规模的一次集体诉讼。它覆盖了加州的所有消费者，和解费用高达11亿美元。这将是微软历史上最大的诉讼和解方案。我给当时的微软首席执行官史蒂夫·鲍尔默发了一封电子邮件，告诉他我想向前推进此事，然后屏息静气地等待他的回复。

当天早上，鲍尔默穿过走廊来到我的办公室，讨论拟议中的和解方案。他十分清楚，几乎所有的企业高管都明白，提起集体诉讼的律师总会确保他们达成的和解方案中包括他们自己的不菲收益。但鲍尔默想知道的是这次和解还包括什么。他像往常一样在我的办公室里踱来踱去，然后坐了下来，但没有坐到椅子上，而是盘着腿坐在我的办公桌上，这是我以前从未见过的场景。他直视着我的眼睛说："如果我们不得不花上这么大一笔钱，我希望你确保一些真正的人从中得到一些真正的好处。"我答应他我会做到这一点。

最终的和解方案满足了史蒂夫的要求。微软同意向学校提供代金券，以便它们可以购买新的计算机技术。可购买的不仅限于我们的技术，它可以是来自任何公司（包括我们的竞争对手）的软件、硬件和服务。这个方案提供了一个我们将在美国推广的模式，最终为美国各地的学校提供了超过30亿美元的代金券。

随着时间的推移，这项解决方案给我们提供了第一手资料。像国内许多人已经洞察到的那样，我们发现，尽管花费了数十亿美元，学校面临的最大技术挑战并非为教室安装更多的计算机，而是让教师具备所需技能来使用这项技术。我们当时还没有意识到，教师们面临的最大技能挑战还没有到来，那就是为他们提供学习计算机科学的机会，这是一个他们中的许多人已经上了高中或大学才刚刚起步的领域。只有先让教师掌握了相应技能，他们才能教授编程和计算机科学课程，而这些课程将决定新一代学生的未来。

学校科技教育和启蒙计划

计算机科学已迅速成为21世纪的决定性领域之一。工作岗位的内容越来越数字化，而根据布鲁金斯学会于2017年所做的一项研究[9]，数字化程度较高的工作岗位的薪酬要高于数字化程度较低的工作岗位[10]。

正如华盛顿大学著名教授艾德·拉佐斯卡所指出的，计算机科学已经成为"一切的中心"。他解释说："不仅是软件，还有生物学，以及你能想到的任何领域，计算机科学都已经成为核心。[11]"

但是，教授计算机科学的教师严重短缺。美国只有不到20%的高中提供该领域的AP课程（进阶课程）[12]。2017年，参加该科目AP课程的青少年人数低于其他15个科目，包括欧洲历史。在此方面面临的一个挑战是，培训教师，从而使其可以教授计算机科学的成本很高[13]。

政府在解决这个问题上进展缓慢，不过公益项目的进展较快。例如，一位名叫凯文·王的人做出了自己的贡献。他拥有计算机科学和教育学双学位，在成为软件工程师之前曾在高中任教。在微软工作三年后，西雅图一所当地高中了解了他的背景，并询问他是否愿意作为志愿者教授计算机科学课。他很愉快地接收了邀请。很快，其他当地的学校也开始询问他是否也能作为志愿者任教。

凯文解释说他有全职工作，并且显然不能同时在5个地方讲课。但是，如果它们感兴趣，他认识其他微软的开发人员，他们可以和学校的老师，例如数学老师，一起开展团队教学。志愿者可以教授计算机科学方面的专业知识，而数学老师知道如何教学、管理课堂，以及如何成功调动学生参与课堂活动。随着时间的推移，和志愿者共同授课的数学老师也可以学到计算机科学知识，并成为一名计算机科学教师。一种新的教师培训方法应运而生。

微软公益事业部推出了一项新计划——学校科技教育和启蒙计划（TEALS），并成为其在教育领域的基础项目。它每年从微软和500家其他公司和组织招募1450名志愿者，在美国27个州以及哥伦比亚特区和加拿大不列颠哥伦比亚省的近500所高中教授计算机科学课程。

第十章
人才鸿沟：科技发展的人本因素

随后，另一个人也站了出来，并且产生了更大的影响。哈迪·帕托维已经成功地在美国西海岸建立和资助了许多新兴科技公司。他的父母是伊朗人，在伊朗革命爆发之后逃离了自己的国家并移民到美国。尽管哈迪已经非常成功，他的父亲仍然希望他有朝一日能够取得更高的成就。于是，哈迪自己出资，成立了一个新的组织 Code.org，这个组织将改变计算机科学教育的面貌[14]。

从传统非营利组织的角度来看，Code.org 的影响力令人惊叹。为了介绍最新的编程技术，哈迪创建了一个名为"编程一小时"的年度项目，鼓励学生尝试通过一小时的在线教程学习编程。他将自己的病毒式营销技巧付诸实践，迄今为止，全球已有数亿学生参与了这个项目[15]。微软成为 Code.org 最大的资助方，并积极鼓励它在全国范围内扩大教师培训和支持项目。

不过，这一努力仍然需要更多的支持，以便更好地覆盖来自不同背景的学生。虽然要求每个学生都必须学习计算机科学有些武断，但至少每个学生都应该有机会这么做。这意味着要让计算机科学进入每一所高中，甚至更低的年级。要实现这种规模的教师培训，唯一的途径是获得联邦政府的资金支持来帮助填补缺口。

经过数年的游说，2016 年，在获得联邦政府支持方面终于有了突破。当年 1 月，奥巴马总统宣布了一项大胆的提议，由联邦政府投资 40 亿美元，将计算机科学带到美国的学校。虽然这项提案引发了极大的热情，但它并没有使国会拨款[16]。

伊万卡·特朗普在次年取得了更大的成功。甚至在她父亲入主白宫之前，她就对联邦政府在学校计算机科学方面进行投资很感兴趣。她相信自己可以说服总统支持这一想法，但她也相信，获得公共资金的关键是主要的科技公司能够投入大量企业资金。她说，她将努力争取到联邦政府在 5 年内提供 10 亿美元的资金支持，但前提是科技业承诺在同期投入三亿美元。

像往常一样，谁来当第一个吃螃蟹的人永远是一个问题。白宫正在寻找一家愿意在 5 年内承诺投资 5000 万美元的公司，以便推动事态发展。考虑到微软长期以来的参与、资金支持以及此前对奥巴马政府的支持，我们自然成为不二之选。我们同意做出承诺，其他公司也随即跟上。2017 年 9 月，微软公益事业部负责人玛丽·斯纳普与伊万卡在底特律共同宣布了这一决定。

全国性的挑战与应对

在不断发展的经济中，美国学校对计算机科学的需求将成为新一代人就业机会的制约因素。这只是问题的一个方面，越来越多的非营利组织和州政府正在确定创新项目，以加强本地学校的力量，投资于社区大学，改善终身学习体系，并为那些随着生活变化而需要改变工作或职业的个人探索新的职业道路。全国各地的团体同时还在积极学习国外经验，探索是否可以在美国成功实施瑞士的学徒制模式，或是新加坡的终身学习金融账户。这是一个全国性的挑战，不满于华府的僵局，举国上下都在积极寻求进展。

科技行业同时也正在对学习和求职工具进行投资，包括微软自己在领英上所做的努力。领英绘制了一份经济图谱[17]，按照地区和国家标出企业正在创造的工作岗位类型，以及承担这些工作岗位所需的技能类型。根据来自全球超过 6 亿会员的数据，这份经济图谱提供了一个工具，

第十章
人才鸿沟：科技发展的人本因素

帮助公共政策规划者集中发展所需的教育和技能项目。从科罗拉多州到澳大利亚再到世界银行，政府和非营利组织都在使用这个工具[18]。

正如领英数据所表明的那样，基于计算机和数据科学的技能对新求职者来说越来越重要。根据2019年5月的数据，新毕业大学生在领英学习帮助中心最想学习的四大技能分别为数据可视化、数据建模、编程语言和网站分析，所有这些都反映了这一重点[19]。微软两大销售团队主管让-菲利普·科尔图瓦和贾德森·阿尔索夫均表示，新技术的大量应用越来越要求公司加大对技能发展计划的投资，不仅仅是针对我们自己的员工，还要针对我们客户的员工。因此，我们启动了一个新的项目，以便把人工智能和其他技术技能带给世界各地的客户。

随着我们不断取得进展，新的教训和挑战也相继出现。一个持续的挑战是如何确保人们能够以负担得起的方式获得新的技能，包括在高中学习计算机科学课程后，能继续攻读大学学位或获得其他高等教育文凭。通过新型合作方式，科技界和政府可以共同应对这一挑战。

我们在华盛顿州亲身体验到了这一点，在那里，州立法机构创建了华盛顿州机遇奖学金项目，将公共资金与私人资金相匹配，以便帮助本地学生攻读医疗保健或科学、技术、工程和数学方面的大学学位[20]。自2011年以来，这种配捐组合已筹集了近两亿美元，每年资助约5000名大学生，为每人提供高达22500美元的奖学金。该项目增加了困难家庭学生上大学的机会，近2/3的受益者是其家中第一个大学生，且多数受益者是有色人种和女性[21]。

这些成就对微软和波音等主要私营部门资助者与雇主来说无疑是好消息，但除此之外更令人鼓舞的是，这个项目正在广泛惠及更多人群并取得了不错的成果。执行董事纳里亚·圣卢西亚在5年前加入项目，她主要专注于为学生提供导师、实习机会以及与潜在雇主的联系。这个项目让社区中所有企业和个人都能发挥作用,而这种合作的形式不仅有效提高了学生毕业率,而且为学生们提供了一条通往高薪工作的明确道路。最近的一项研究发现,毕业仅 5 年后,项目参与者的平均收入就几乎比其开始大学学习时整个家庭的平均收入高出 50%。同一时期,全国范围内 30 岁美国人的收入水平高于其父母在相同年龄段收入的可能性"从 40 年前的 86% 下降到今天的 51%"[22]。

这一成功激励我们寻求更大规模的地方性努力,以便扩展获得新技能和高等教育的机会。2019 年初,华盛顿州地方领袖询问我是否愿意与华盛顿大学校长安娜·马里·高科共同促成建立一个新的教育基金,该基金将通过对一系列依赖高等教育系统的企业增加税收来筹措资金。

尽管这个想法很有吸引力,但它也同样极具挑战。我希望确保这些资金不仅能惠及那些在 4 年制院校攻读学位的人,而且能帮助那些就读于技术学校和社区大学的学生。我还想确保设立一个独立的委员会,以评估这笔钱是否被负责任地花掉,并附加条款,避免资金在经济衰退期间被挪作他用。

事实证明,这些问题相对容易解决,但想到要敦促其他企业缴纳更多的税款,仍然让人感到不安。艾米·胡德和我坐下来认真讨论了微软对这一主张的支持在经济上和政治上对公司意味着什么。我们最终得出结论,如果我们一方面主张对当地企业征收附加税,一方面希望维护公司的声誉,那么我们应该提出一种税收结构,让微软和亚马逊作为华盛顿州最大的两家科技公司比其他企业缴纳更多的税款。

于是,我们照此提出了建议,而最终立法机关在立法时参照了这一原则。我们在《西雅图时报》发表了一篇专栏文章,启动了我们的公众

第十章
人才鸿沟：科技发展的人本因素

宣传活动[23]，文章提议对州内的服务业企业加征营业和职业税。正如我们在专栏文章中所写："让我们要求科技行业中最大的公司，也是高技能人才的最大雇主，做得更多一点。"[24] 虽然提案最初遭遇其他一些公司的反对[25]，但立法者最终找到达成妥协的方法，为每家公司每年需缴纳的加征税款设立了 700 万美元的上限。仅仅 6 周后，立法机关就批准了一项新的预算并设立了一个专项基金，每年可为高等教育筹集大约 2.5 亿美元。

华盛顿州新的《劳动力教育投资法》获得了本地和全国的一致赞扬，因为它承诺"自 2020 年起，将为就读社区学院和公立学院的中低收入学生提供学费减免，为经济困难的社区学院提供更多的资金支持，并使学费补助候补名单上的所有学生获得援助"[26]。正如坦普尔大学的一位教授所描述的那样，这"几乎是近年来颁布的最进步的州高等教育资助法案"[27]。对我来说，这证明了如果科技行业能够采取更加以社区为中心的行为方式，并且付出可能比它应承担的份额稍稍多一点的金钱，我们就能带来切实的积极影响。

不幸的是，此类进展仍然像是沙漠中的绿洲一样稀少。在美国，获得技术技能的机会远远不是均匀分布的。如同宽带接入方面存在的差距，获得技术技能方面的差距对特定群体的打击远远大于其他群体，而这加深了困扰美国的几乎每一条鸿沟。

如果观察学习计算机科学的学生构成，你会清楚地看到这种差异。一方面，目前科技行业面临女性雇员短缺的困境；另一方面，2018 年参加 AP 计算机科学考试的学生中女生只占 28%[28]。同样的趋势也出现在少数民族学生中，这一群体仅占参加此类考试学生的 21%，而他们占全国学生的比例为 43%[29]。同时，当全国都在担心农村社区的经济机会时，

2018年参加AP计算机科学考试的学生中,只有10%来自农村社区[30]。

简而言之,与全国相关人口的比例相比,学习AP计算机科学课程的学生更多为白人男性,同时更加富裕和更城市化。造成这个问题的原因很多,但科技行业也需要承担自己的责任。对于妇女或少数民族人士来说,在科技行业开启自己的职业生涯并不总是一件易事。

长期以来,科技界一直不乏杰出的女性先驱者,其中包括玛丽·居里,迄今为止,她仍然是两次获得诺贝尔奖的几个人之一,还有伯莎·本茨,第一个向全世界展示汽车潜力的人[31]。但是,尽管男性愿意承认这些女性作为个体所做出的贡献,但科技界在更普遍地认识到女性的贡献和为女性创造机会方面,一直行动迟缓。在大多数科技公司,女性员工仍然仅占劳动力的不到30%,在纯技术岗位这一比例甚至更低。同样,与这些群体在美国总人口中所占比例相比,非裔、拉美裔和拉丁裔人口所占的劳动力比例通常不到人们预期的一半。

谢天谢地,在过去的几年里,这种观点终于开始改变。在整个行业,科技公司都推出了新的项目,以寻求更多元化的招聘,并在工作场所培养更具包容性的文化。一些新的进展来自应用其他行业已长期采纳的一些基本商业惯例。例如将高管的薪酬与公司推进多元化方面是否取得了真正的进展,而不仅仅是简单地谈论问题相挂钩,或是部署专门的招聘人员以发现富有竞争力的多元化候选人,并加大对传统上以黑人学生为主和拥有大量成功拉美裔人口的大学的校访。

这不是尖端火箭科学,甚至不是计算机科学,它从根本上讲是常识。好消息是,轮子终于开始转动了。但毫无疑问,谈到包容问题,科技行业取得的进展十分有限,仍有很长的路要走。

第十章
人才鸿沟：科技发展的人本因素

外界环境：科技公司与社区

也许加强对外界环境的关注有助于科技公司更全面地思考"以人为本"问题的最后一个要素。这就是科技公司可以对社区带来怎样的影响，而社区正是它们迅速成长所依赖的外部环境。

快速发展的科技公司可以为社区带来高薪工作。哪个地区不希望它们入驻呢？吸引亚马逊第二总部（HQ2）的激烈竞争清晰地揭示了这一点。一个又一个城市拜倒在这家公司的石榴裙下，并奉上它所要求的税收优惠和其他激励措施。

增长也会带来相应的挑战。虽然这是一个所谓"高级"问题，但它无疑仍是一个需要解决的问题，并且在许多地区，情况正变得越来越糟。

这个问题最先显现在公路上。交通运行变缓，通勤时间变长，科技公司开始为员工提供班车服务。在硅谷，大多数工作日的下午，公路就像一个停车场，区别只在于你在停车场可以开得快一点。道路上的压力只是冰山的可见部分。这是最容易被看到的部分，实际上，经济增长对一个地区基础设施的每个部分，从交通系统到学校都提出了同样的要求。

在过去几年里，这个问题已经蔓延到更深的层次。虽然就业机会增加了，但住房供应却没有跟上。于是，基本的经济学原理开始发挥作用。人们为了高收入的工作岗位搬入一个地区，但由于住房建设未能跟上步伐，导致房价上涨，许多中低收入者被迫搬出。社区的教师、护士和应急响应人员，以及科技公司的支持人员，经常被挤到更偏远的地区，并不得不忍受更长的通勤时间。

2018年6月，萨提亚和我在西雅图举行的一次小型会议上开始讨论这个问题。多年来，我们一直鼓励当地商界领袖关注教育和交通问题，并将其作为整个地区的根基性问题来看待。那一天，我们正在与其他10位本地领袖共进早餐。这是"挑战西雅图"组织的一个活动，后者是我们帮助创建的一个本地公民和企业团体，由华盛顿州前州长克里斯汀·葛瑞格尔领导。当天上午的议题是讨论这个团体未来的优先关注事项。

那天的共进早餐让我们茅塞顿开。随着大家围坐桌旁畅所欲言，每位与会者都谈到了该地区正在发生的变化中存在不尽如人意之处。在西雅图，我们一直为成功避免了严重困扰旧金山和北加州的住房问题而感到自豪。直到我们意识到情况已经发生变化。随着像亚马逊和微软这样的公司持续成长，总部位于硅谷的80多家欣欣向荣的科技公司加入我们，在西雅图开设分支机构。一夜之间，西雅图地区就从绿树成荫的翡翠之城①变成一座"云端之城"。2011—2018年，当地的房价中位数上涨了96%，而同期家庭收入中位数仅上涨了34%。[32]

当年早些时候，这个问题在西雅图市中心直击要害。由于无家可归现象不断增多，西雅图市议会做出回应，建议每年通过对就业人口征收人头税的方式筹集7500万美元，以解决这个问题[33]。企业界对此纷纷公开表达了不满之情，亚马逊停止了新西雅图大厦的建设计划，并威胁说如果不改变这一决定，将减缓增加工作岗位[34]。我们从华盛顿湖的另一边目睹了这一事件的全过程，华盛顿湖将西雅图与该地区其他许多城市分隔开，其中就包括微软总部所在的雷德蒙德。虽然我们没有卷入西雅图的辩论，但我们在观看形势发展时心情复杂。我们对征收工作岗位人

---

① 翡翠之城是西雅图的别称。——译者注

第十章
人才鸿沟：科技发展的人本因素 | 175

头税同样持怀疑态度，但认为企业界需要做的不应仅是批评这项法规，而是需要采取更大的行动。西雅图市长和市议会最终取消了人头税，但同时并未找到什么有效的替代方案[35]。

微软启动新计划

在早餐会上，萨提亚提出了对住房问题的担忧，并得到其他人的迅速应和。我提到最近一个周六的早上，我曾经和贝尔维尤市的警察局长史蒂夫·米勒特一起喝咖啡，该市是西雅图附近最大的城市。我要求和他见面，是想反映我们一些员工对于在社区中有时面临的种族挑战的担心，包括他们对当地警察的一些看法。他很开放，乐于听取我的观点，同时他也告诉了一个我原来并不知道的事实：房价上涨意味着贝尔维尤的新警察在他们巡逻的城市里再也买不起住房了。甚至连警察局长都要忍受单程一小时的通勤时间。我们两个人的观点之间存在一个重要的联系：如果地方官连社区附近的房子都住不起，那么社区和警察队伍之间就很难建立牢固的关系。

我向来自"挑战西雅图"组织的那些人讲了这件事，并提到我已经要求微软的团队开动脑筋制订一项新的计划。在萨提亚和我一起走出早餐厅的时候，我更详细地向他讲述了我们的想法。我们在走到电梯时已经决定把这项计划作为优先事项。

回到雷德蒙德后，我们组建了一个数据科学团队，以便更好地理解这个问题。该团队与Zillow（美国房地产信息查询网站）合作，将房地产数据纳入研究，创建了比以前掌握的更大的数据集。研究成果令人很受启发，不仅对我们，而且最终对整个地区都是如此。数据显示，我们不仅面临无家可归者的问题，并且在提供经济适用房方面也面临迅速扩大的危机。当地的就业增长了21%，但住房建设的增长却只有13%，大大落后于就业增长[36]。在西雅图以外的较小城市，这种差距更大，面向低收入和中等收入人群的住房建设停滞不前。低收入和中等收入家庭的人们越来越多地被迫搬去离工作岗位更远的城镇和郊区。目前，区内每天通勤时间超过90分钟的人数比例在全国的总体排名中也名列前茅[37]。

我们认为，必须采取行动增加面向中低收入人群的住房量。我们花了几个月时间与本地区的个人和团体进行磋商，并广泛学习了全国乃至全球的各种经验。在萨提亚的支持下，艾米·胡德和我决定在内部赞助一个更大的项目，并让她的财务团队开始努力制定替代性方案。我们很快就认识到，与其他一些大型科技公司一样，微软也处在一个幸运的位置上，拥有强劲的资产负债表，有大量流动资产可以投入使用。2019年1月，我和艾米宣布，微软将承诺投入5亿美元，以贷款、投资和慈善捐款的形式帮助解决这个问题[38]。

我们的努力带来两个特别重要的洞见。首先，毋庸置疑，单靠金钱永远解决不了这个问题。通过研究全球各地面临的同样问题，我们发现，解决这个问题的唯一有效途径显然是将更多的资金投入与公共政策相结合。因此，与我们的资金投入同样重要的是，9个本地城市的市长同时宣布将考虑进行改革，以增加中低收入住房供应。在我们宣布决定之前，克里斯汀·葛瑞格尔已经与市长们探讨出一系列具体措施，包括捐赠公共土地、调整分区要求以及进行其他改变，以便加快新房建设。这些问题非常棘手，推进改革措施也需要极大的政治勇气[39]。我们希望，像很多时候一样，我们的资金能够成为催化剂，推动社区团结所需的更广泛的努力[40]。

第十章
人才鸿沟：科技发展的人本因素

其次，各方对我们承诺的反应为我们带来了第二个洞见。我们迅速看到，这个问题引发了极大的关注，不仅在本地，而且在全国乃至全球范围都是如此。2016年的总统选举结果已经反映了广大农村社区的一个担忧，即在一个由科技推动的繁荣界定的时代，农村地区的人们已被甩在后面。现在，这种担忧以新的方式蔓延到城市地区。人们可能走在城市街道上，身旁新建的高楼大厦在阳光下熠熠生辉，但这些大厦本来是为了让科技公司的雇员居住，但其实他们已无法负担在此居住的成本。

这种局面将造成可以理解的挫败感，并很可能给美国政治增添一个新的维度。我们很快在纽约市见识到了这一点。当地政府本来已通过补贴和税收优惠政策成功地吸引亚马逊入驻并带来大量就业机会，但一些本地政客对此做出激烈反应，远远超出普通买家的懊恼，他们的极力反对迫使亚马逊放弃了在纽约设立新总部的计划。考虑到公司的增长对我们所在地区的住房需求造成的影响，我们不得不认真思考这个问题。

在某些方面，经济适用房问题凸显了科技行业所面临的以人为本问题相互交织的性质。要建立一个健康的企业，拥有多元化的员工队伍并身处一个蓬勃发展的社区至关重要。虽然科技公司要求其所在社区为它们服务合情合理，但目前整个行业已经发展到一个阶段，需要我们扪心自问一个更大的问题。成功带来的不仅仅是规模，还有责任。科技行业越来越需要问自己能够做些什么来支持其所在的社区。我们当然不能只从附近的街区吸引人才，还需要从世界各地网罗优秀的人才，但我们仍然需要做出更大的贡献，为生活在同一个社区中的人创造机会。

所有这些挑战都需要采取行动。就像我在微软启动新项目时喜欢说的那样，一等奖给做成大事的人，二等奖给做成事的人。

成功极少眷顾那些什么事都做不成的人。

第十一章
人工智能与伦理：不要问计算机能做什么，要问它们该做什么

最好的科技，也会带来意想不到的效果

2017年1月，我抵达瑞士达沃斯参加世界经济论坛，这是一个每年一度探讨全球趋势风向标的活动，而当年的热门话题当属人工智能。每一家科技公司都宣称自己是一家人工智能公司。一天晚饭后，作为一个在寒冷的威斯康星州东北部长大的人，我重拾自己的老习惯，冒着冰雪在达沃斯的主街上溜达了整整两英里。这条街看起来更像拉斯维加斯大道，而不是一个阿尔卑斯山区的小镇街道。除了少数几家银行外，点亮这座滑雪圣地小城的主要是科技公司的标志和灯箱广告，每家公司（包括微软）都在不遗余力地宣传自己的人工智能战略，希望打动本周正在这座瑞士阿尔卑斯山城参加论坛的企业、政府和思想领袖。这清楚地说

明了两点：首先，人工智能是一个新事物；其次，科技公司有充裕的营销预算。

参加了多场有关人工智能优势的讨论之后，我意识到并没有人花时间来解释到底何为人工智能，或者它是如何工作的。大家都假设每个人对此都已经了然于胸。从我在达沃斯进行的谈话中，我知道情况并非如此，但出于可以理解的原因，人们并不愿意举手问一些基本问题。没有人愿意第一个承认他们（很可能是一半的人）并不完全理解另一半人在说什么。

除了围绕人工智能概念普遍性的含糊不清，我还注意到另外一点，那就是，没有人想谈论这项新技术是否需要监管。

我曾参加了一场有关人工智能的网络直播，由 Techonomy 公司的大卫·柯克帕特里克主持，我被观众问到微软是否认为人工智能将会受到政府监管。我表示，5 年之后我们可能就会发现自己将辩论有关政府对于人工智能的最新法规提案。IBM 的一位高管对此表达了不同意见，他说："你不能预测未来。我不知道我们是否会制定有针对性的政策。我会担心它们的副作用。"[1]

一周的达沃斯论坛抓住了在当今科技行业泛滥的思潮，但那不一定都是积极的。与多数行业一样，科技行业通常会急于推进创新，而并不帮助人们充分了解其性质或运作原理。除此之外，人们长期以来对科技拥有一种几乎已经成为信仰的信念，那就是新技术总是有益无害的。硅谷的许多人很长时间以来一直认为，监管机构无法跟上科技的步伐。

虽然这种对科技理想化的观点常常植根于良好的意愿，但它并不现实。即使是最好的科技，也会带来意想不到的后果，并且其带来的益处也很少能够普惠苍生。这还是在新技术尚未被错误地用于有害目的之前，而这种误用几乎不可避免。

早在 18 世纪，本杰明·富兰克林创办美国邮政服务后不久，犯罪分子就发明了邮件欺诈。19 世纪电报和电话出现后，犯罪分子又发明了电话诈骗。20 世纪，当互联网技术被发明后，任何了解历史的人都清楚地知道，新形式的诈骗行为将不可避免。

观察后视镜

人们面临的挑战在于，科技行业始终习惯于向前看，这对行业而言是好事，但对其非常不利的一个问题是，很少有人愿意花时间，甚至愿意接受一种有益的做法，即认真观察后视镜，以便能够利用过去的经验来预测转弯之处的问题。

在达沃斯的人工智能盛宴后不到一年，人工智能开始制造出一系列广泛的社会问题。此前，公众对科技的信任曾以隐私和安全保障为中心，但人工智能现在让人们感到不安，并迅速成为公众讨论的中心话题。

计算机被赋予了学习和决策的能力，越来越不受人类的干预。但机器将如何做出决定？它们能反映最佳的人性吗？还是会造成不那么鼓舞人心的后果？越来越明显的是，人工智能技术要想更好地服务社会，迫切需要以强有力的伦理原则为指导。

这一天酝酿已久。1956 年，达特茅斯学院的研究人员进行了一项夏季研究，旨在探索开发能够学习的计算机，这被一些人认为是人工智能技术在学术讨论领域的诞生。在此之前几年，艾萨克·阿西莫夫就在其短篇小说《环舞》中提出了他著名的"机器人三定律"[2]。这是一个科幻故事，讲述了人类试图创造伦理规则，以便规范机器人基于人工智能的自主决策。正如2014年威尔·史密斯主演的电影《我，机器人》中以戏剧性的方式所展现的那样，它的效果并不尽如人意。

20世纪50年代后期以来，人工智能不断发展，尤其在20世纪80年代中期的短暂时间内，"专家系统"受到热烈追捧，相关的投资、初创企业和媒体兴趣也迅速激增。[3]不过，是什么让人工智能在出现60年后的2017年，以如此引人注目的方式突然闪亮登场的呢？这并不是因为它是一种时尚。相反，它反映了一些更普遍，并且积蓄已久的趋势和问题。

科技界尚未对人工智能做出一个普遍认可的定义，因而科技大咖自然都在大力宣扬自己的观点。2016年，我曾与微软的戴夫·海纳一起花时间研究了人工智能领域出现的一些新问题，海纳当时正在和埃里克·霍维茨一起工作，后者长期领导着我们在该领域的大部分基础研究工作。在我的追问下，戴夫教给我一种思考人工智能的有用方式（我目前仍然这样认为）："人工智能是一种计算机系统，通过识别输入数据的模式，可以从经验中学习并因此做出决策。"埃里克则使用了一个更宽泛的定义，指出"人工智能是对思维和智能行为的计算机制的研究。"虽然这通常涉及数据，但它也可以基于经验，如玩游戏、理解自然语言等。计算机从数据和经验中学习并做出决策的能力——人工智能定义的本质——基于两种基本的技术能力，即人类感知和人类认知。

所谓人类感知，是指计算机模拟人类通过视觉和声音感知周遭世界的方式，感知正在发生的事情的能力。从某种程度上说，自从19世纪30年代照相机发明以来，机器就已经能够"看到"世界，只不过还需要一个人来理解照片上到底描绘了什么。同样，自从托马斯·爱迪生于1877年发明留声机以来，机器已经能够听到声音。但是，还没有一台机器能够像人类那样准确地理解和转录声音。

视觉和语音识别一直是计算机科学领域研究者的圣杯。1991年，比尔·盖茨创立微软研究院时，当时的负责人内森·迈尔沃德的首要目标之一就是招募视觉和语音识别领域的顶尖学者。我还记得，微软的基础研究团队在20世纪90年代曾乐观地预测，计算机很快就能像人类一样理解语言。

微软研究人员的这种乐观观点得到了学术界和科技界专家的普遍认同。不过在现实中，语音识别技术的进步花了更长时间，远远超过专家的预测。视觉识别和语音识别的目标都是令计算机能够以与人类相当的准确率来感知世界，该比率并非100%。我们都会犯错误，包括在辨识他人对我们说了什么的时候。专家估计，人类理解言语的准确率约为96%，只不过我们的大脑能够迅速填补这个缺口，因而我们不会意识到这一点[4]。但在人工智能系统达到同样的水平之前，我们更有可能会被计算机所犯的错误困扰，而不是被其90%的准确率打动。

到2000年，计算机的视觉和语音识别准确率已达到90%的门槛，但在随后10年中几乎没有进展。2010年之后，计算机视觉和语音识别技术的发展再次加速。如果100年后的人回顾21世纪的历史，很可能会得出结论称，从2010年到2020年的10年是人工智能取得突破性发展的时期。

人工智能的起飞

近期出现的三大科技进步为人工智能的起飞提供了平台。第一，计算能力终于提升到可执行大量计算所需的水平。第二，由于云计算，个人和组织可获得大量计算能力和存储容量而无须进行大规模的硬件资本投资。第三，数字数据的爆炸性增长使得建立更大的数据集，以训练基于人工智能的系统成为可能。倘若没有这些要素，人工智能是否能如此迅猛地发展将是一件值得商榷的事。

不过，人工智能的发展还需要第四个基本要素，它对于帮助计算机和数据科学家让人工智能有效发挥作用至关重要，而它涉及了人工智能所需的另一个甚至更基本的技术能力，即认知，换句话说，就是计算机推理和学习的能力。

几十年来，业界一直在激烈地争论什么是使计算机能够思考的最佳技术方法。方法之一是基于所谓的"专家系统"，这种方法在20世纪70年代后期和80年代风行一时，它的原理是收集大量事实并创建规则，使计算机可以将其应用于逻辑推理链来做出决定。正如一位技术专家所指出的，这种基于规则的方法无法扩展到足以匹配现实世界问题的复杂性。他说："在复杂的领域中，规则的数量将变得极其巨大，而且因为新的事实由手工添加，跟踪例外情况和与其他规则交互并不可行。"[5] 在许多方面，我们在生活中并不是根据规则来进行推理，而是基于经验来辨别模式[6]。反过来看，如果一个系统是基于如此详细的规则而建立的，那么或许只有律师才会喜欢它。

自20世纪80年代以来，另一种人工智能方法被证明更加优越。这种方法使用统计方法进行模式识别、预测和推理，实际上是通过从数据中学习的算法来构建系统。在过去的10年中，计算机和数据科学的飞跃导致了所谓深度学习或神经网络的广泛应用。我们的人类大脑包含由突触连接的神经元，使我们能够辨别周围世界的模式[7]。基于计算机的神经网络包含被称为神经元的计算单元，它们是人工连接的，

第十一章
人工智能与伦理：不要问计算机能做什么，要问它们该做什么

以便人工智能系统能够推理[8]。从本质上讲，深度学习方法是使用多层人工神经元提供大量相关数据，以训练计算机识别某一种模式。它是一个计算和数据密集型的过程，这就是为什么其进展需要由前面提到的其他进展来支持。它还需要在训练多层神经网络所需的技术方面取得新的突破[9]，而这种突破在大约10年前开始出现[10]。

这些变化的共同影响导致基于人工智能的系统取得快速和令人印象深刻的进步。2016年，微软研究院团队开发的视觉识别系统在一次挑战中达到可匹敌人类的能力，这次挑战是在一个被称为ImageNet的图库中识别大量物体。随后，他们以一个名为Switchboard的数据集，针对语音识别系统进行了同样的挑战，并达到94.1%的准确率[11]。换句话说，计算机在感知周遭世界方面开始做得像人类一样出色。同样的进步也发生在语言翻译中，这在一定程度上要求计算机理解不同单词的含义，包括细微差别和俚语。

很快，公众开始感到不安，大量文章出现并提出一个问题：一台基于人工智能的计算机是否能以超人的速度完全独立思考和推理，从而导致机器接管世界。这就是技术专家所说的超智能，或者一些人口中的所谓"奇点"[12]。正如戴夫·海纳在2016年谈到这个问题时所说，这个问题占用了人们太多的时间和注意力，可以说分散了人们对更重要、更紧迫问题的注意力。他说："这当然太过于科幻，并且它模糊了人工智能已经开始制造的更紧迫的问题。"

机器偏见

同年，在白宫主办的一次会议上，这些更为紧迫的问题被提了出

来。那次会议的一个热门讨论是 ProPublica① 上发表的一篇题为"机器偏见"（Machine Bias）的文章 13。这篇文章的副标题点明了文章的主旨："全国各地都在使用软件来预测未来的罪犯，而其对黑人充满偏见。"由于人工智能越来越多地被用在各种各样的场景中进行预测，人们越来越担心系统是否会在不同场景中对特定群体，包括有色人种，存有偏见 14。

ProPublica 在 2016 年描述的偏见问题真实存在。它反映出两个现实世界的原因，如果希望人工智能可以按照公众的正当期望得到应用，这两点都需要得到解决。第一个造成偏见的原因涉及带有偏差的数据集。例如，一个包含人类面部照片的人脸识别数据集可能包含了足够的白人男性照片，从而能够以高准确率预测白人男性的面部。但如果女性或有色人种照片的数据集较小，那么针对这些群体的错误率可能更高。

事实上，这正是两位博士开展的一个名为"性别阴影"（Gender Shades）的研究项目得出的结论 15。这两位博士分别是麻省理工学院的研究员、罗德奖学金得主、诗人乔伊·布兰威尼和斯坦福大学的研究员蒂姆尼特·格布鲁，她们通过比较不同性别和种族人群的人脸识别准确率，来促进公众对人工智能偏见的理解。例如，这两位女性研究员发现，与北欧的白人政治家相比，系统在通过人脸识别确认非洲黑人政治家性别方面的错误率更高。作为一名非洲裔美国妇女，布兰威尼甚至发现一些系统将她认定为男性。

布兰威尼和格布鲁的工作有助于揭示我们需要考虑的第二个维度的偏见。如果不首先建立一个反映世界多样性的团队，就很难建立服务于世界的技术。正如她们所发现的，一个更加多元化的研究者和工程师团

---

① ProPublica 是一家非政府、非商业性的独立新闻网站，以调查性新闻报道著称。——译者注

队更有可能认识到会对其个人产生影响的偏见问题,并更加认真地思考这些问题。

人工智能面临的伦理问题

如果人工智能赋予计算机从经验中学习和做出决定的能力,我们希望它们拥有什么经验,我们又愿意让它们做出什么决定?

在微软,埃里克·霍维茨首先于 2015 年底在计算机科学界提出了这些担心。在一篇与他人合著并发表在学术期刊上的文章中,他指出,大多数计算机科学家认为奇点的末日风险充其量也只是一件遥不可及的事,但现在已经到了应该更严肃地看待越来越多的其他问题的时候。[16] 第二年,萨提亚接棒在 *Slate* 上撰写了一篇文章,建议"需要争论的是创造这项技术的个人和机构为其注入什么样的价值观"[17]。他提供了一些需要纳入的初始价值观,包括隐私、透明性和负责。

到 2017 年底,我们得出结论,真正应该讨论的是需要以一个全面的方法规范人工智能领域的道德问题。这远非一个简单的提议。随着计算机获得了以前只有人类才拥有的决策能力,几乎每个人面临的伦理问题都正在成为人工智能的伦理问题。鉴于哲学家们几千年的争论都没有形成明确和普遍认可的答案,那么肯定无法仅仅因为我们需要将它们应用到计算机上,就在一夜之间达成共识。

微软的 6 项道德准则

到 2018 年,处于人工智能领域最前线的公司,如微软和谷歌等,开始直面这一新的挑战。我们与学术界和其他领域的专家都认识到，我们需要一套道德准则来指导人工智能的发展。在微软，我们最终确定了这一领域的6项道德准则。

第一个准则要求我们满足公平性的需要，即消除偏见的问题。随后是有关两个在公众已达成部分共识的领域，即对可靠性和安全性的重视以及对强有力的隐私和保障的需要。在一些重要的方面，这些概念是为了应对以前的科技革命，以法律法规的形式不断发展起来的。铁路和汽车出现后，产品责任和相关法律针对其制定了可靠性与安全标准。同样，为了响应通信和信息技术革命，逐步引入了隐私和安保规范。虽然人工智能在这些领域提出了新的挑战，但我们可以在既有的法律概念的基础上不断推进。

我们的第四项准则所应对的，是自2014年萨提亚担任微软首席执行官以来，我们的员工一直支持的一个问题。这就是重视开发包容性技术，以满足残障人士的需求。公司对包容性技术的重视自然也将包括人工智能。毕竟，不难设想，如果电脑能够看到图像，将会给盲人带来巨大的便利，而如果电脑能听到声音，也将是聋人的福音。我们不一定需要发明和发布全新的设备来寻求这样的机会。人们已经带着智能手机四处走动，而智能手机上有可以看到物体的摄像头和可以听到声音的麦克风。随着将包容性作为第四个道德准则，在该领域的进步之路已经隐隐浮现。

虽然上述4项准则每一项都很重要，但我们意识到，它们都是基于另外两项准则，而最后的这两项准则将成为其他准则成功的基础。首先是透明性。对我们来说，这意味着确保人工智能系统决策机制相关的信息是公开和可以理解的。毕竟，如果人工智能的内部工作机制完全处于

第十一章
人工智能与伦理：不要问计算机能做什么，要问它们该做什么

暗箱之中，公众怎么可能会对人工智能有信心，同时未来的监管机构又怎么来评估对前4条准则的遵守情况？

有些人坚持认为人工智能的开发者应该公布他们使用的算法，但我们自己的结论是，在大多数情况下，这样做未必真正具有启发性，还有可能泄露有价值的商业秘密，并因此危害技术领域的竞争。我们已经开始与学术界和其他科技公司就人工智能进行合作，以开发出更好的方法。最新的关注点是让人工智能变得可以解释，比如描述用于决策的关键元素。

有关人工智能的最后一个道德准则将是其他一切的基石，那就是问责性。世界会创造一个计算机对人类负责，而设计这些机器的人对其他人负责的未来吗？这可能是我们这一代人需要面对的一个决定性问题。

这一最终准则要求人类应保留在人工智能的决策机制中，以免基于人工智能的系统在没有人类审查、判断和干预的情况下作恶。换言之，基于人工智能的决策如果会严重影响人类的权利，就需要继续接受严格的人类审查和控制。这就需要接受过培训的人员来评估人工智能做出的决策。

我们认为，这也意味着更广泛的治理流程至关重要。每个开发或使用人工智能的机构都需要制定新的政策、流程、培训计划、合规系统和人员，以便针对人工智能系统的开发和部署进行审核并提供建议。

我们于2018年1月公布了我们的准则，并很快意识到我们引起了极大的共鸣[18]。客户不仅要求了解我们的人工智能技术，还要求了解我们应对道德问题的方法和具体实践。这非常合理。微软公司的整体战略是"人工智能普及化"，即通过让客户能够获取人工智能技术的基本要素，如视觉和语音识别工具及机器学习工具，从而使其能够创建自己的

定制人工智能服务。这意味着像技术本身一样，我们需要开发和广泛共享一套复杂的人工智能道德方法。

人工智能的广泛传播还意味着对人工智能技术的特定监管不仅成为可能，而且是必不可少的。对人工智能道德的普遍认识有助于鼓励有道德的人以道德的方式行事。但对那些对遵循道德准则不感兴趣的人又该如何呢？要确保所有人工智能系统按照特定道德标准工作，唯一的方法是要求它们这样做。这意味着以法律和法规的力量来支持社会普遍接受的道德标准。

监管领域的推进速度显然很快，甚至要快于我2017年在达沃斯预测的5年的时间框架。我在2018年4月清楚地看到了这一点。当时我们正在新加坡会见负责人工智能问题的政府官员。"这些问题不能再等了，我们需要比科技先行一步，"他们告诉我们，"我们希望在几个月内，而非几年内，公布第一份提案。"

预见未来：人工智能可能引发的争议

一个不可避免的情况是，人工智能的道德问题将从一般性讨论转变为具体议题，而它们很可能引发具体争议。虽然我们不可能准确预测未来5年或10年人们将辩论什么，但我们可以从已经出现的问题中汲取真知灼见。

2018年，最先出现的一个争议涉及了人工智能在武器中的使用。正如公开辩论广而告之的那样，这个问题与"杀手机器人"有关，这个词会让人立刻联想到科幻小说中的形象。从系列电影《终结者》的表现来看，人们对这样一种叙事是很容易理解的。要知道，《终结者》自从在

第十一章
人工智能与伦理：不要问计算机能做什么，要问它们该做什么

1984 年上映之后，每个 10 年中都会推出至少一部续集，迄今已经连拍了 5 部续集。换句话说，如果你是一个十几岁的孩子或更年长的大人，你有很大的概率在大银幕上见识过自主武器的危险。

这场公共政策辩论首先带给我们的教训是，需要对涉及的技术类型有更精准的理解或分类。当我和世界各地的军事领导人交谈时，他们都持有一个共同的信念：没有人愿意在早上醒来时发现，机器已经在人类睡觉时发动了战争。战争与和平的决策需要留给人类来做出。

不过，这并不意味着全世界的军事官员们在其他所有方面也拥有共识。这就是争议所在之处。美国国防部前官员，现任职于一家智库的保罗·沙瑞尔在其著作《无人军队：自主武器与未来战争》中，提出了一个越来越接近本质的问题[19]。正如他所阐述的，核心的问题是，不仅仅要考虑在何时，而且要考虑以何种方式，赋予计算机在不经人类审核的情况下发射武器的权力。一方面，即使装备了计算机视觉和人脸识别系统的无人机在辨别地面上的恐怖分子时可能拥有超过人类的准确度，但这并不意味着军事长官需要或应该拒人和常识于决策流程之外。另一方面，如果某一支海军舰队遭到数十枚导弹的攻击，宙斯盾作战系统的反导弹防御系统还是需要依靠计算机的决策做出反应。即便如此，实际情况也会千差万别，武器系统的使用也应随机应变[20]。人类通常应该做出最初的发射决定，但他们没有时间批准对每个单独目标的攻击。

考虑到对自主武器的隐忧，一些人认为科技公司应该在人工智能技术领域拒绝与军方进行任何合作。例如，谷歌在经历员工抗议之后，撤销了与五角大楼的人工智能合同[21]。我们在微软也面临同样的问题，因为我们的一些员工也提出了类似的担忧。我们长期以来一直与美国及其他国家的军队合作，几年前，我曾在位于西雅图北部的华盛顿州的埃弗

雷特母港参观了尼米兹号航空母舰，凸显了这一合作的广泛性。这艘航母上共有 4000 多台计算机正在运行我们的 Windows 服务器操作系统，支持着舰上的各种功能。

但是对于许多人来说，出于可以理解的原因，人工智能系统与上面所说的平台技术完全不同。我们认识到，新技术引发了新一代的复杂问题，在我们考虑一个为美军士兵提供增强现实技术和我们的 HoloLens① 装置的潜在合同时，我们全面讨论了我们应该做什么。

不同于谷歌，我们得出结论，我们必须继续向美国军方和其他盟国政府提供最好的技术，因为我们对民主进程和人权相关的基本敏感性充满信心。美国和北约的军事防御长期依赖尖端技术的支持。正如我们无论在私下还是在公开场合所说的那样："我们相信美国强大的国防力量，我们希望那些保卫美国的人能够获得美国最好的技术，包括微软的技术。"[22]

同时我们也认识到，我们的一些员工对于为美国或其他军事组织的国防合同工作感到不舒服。他们中有些人是其他国家的公民，有些人有不同的道德观，或者是和平主义者，还有些人单纯地希望将精力投入技术的其他应用方面。我们尊重这些观点并迅速表示，我们将努力使这些人能够从事其他项目。考虑到微软的规模和多样化的技术组合，我们认为我们很有可能满足这些要求。

我们也认为，上述这些都不能免除我们必要的责任，使我们不再仔细思考将人工智能应用于武器所带来的复杂的道德伦理问题，并积极采取相应的行动。我们在我们的最高管理层讨论这一问题时指出，从 19 世纪开始，道德问题就在武器发展中发挥了非常重要的作用，彼时空尖弹

---

① HoloLens 为微软推出的一款头戴式增强现实装置，可以完全独立使用，无须线缆连接，无须同步电脑或智能手机。——译者注

和炸药刚刚出现在战场上。萨提亚提醒我说,围绕战争的道德问题事实上可以追溯到罗马共和国时期西塞罗的著作。当天晚上,他给我发了一封邮件,说他母亲一定会因为他只记得西塞罗而忘记了印度教史诗《摩诃婆罗多》而不高兴(谢天谢地,他的邮件中附上了一个维基百科链接,以便我能对此多些了解[23])。

这类讨论使我们得出结论,我们需要作为积极的企业公民继续参与道德问题的讨论。我们相信,我们的参与有助于塑造新出现的公共政策问题。[24] 正如我们告诉员工的那样,我们认为没有一家科技公司比我们更积极地解决新技术带来的政策问题,特别是政府监控和网络武器方面的问题。[25] 我们认为,最好的办法同样是倡导负责任的政策和法律,以管理人工智能应用于军事的问题。

我们撸起袖子不断学习,不断修正我们的观点。这使我们重新审视我们的六大道德准则,并依照这些准则检视了人工智能应用于武器所适用的伦理道德问题。我们得出的结论是,有三个准则的相关性最高——可靠性和安全性、透明性,以及最重要的,问责性。只有解决了这三个问题,才能保证公众相信人工智能将以确保人类控制的方式得到部署。

我们还发现,这与我们在面临安全保障和国家级网络攻击时需要应对的问题有一些重要的相似之处。在那个领域,已针对新的技术形式(如致命的自主武器)制定了若干国内和国际规则。

许多其他方面的发展似乎也与涉及网络武器的安全问题有相似之处。联合国秘书长安东尼奥·古特雷斯在2018年呼吁禁止"杀手机器人"时并没有含糊其词,他说:"让我们实话实说吧,机器拥有夺走人类生命的自主权力的前景在道德上令人反感。"[26] 但是,如同网络武器的情况一样,全球主要的军事力量一直抵制限制其科技发展的新的国际规则[27]。

因此，讨论主要集中在直指隐忧核心的具体场景，希望借此打破僵局。例如，人权观察组织呼吁各国政府"禁止能够在没有实质性人类控制的情况下选择和攻击目标的武器系统"[28]。虽然可能会有更多的细微差别需要解决，但这类国际宣传以"实质性人类控制"之类的具体术语为重点，已经成为新一代道德挑战中需要全世界加以应对的一个基本问题。

重要的是，这项工作必须建立在现有的伦理道德和人权传统之上。美国军方长期以来对道德决策的高度重视给我留下了深刻印象。这并没有使军队完全避免道德过失，有时甚至是巨大的错误，但是从高级将领到西点军校学员的许多军人都告诉过我，要想从美国的军事学院毕业，必须修完一门道德课。[29] 与此相对的则是，许多美国大学的计算机科学专业学生并没有这种要求。

我们与其他国家的领导人讨论了这些问题以及一些类似的新兴问题，并且逐渐认识到，伦理道德观点最终建立在更广泛的人权和哲学基础之上。因此，必须将这些问题与对世界多元文化的理解，以及这种多样性所产生的各种法律和监管方法联系起来。

人工智能提出的复杂性问题

与所有信息技术一样，人工智能的设计具有全球性的特征。创造它的技术人员希望它在任何地方都能以同样的方式工作，但各国之间的法律法规可能会有所不同，从而既给政府外交官，也给技术人员带来挑战。我们已经反复经历了这种不同带来的困扰，首先是在知识产权法规方面，然后是竞争规则，最近则是隐私监管法规。但在某些方面，与试

第十一章
人工智能与伦理：不要问计算机能做什么，要问它们该做什么

图裁定伦理道德问题的法律可能具有的复杂性相比，这些不同不值一提，因为伦理道德问题归根结底是哲学问题。

现在，人工智能迫使世界面对伦理道德和其他哲学传统之间的异同，而此前从未有任何技术有这种需要。人工智能提出了诸多复杂的问题，例如个人应承担的责任、对公众保持透明性的重要性、个人隐私的概念以及基本公平的概念等。但是，假如世界无法就人类的哲学问题达成一致，那么它又如何能在计算机伦理方面找到统一的方法呢？这将是未来的一个根本性难题。

与过去相比，现在更需要创造技术的人员不仅来自计算机和数据科学等学科，还要来自社会和自然科学以及人文学科。如果我们要确保人工智能的决策建立在人类所能提供的最好的基础上，它的发展必须是一个多学科的过程。在我们思考高等教育的未来时，我们需要确保每一位计算机和数据科学家都接触过文科，就像每个文科专业的人都需要掌握一定的计算机和数据科学知识一样。

我们还需要在计算机和数据科学课程中更加注重伦理道德学科的内容，可以采取专门课程的形式，也可以将其纳入几乎所有课程的内容，或者二者兼具。

我们乐观地认为，新一代的学生将满怀热情地接受这项课程。2018年初，我和拥有机器人学博士学位、负责我们主要人工智能工作的微软执行副总裁沈向洋一起公开提出了一个问题。这个问题是："我们是否应该像医生那样，针对程序员制定一个希波克拉底誓言[①]？"我们与其

[①] 希波克拉底誓言是希腊医学家希波克拉底在约 2400 年之前向医学界发出的行业道德倡议书。现在，它已经成为医务人员入门时就要学习的重要内容，而且要求正式宣誓。——译者注

他人一起建议应该制定这样的誓言[30]。几周之内,华盛顿大学一位计算机科学教授就尝试编辑了传统的希波克拉底誓言,针对那些创造人工智能的技术人员提出一个新的誓言[31]。当我和向洋在世界各地的大学校园里发表演讲时,我们发现这是下一代关心的问题。

最后,一场关于人工智能道德准则的全球对话需要一个更大的舞台。不仅需要让技术专家、政府、非政府组织和教育工作者发表见解,也需要为哲学家和世界上许多宗教的代表提供席位。

为了推动这样的全球对话,我们来到了一个我认为最不可能谈论科技的地方——梵蒂冈。

这次访问从某种程度上来说颇具讽刺意味。我们于 2019 年 2 月在罗马短暂停留,在那里与梵蒂冈的宗教领袖们讨论计算机的道德问题。几天后,我们将前往德国参加一年一度的慕尼黑安全会议。届时,我们将被世界各国的军事领导人包围。一周之后,梵蒂冈也将举办内部会议,讨论神职人员的道德问题以及教堂里的虐待儿童问题。因此,我们会面的这个时刻凸显了人类的愿望和挑战。

当我们驱车抵达梵蒂冈时,意大利天主教会的大主教文森佐·帕格利亚阁下满面笑容地出来迎接我们。他满头白发、和蔼可亲,是一位著作等身的学者,领导梵蒂冈处理各种伦理道德问题的工作,包括应对人工智能的新挑战。微软和梵蒂冈决定共同赞助一项博士论文奖,以探索这项新兴技术与长期存在的伦理道德问题之间的交叉点。

那天下午的经历再度提醒我们在科技与科学、哲学与宗教之间曾发生的历史碰撞。在梵蒂冈访问期间,帕格利亚阁下带我们参观了西斯廷图书馆,在那里,我们仔细翻阅了一本《圣经》,这是谷登堡用他发明并于 14 世纪 50 年代投入使用的活字印刷机印制的首批《圣经》中的一本。活字印刷术是巨大的技术进步，彻底改变了人类的沟通方式，并影响了欧洲社会的每一部分，包括教会。

我们随后阅览了在那之后150年的一部信函集。它保存了伽利略与教皇的通信，对于了解伽利略和教会关于地球和太阳在天空中位置的争论至关重要。如信函所示，伽利略在17世纪早期用自己的望远镜记录了太阳黑子的位置变化，这表明太阳在旋转。这是一场关于《圣经》解释的激烈争论的一部分，导致伽利略在罗马受到宗教裁判所的审判，并被判终身软禁。

这两本书放在一起，生动地说明了科学技术是如何与信仰、宗教和哲学问题相互联系或碰撞的。如同印刷机和望远镜这样的发明一样，很难想象人工智能不会在这些领域引发新的碰撞。问题是，人们应该如何促进一场深思熟虑、相互尊重和包容的全球对话。

我们在会见教皇方济各和帕格利亚主教时讨论了这个话题。我们谈到了在科技发展的同时，各国越来越转向内部，有时会背弃邻国和其他需要帮助的国家。我提到爱因斯坦在20世纪30年代对科技带来危险的可怕警告。教皇随后提醒我，爱因斯坦在第二次世界大战后曾说："我不知道第三次世界大战会使用什么武器，但第四次世界大战一定会使用棍棒和石头。"[32] 爱因斯坦的观点是，科技，尤其是核科技的发展，已经可以毁灭一切。

当我们结束会面离开的时候，教皇握着我的右手，同时左手轻抚我的手腕教诲道："保持你的人性。"

在我们思考人工智能的未来之时，这是一个我们所有人都应听取的好建议。

第十二章
人工智能与人脸识别：是否应该像保护手机一样保护我们的面部

科技存在被滥用的风险

2002年6月，史蒂文·斯皮尔伯格执导的新片《少数派报告》首映。这部电影是根据科幻小说作家菲利普·迪克1956年的著名短篇小说改编的，以2054年已消灭了犯罪的华盛顿特区为背景，由汤姆·克鲁斯主演。剧中，汤姆·克鲁斯扮演精英警察部门"预防犯罪小组"的一位主管，这个小组的职责是在凶手实施犯罪前逮捕他们。该小组有权根据三位"先知"所看到的意象实施逮捕，因为这三个人拥有洞悉未来的超自然能力。但是很快，"先知"预测克鲁斯自己将犯下谋杀罪行，因此他不得不开始逃亡，躲避自己部门的追捕——在一个所有人和所有行为都受到追踪的城市里[1]。

15年之后再回头看这部影片，值得庆幸的是，这种执法方式看似有些牵强。不过今天，《少数派报告》中的一个场景似乎远远早于2054年就已经成为现实。影片中，克鲁斯在逃亡时走进了一家盖普店。这家零售商拥有一项技术，可以识别每一位进店的顾客，并会立即开始在一个显示屏上展示它认为顾客会喜欢的衣服图像。有些人可能觉得这个服务很有吸引力，但其他人可能会觉得它们很烦人甚至令人毛骨悚然。简而言之，进入一家这样的商店，就好比我们有时候浏览完网络后再去看社交媒体信息，却发现上面有我们刚刚在网页上浏览之物的广告。

在《少数派报告》中，斯皮尔伯格希望观众思考，科技如何既能被利用也能被滥用——科技可被用来在犯罪实际发生前消除犯罪，可一旦出了问题，它也可能被滥用来侵犯人权。在盖普商店里识别克鲁斯的技术是依赖于嵌入他体内的一块芯片。在21世纪的前20年，现实世界的技术进步甚至已经超过斯皮尔伯格的想象，因为今天已经不需要这样的芯片。人脸识别技术利用基于人工智能的计算机视觉与相机，辅以云数据，可以识别进入商店的顾客面孔，无论他们是上周还是一小时前曾经来过。这项技术正在为科技行业和政府创造一个先手机会，如何用一种重点突出而又切实具体的方式来处理人工智能的道德和人权问题，而它们能否抓住这个机会，就要看它们怎样决定来监管人脸识别技术了。

对于大多数人来说，最初简单场景的应用，如编目和搜索照片，现在已经变得日益复杂。很多人已经习惯了依靠人脸识别，而不是用密码，来解锁iPhone或Windows笔记本电脑。其应用不会仅止于此。

第十二章
人工智能与人脸识别：是否应该像保护手机一样保护我们的面部

面部和指纹一样独特

现在，一台电脑已经可以完成我们几乎所有人从一出生就能做的事——识别人们的脸。对我们大多数人来说，这在一开始是能够认出妈妈的能力。养育孩子的乐趣之一，就是在进入家门的时候看到蹒跚学步的孩子激动地向你扑来。这种会一直持续到青少年时期的反应有赖于人类天生的人脸识别能力。虽然这是我们日常生活的基础，但我们几乎从不停下来思考是什么使它成为可能。

事实证明，我们的脸和指纹一样独特。我们的面部特征包括瞳孔之间的距离、鼻子的大小、微笑的样子和下巴的轮廓。计算机可使用照片来绘制这些特征并将它们编织在一起，并以此为基础建立一个数学方程，这些数学方程可以通过算法来访问。

人们正在把这项技术应用到世界各地，以便改善人们的生活。在某些情况下，这样做是为了方便消费者。澳大利亚国民银行正在利用微软的人脸识别技术开发一种服务，可以让顾客走到 ATM 前，无须银行卡即可安全取款。这些 ATM 可以识别顾客的面孔，然后他们就可以输入取款密码并完成交易[2]。

在其他场景中，这种技术可带来更大的好处。在华盛顿特区，美国国家人类基因组研究所正在利用人脸识别技术帮助医生诊断一种被称为 DiGeorge 综合征（DGS）或 22q11.2 缺失综合征的疾病。这是一种多发于非洲、亚洲或拉丁美洲人口的疾病。它会导致各种严重的健康问题，包括心脏和肾脏的损伤。患有这种病的人也常常带有特定的面部特征，这些特征可以通过电脑使用人脸识别系统加以识别，从而帮助医生诊断出需要帮助的病人[3]。

这些场景说明了一些重要和具体的方法，以便使人脸识别可以用于造福社会。这是 21 世纪的新工具。

然而，和许多其他工具一样，它也可以变成危险的武器。政府可能会使用人脸识别来识别参加和平集会的每一个人，并相应采取行动造成"寒蝉效应"，从而破坏人们自由表达和参与集会的权利。即使在一个民主社会，警察也可能过分依赖这个工具来识别嫌疑人，而没有意识到人脸识别，就像任何技术一样，并不总是能够完美无误地工作。

由于这些原因，人脸识别很容易与更广泛的政治和社会问题交织在一起，并提出了一个至关重要的问题：我们希望这种形式的人工智能在我们的社会中发挥什么作用？

2018 年夏，突然发生了一个与当时最热门的政治话题相关的事件，让我们对未来得以一瞥。当年 6 月，弗吉尼亚州一位自称"自由软件修补者"的人显然对更广泛的政治问题也有浓厚的兴趣。他在推特上发布了一系列关于微软与美国移民与海关执法局（ICE），签订合同的消息，这些消息源于当年 1 月微软在公司官方营销博客上发布的一篇文章[4]。坦率地说，公司里的每个人都已经忘记了那篇博文。不过，那篇文章表示，微软向 ICE 提供的技术已经通过了极高的安全门槛，将被 ICE 部署。文章还表示，微软公司对于能够支持该部门的工作而深感自豪，并且还有一句话提到了 ICE 使用人脸识别技术的潜力[5]。

2018 年 6 月，特朗普政府决定在美国南部墨西哥边境把非法入境者的孩子与家人分开，这迅速成为一个爆炸性问题。公司几个月前发表的一份营销稿现在看来已大不相同，而人脸识别技术的用途看起来也完全不同。人们担心 ICE 和其他移民机关可能会把像人脸识别这样的技术应用到工作中。这是否意味着，当移民在城市街道上行走时，连接到云端的摄像机可以用来识别他们的身份？这是否意味着，鉴于这项技术的现状，以及它可能产生偏差的风险，它可能会错误辨识某个人并导致其被错误拘留？这只是许多问题中的两个。

到西雅图人准备吃晚餐的时间，有关那篇营销博客文章的推特已在互联网上迅速传播，我们的传播团队则开始努力拟定回应。一些工程和营销团队的员工建议，我们只需要撤下这篇文章，他们说："这篇文章已经发表很久了，现在对业务没有任何影响。"

微软传播业务主管弗兰克·肖三次建议他们不要撤下文章。他指出："这只会让事情变得更糟。"尽管如此，还是有人禁不住诱惑，删除了文章的部分内容。果然，事情变得更糟了，新一轮负面报道蜂拥而至。到第二天早上，人们吸取了这个明显的教训，这篇文章又恢复了原样。

按照惯例，我们首先要弄清楚公司与 ICE 的合同到底包括了什么。

经过深入调查，我们发现这份合同根本没有被用在人脸识别上。谢天谢地，微软也没有参与任何在边境线上将孩子与其家人分开的项目。相反，这份合同其实是帮助 ICE 将其电子邮件、日历、消息和文档管理工作转移到云端。这与我们在美国和世界各地与客户（包括其他政府机构）合作的项目类似。

尽管如此，这件事仍然产生了一个新的争议。

他们可能不知道正确答案，但可能提出正确问题

有人建议微软撤销合同，并停止与 ICE 的所有合作，那个夏天与政府使用科技有关的问题几乎全是这么处理的。一些员工散发了一份请愿书，要求终止 ICE 合同。这个问题开始在整个科技行业引发更大的反

应。云计算软件公司 Salesforce 也出现了类似的员工行动，主要是针对该公司与美国海关和边境保护局的合同。此前，谷歌员工已经发动员工行动，并导致谷歌取消了一个为美军开发人工智能的项目。美国公民自由联盟（ACLU）则将亚马逊作为目标，支持亚马逊的员工表达对其人脸识别服务 Rekognation 的担忧[6]。

对于科技行业和更广泛的商业界来说，这一类员工行动是前所未有的新现象。有些人认为，这与一个多世纪以来工会在某些行业所起的作用有关，但实际上，工会关注的主要是其成员的福利和工作条件。2018年夏季的员工行动则有所不同，这些行动呼吁雇主在特定的社会问题上采取某种立场。员工们通过行动并没有任何直接或间接的收益，而只是希望他们的雇主能够坚持他们认为重要的社会价值观和立场。

仔细观察企业面对此类新兴员工行动的不同反应会对我们有所帮助。在几英里外的西雅图，亚马逊的管理层似乎很少直接与员工讨论这类问题[7]。这种反应似乎抑制了员工提出问题的部分热情，实际上鼓励员工保持沉默并专注于业务。在硅谷，谷歌的管理层采取了截然不同的反应方式，面对员工的不满表达，公司有时会迅速改弦更张，包括终止一份以人工智能为核心的军事合同[8]。一眼就能看出，应对这个问题并没有单一的方法，每家公司都需要考虑其自身的文化，以及其在员工关系方面的目标所在。认真思考了我们自己的文化之后，我们决定在上述两种截然不同的方法之间寻找一条中间道路。

这些插曲似乎反映了一些重要的事态发展。首先，或许也是最重要的一点是，员工对雇主的期望越来越高。几个月前发布的年度《爱德曼信任度调查报告》充分捕捉并揭示了这一变化[9]。爱德曼公关公司自2001年起开始发布信任度调查报告，通过调研人们对公共机构信任度的增减，了解全球各地公众情绪的变化。其 2018 年初发布的报告显示，尽管人们对许多机构的信任度大幅下降，但员工对雇主的信心走势却大为不同。研究发现，全球 72% 的人相信自己的雇主"在做正确的事"，而在美国，这一比例更高达 79%[10]。相比之下，只有 1/3 的美国人对自己的政府有这种感觉。

我们自己的经历也验证了这一观点，甚至更进一步。在科技行业，一些员工希望在公司针对当今热点问题进行决策时发挥积极作用。显然，这种诉求在人们对政府的信任度较低时会更为强烈，这是因为员工希望另一个机构能够做正确的事情，并对公共结果产生一定的积极影响。

这种变化将商界领袖推到了一个全新的领域。我曾在西雅图参加了一个小型晚宴，当时一家科技公司的首席执行官总结了大家的担忧。"我觉得我已经为大部分工作做好了充分的准备，"他说道，并讲述了自己如何一步步晋升到今天的位置，"但现在我被推入了一个完全不同的领域。我真的不知道如何回应那些员工，他们希望我回应他们对移民问题、气候问题以及其他许多问题的关注。"

或许同样很自然的是，这种现象在我们最年轻的那一代员工身上也是最明显的。毕竟，大学校园里一直存在一个根深蒂固的传统，即学生热烈支持社会变革，有时甚至会推动他们所在的大学改变政策，从而引领变革。因为当时正是夏天，我们有大约 3000 名实习生在微软园区工作。他们毫不出人意料地对这个问题很感兴趣。尽管他们只是在暑假短期实习，但有些人仍希望能够直接影响公司的立场。

我们讨论了如何透彻思考这个话题并做出回应。当萨提亚和我交换意见时，我向他讲述了我在普林斯顿大学校董会任职期间学到的东西。

"我认为领导一家科技公司越来越像领导一所大学,"我说道,"我们的研究人员有博士学位,他们就像教师一样。我们有实习生和年轻员工,他们的观点有时和大学生很相似。每个人都希望自己的声音被听到,有些人希望我们抵制某个政府机构,就像如果他们认为一家公司的行为令人反感,他们会希望大学抵制购买这家公司的股票一样。"

对我来说,我在大学校董会的任职经历给我带来了一些至关重要的收获。也许最重要的是,充满善意的学生可能并不知道所有问题的正确答案,但他们可能会提出正确的问题。这些问题可能会将我们带上一条专家和高层管理者都没有想到的更好道路。正如我想对公司内部的团队所说的,对一个不成熟想法的最好回应往往不是扼杀它,而是完善它。我们一些最好的项目就是这样得来的。这一点的基础是萨提亚一直在微软推崇的文化,而这种文化的根基则是成长性思维和持续不断地学习。简而言之,如果一个员工行动主义盛行的新时代即将到来,那么我们必须找到新的方式来与员工沟通,了解他们关注之事,并尝试找到一个深思熟虑的答案。

我还从自己在普林斯顿大学的任职经验中了解到,大学已经制定了一些有效的流程来满足这一需求。它们提供机会让每个人都能够畅所欲言,并进行更多合作性的讨论。通过帮助一个群体以充足的时间进行全面反思并做出艰难但正确的决定,从而让情绪渐渐消退,让理性占据上风。我们采取了这种策略,我们负责人工智能道德问题的高级律师——埃里克·霍维茨、弗兰克·肖和里奇·绍尔立即行动起来,开始举行一系列员工可以参加的圆桌会议。

有一点变得越来越重要,那就是阐明我们认为公司在什么时候有责任在公共问题上表明立场,什么时候不应该这样做。我们并不认为作为行业领袖意味着我们应该以公司的名义去应对全天下的所有问题。我们要应对的问题，总还是要和我们有一些重要联系。我们认为，我们的责任从根本上讲是应对可能在下列方面产生影响的公共问题：我们的客户及其对我们技术的使用，我们的员工（无论是在工作中，还是在其生活的社区中），我们的业务，以及我们的股东与合作伙伴的需求。虽然这并不能涵盖所有问题，但它可为与员工的讨论提供一个有用的框架。

员工提出的问题还以建设性的方式促使我们更加努力地思考我们与政府的关系，以及新兴技术（如人脸识别）带来的挑战。

一方面，我们并不认同某些建议，如我们应该以抵制政府机构（特别是在法治的民主国家）来应对当今一些重大事件。这在某种程度上是一种讲原则的反应。我经常提醒大家，我们不是别人选举出来的。希望科技公司来监管政府不仅感觉有些奇怪，而且并不民主。作为一个普遍的原则，要求一个民选政府监管公司似乎比要求一家非民选公司去监管政府更加明智。萨提亚和我经常讨论这一点，我们认为这很重要。

这样做还有一个务实的考虑。我们充分认识到，组织和个人都对我们的技术存在巨大依赖。如果我们仅仅因为反对某个政府机构正在做的事情就把我们的技术毙掉，那么将很容易引发混乱和意外的结果。

这种务实的态度终于在 2018 年 8 月以一种突然而鲜明的方式展现出它的重要意义。一个周五的早晨，我在开车去上班的路上收听了《纽约时报》每日播客的一篇报道，这篇报道直指问题的核心。当天讨论的问题是，政府无法在法庭规定的最后期限内让移民儿童与家人团聚。在收听报道时，我听出了温迪·扬的声音，她是公益组织"孩童需要辩护"（Kids in Need of Defense）的负责人，我已经担任该组织的主席十多年[11]。正如温迪解释的那样，政府实施了拆散家庭的政策，"但完全没有考虑日后如何使家庭团聚"[12]。

我曾经与温迪就这种情况聊过几次，因而对此并不陌生，但《纽约时报》记者凯特琳·迪克森和安妮·科雷尔提供的另一个细节则令我大为震惊。她们解释说，当人们最初越境时，海关和边境保护局的官员使用一个带有下拉菜单的计算机系统对他们进行分类。官员们会将越境者分为无陪伴未成年人、成年个人或者有子女成年人（一个家庭单位）。当孩子后来与父母分离时，这一计算机系统的设计迫使官员们返回系统并更改他们的分类，例如，单独输入一个孩子的姓名作为无陪伴未成年人，并输入父母的姓名作为成年个人。关键问题是，这种操作会覆盖先前的数据，这意味着系统不再保留以前将所有家庭成员都列在一起的家庭单位记录。因此，政府将不再掌握任何家庭成员相互间有联系的整体记录。

这已不仅仅是一个关于移民和家庭的故事，也是一个关于科技的故事。政府所使用的是一个结构化数据库，适用于一个进程，但不适用于另一个。政府并没有及时更新信息技术系统，以支持其分离家庭措施涉及的新步骤，相反，它们在没有考虑这些步骤需要怎样的计算机系统支持的情况下匆忙行动。几个月前，我和温迪参观了美墨边境附近海关和边境保护局的一个指挥中心，也看到了它的系统，我对其系统已经过时并不感到惊讶。但政府根本没有考虑到它所需要的基本的技术设施会带来怎样的影响，这一点仍然令我十分震惊。

请政府监管

那天早上，当我走进会议室，参加萨提亚的高管团队周五例会时，我分享了我听到的报道。我们对这一点进行了讨论并认识到,这件事关系到我们一个更大的担忧,即有些人正在极力鼓吹科技公司应该采取主动行动,对于我们反对的政府政策,终止为政府机构提供所有服务。科技现已成为我们生活中一个关键的基础设施,如果不能及时更新技术——或者更糟的是,简单做出终止技术服务的决定——可能带来各种意想不到的后果。正如萨提亚在我们的内部谈话中多次指出的那样,政府正在以电子邮件为工具帮助非法移民家庭团聚。如果我们把邮件系统关掉,谁知道会发生什么。

这让我们得出结论,抵制美国政府机构是错误的做法。但主张采取这种行动的人,包括我们自己的一些员工,提出了一些正确的问题。例如,人脸识别技术带来的挑战需要受到更多关注。

经过深思熟虑,我们得出结论,这项新技术应该受到新的法律法规约束。这是保护公众隐私需求、化解偏见和歧视风险,同时使创新得以继续的唯一途径。

对许多人来说,一家公司主动要求政府监管其产品颇为奇怪。我们的董事长约翰·汤普森说,硅谷的一些人告诉他,他们认为我们因为落后于市场上的其他公司,所以希望通过监管来阻碍我们的竞争对手进步。这让我很生气。与这种指责相反,2018年,美国国家标准与技术研究所完成了新一轮人脸识别技术测试,显示我们的算法在所有类别中都处于或接近领先地位[13]。共有44家公司提供了自己的技术以供测试,但包括亚马逊在内的许多公司没有提供其技术进行测试。

我们对监管的追求源于我们对市场走向的新认识。几个月前,我们的一个销售团队曾想向一个缺乏独立司法机构、在尊重人权方面成绩欠佳的国家政府出售一种人工智能解决方案,其中包括人脸识别服务。政府想在该国首都部署安装摄像头的服务。我们担心，一个藐视人权的政府可以利用这项技术跟踪任何地方的任何人，或者所有地方的所有人。

在我们内部的人工智能道德委员会的建议下，我们决定不推进这项拟议的交易。当地的团队对此并不满意。作为最终的决策人，我收到当地销售团队负责人发来的一封火药味十足的电子邮件，这个团队一直在全力推动这桩交易。她写道："作为一个母亲和一个专业人士，如果我们能够提供这项服务，以便更好地应对暴力和恐怖行为风险，我会感到更加安全。"

我充分理解她的观点。这一点凸显了在公共安全与人权由来已久的矛盾之间的艰难权衡。它还表明了许多有关人工智能的新型伦理道德决定的主观性质。当然，我们同样担心，正如那位团队领导和其他人所指出的那样，如果我们拒绝提供这项服务，可能会有其他公司乘虚而入。在这种情况下，我们不仅会丢掉生意，还不得不在其他人帮助将技术用于我们所反对的有害目的时只能袖手旁观。不过，我们权衡了所有这些因素，最终得出结论，我们需要尝试给这种新技术的发展奠定某种类型的道德基础。这样做的唯一办法就是拒绝将其用于某些用途，并推动更广泛的公众讨论。

这种原则性的方法在加州本地的一个警察部门联系我们时经受了考验，他们表示，他们想为自己的所有车载和手持摄像机配备一种能力，使其可以拍摄被拦下的人的照片，甚至包括例行检查时被拦下的人，并查看他们是否与其他罪行的嫌疑人数据库相匹配。我们理解他们的逻辑，但向他们建议，由于人脸识别技术仍然不成熟，因而无法在这种情况下部署。至少在 2018 年，如此使用这一技术将导致过多的错误匹配，并针对被错误识别的人发出警报，特别是如果他们是有色人群或女性，

第十二章
人工智能与人脸识别：是否应该像保护手机一样保护我们的面部

因为针对这两类人群的错误率仍然较高。我们拒绝了这项交易，并说服了警察部门放弃将人脸识别用于这一目的。

这些经验提供了一些启发，帮助我们思考可以应用于人脸识别的原则。但我们担心，如果我们走上这条伦理大道，但被那些根本没有实施任何防范或限制措施的公司削弱，无论这些公司是在西雅图的另一侧，还是在太平洋的另一侧，则我们的做法都不会产生什么实际影响。与许多基于人工智能的技术一样，人脸识别也会随着大量的数据积累而改进。这就使公司拥有动力尽可能多地进行早期交易，从而导致商业竞争的风险，而科技公司将被迫在社会责任和市场成功之间做出选择。

防止这种恶性竞争的唯一办法是确立一个支持健康市场竞争的责任底线，而一个坚实的底线基础要求我们确保这项技术以及开发和使用它的组织受到法治的约束。

我们从以往针对其他技术所实施的监管中汲取了经验。在许多市场中，兼顾各方利益的平衡监管方式为消费者和生产者双方创造了更健康的动态关系。在20世纪，汽车工业曾花了几十年的时间来抵制监管要求，但今天，人们广泛认识到，法律在确保强制安装安全带和气囊，以及更高的燃油效率方面发挥了重要作用。同样的情况也适用于航空安全以及食品和药品管理。

当然，谈论监管的必要性是一回事，而界定什么样的监管最为合理则是另一回事。2018年7月，我们公布了一个我们认为需要考虑的问题清单[14]，并就可能的答案征求人们的意见。讨论首先在员工和技术专家中展开，但很快扩展到全国和世界各地，包括美国公民自由联盟这样积极参与这个问题讨论的公民自由组织。

我在巴黎的国民议会上曾与一些立法者交谈，他们的反应尤其令我震惊。正如一位议员所说："别的科技公司从未向我们提出过这些问题，你们为什么要与众不同？"在人脸识别技术的问题上，我们有时会与科技业同行产生分歧。这或许比其他任何事情都更能反映我们从20世纪90年代的反垄断斗争中学到的东西。当时，我们和许多公司和行业一样，坚持认为监管并不必要，甚至可能是有害的。但是，我们从这个经历中学到的诸多教训之一是，对于在社会上产生广泛影响的产品，或者那些既可带来益处，又可用于不良意图的产品，这种对抗的方法不一定奏效，也可能不会被接受。

我们不再像大多数科技公司那样，坚守抵制政府干预的传统。我们以前进行过那样的抗争。相反，我们已经认可并支持我们心目中更积极但更平衡的监管方式。这也是我们早在2005年就呼吁美国联邦隐私保护立法的原因之一。我们知道，政府有些时候可能会搞砸某些具体事务，并让我们后悔曾倡导政府的参与。但我们认为，无论是对科技行业还是对社会，这种做法从普遍意义上来说都比完全依赖科技行业自行解决一切问题的做法要好得多。

关键之处在于要搞清楚具体细节。尼塔莎·蒂库曾在《连线》杂志发表了一篇文章，描述了这种动态的重要性。她在这篇发表于2018年底的文章中指出："在经历了整整一年可怕的科技丑闻之后，即使是厌恶政府的高管，也开始公开表示对立法的开放态度。"[15] 但是，正如她认识到的，我们的目标是"更进一步"，提出一项有关政府对人脸识别技术实施监管的具体建议。

到当年12月，我们觉得已经学到足够多的知识，可以提出新的立法建议。我们知道，我们对每个潜在问题都没有答案，但我们相信，在这一领域，已经有足够的答案来制定良好的初步立法，以便确保科技继续进步，同时也能够保护公众的利益。我们认为，各国政府必须跟上这项技术的发展步伐，而渐进式的做法将使整个公共部门能够更快和更好地学习。

从本质上讲，我们借鉴了一家初创公司和软件开发界倡导的概念，即所谓"最简可行产品"。企业家兼作家埃里克·莱斯对这个概念的定义是，它提倡创建"一个新产品的早期版本，允许团队最大限度地获得有关客户的验证式学习（这种学习是基于真实数据收集而不是对未来的猜测）。"[16] 换句话说，不需要等到你对每一个可能的问题都有了完美的答案。如果你确信对关键问题已经有了可靠的答案，那么就行动起来，开发你的产品，并把它推向市场，这样你就能从现实世界的反馈中进行学习。这种方法不仅使企业，而且也使科技更快和更成功地发展。

行动之前：我们能做什么？

在更迅速地开始行动之余，深思熟虑并确保迈出正确的前几步也很重要。在这一点上，我们相信我们拥有一系列想法来应对人脸识别技术。我在华盛顿特区的布鲁金斯学会宣布了我们对新立法的主张[17]，并公开发表了我们提案的更多细节[18]。然后，我们开始巡回推广这一主张，在接下来的 6 个月里，我们在美国和世界其他 8 个国家的公共活动和立法听证会上对它进行了推介。

我们认为，立法可以解决三个关键问题，即偏见风险、隐私和对民主自由的保护。我们相信，一个运作良好的市场有助于更快地减少偏见。我们遇到的客户都没有兴趣购买错误率高，并导致歧视的人脸识别服务。但如果客户缺乏信息，市场就无法正常运转。正如"消费者报告"（Consumer Reports）等团体曾经向公众通报汽车安全等问题一样，我们认为学术和其他团体也可以测试并提供有关相互竞争的各种人脸识别服务的准确性的信息。这将进一步使像麻省理工学院的乔伊·布兰威尼这样的研究人员有能力开展研究，从而推动我们不断前进。其中的关键是要求参与市场竞争的公司开放其产品以供测试。这就是我们所提出的主张，即在实际上借助监管来强化市场[19]。

为了帮助减少歧视风险，我们认为新的法律还应该要求，部署了人脸识别的组织首先应培训员工审查结果，然后再做出关键决策，而不是简单地把决策权交给电脑[20]。除此以外，我们担心，如果一个组织在部署人脸识别时并未按照该技术设计时预期的方式，发生偏差的风险可能会加剧。训练有素的人员则有助于解决这个问题。

在某种程度上，一个更棘手的问题是，什么时候应该允许执法部门使用人脸识别技术针对特定个人进行持续的监视。

民主始终取决于人们相互见面和交谈，并在私下和公开场合讨论自己观点的能力。这有赖于人们能够在没有政府持续监控的情况下自由行动。

人脸识别技术的许多政府用途是用于保护公共安全和促进更好的公众服务，并不会引起上述担心[21]。但是，如果将无处不在的摄像头、巨大的计算能力和云端存储结合起来，政府可以使用人脸识别技术来持续监视特定的人。它可以在任何时候做到这一点，甚至可以持续这样做。而以这种方式使用这项技术则可能会导致规模空前的大规模监视。

正如乔治·奥威尔在他的小说《一九八四》中所描述的那样，未来的景象之一是，为了躲避政府无处不在的监视，公民不得不秘密找到一个黑暗的房间并在对方的手臂上敲击密码进行交流，否则摄像机和麦克

第十二章
人工智能与人脸识别：是否应该像保护手机一样保护我们的面部

风将捕捉并记录下他们的面孔、声音，还有他们所说的每个字。奥威尔在将近70年前就勾勒了这一景象，而我们担心现在的技术使这种未来成为可能。

因此我们认为，法律只有在下列情况下才可以允许执法机构使用人脸识别来对特定的人进行持续监视，即执法机构已经获得了法庭命令（如对这种监视的搜查令），或是在紧急情况下，如人类生命面临迫在眉睫的危险。这将为人脸识别服务创建规则，这些规则与美国目前通过手机生成的 GPS 位置跟踪个人的规则类似。正如美国最高法院在 2018 年做出的裁决，如果没有搜查令，警方将不能要求显示手机地点的手机记录，因此无法获得某人的实际行动轨迹[22]。正如我们所说："我们的面孔是否应该得到和手机同等的保护？在我们看来，答案当然是响亮的'是'。"[23]

最后，显而易见的是，人脸识别的监管也应该保护商业环境下的消费者隐私。我们正迅速进入一个时代，在这个时代，每家商店都可以安装摄像头，通过实时人脸识别服务连接到云端。从你走进购物中心的那一刻起，无论你走到哪里，都有可能不仅被拍照，而且被电脑识别。购物中心的老板可以把这些信息分享给每一家商店。有了这些数据，店主可以了解你上次进店的时间以及你看了什么或买了什么，通过与其他商店共享这些数据，他们可以预测你下一步打算买什么。

我们的观点并不是说新的法律应该禁止所有这些技术。相反，我们是致力于帮助商店负责任地使用新技术改善购物体验的公司之一。我们相信许多消费者会欢迎由此带来的客户服务。但我们同样认为，人们有权知道什么时候使用了人脸识别，提出问题，并有真正的选择[24]。

我们建议，新的法律应要求使用人脸识别的组织发布"醒目的通知"，以方便人们知晓这项服务[25]。我们还呼吁制定新的法规，以决定人们在这种情况下可在何时以及以何种方式进行有意义的控制和同意。后一个问题显然需要在未来几年中开展更多的工作，从而确定适当的法律方法，特别是在隐私法律不如欧洲健全的美国。

另一个有帮助的点是考虑新法律的适用范围。在某些方面，我们并不需要鼓励普天之下都通过立法。例如，如果一个重要的州或国家要求公司为公众和学术测试提供人脸识别服务，那么这个决策将会被公布并广泛散播，从而起到引领作用。基于这一信念，我们鼓励美国各州的立法者在 2019 年初在全国各地准备召开会议时都分别考虑新的立法[26]。

但在消费者隐私保护和对民主自由的保护方面，所有司法管辖区都需要新的法律。我们认识到，鉴于世界各国政府的不同观点，这一点可能并不现实。因此，仅仅呼吁政府采取行动是远远不够的。就算美国政府行动起来了，外面还有一个更大的世界。人们永远无法相信世界各国政府都会以符合人权保护的方式使用这项技术。

政府主导的需要并不能免除科技公司自身的道德责任。人脸识别技术的发展和使用应该与普遍秉持的社会价值观相一致。我们公布了与我们的立法建议相呼应的六大准则，并将其应用到我们的人脸识别技术中，我们还创建了实施这些原则的系统和工具[27]。其他科技公司和倡导团体也开始采取类似的做法。

人脸识别问题让我们得以瞥见人工智能的其他伦理道德挑战有可能发生怎样的演变。正如我们所做的那样，我们可以先制定广泛适用的原则，随后在人工智能技术的具体应用和特定场景中对这些原则进行测试。这种方法也适用于具有潜在争议的人工智能应用更可能出现之时。

更多的问题一定会出现。并且与人脸识别一样，在遇到每个问题时，都需要针对该项技术可能应用的方式分别开展大量细致的工作。要解决许多这样的问题，最终将需要新的监管政策与科技公司主动的自我监管相结合。在面对许多这样的问题时，不同国家和文化也会存在不同的观点。我们需要发展一种更强的能力，使各国能够更迅速、更协作地采取行动，在经常性的基础上应对这些问题。这是我们能够确保机器将永远由人控制的必由之路。

第十三章
人工智能与劳动力：马失业的那一天

最后一批消防马车

1922年12月20日，踢踏的马蹄声回响在布鲁克林高地的街道上，205号消防车的精锐役马绷紧已经磨旧的挽具，急待冲进寒冷的冬日清晨。人称"烟熏老乔"的助理消防队长马丁敲响了消防队的警钟，发出信号，消防队的第一驭手大喝一声——"嚯"，驾驭着早已迫不及待的消防马队冲上纽约的街道。

但马丁不是去灭火。这辆消防马车直奔布鲁克林区公所，在那里，它将卸下消防重担，移交给恭候已久的消防汽车。

这辆配备了蒸汽水泵和水喉的消防马车冲出消防站，在街道上飞驰而过，纽约人夹道欢呼并跟随护送着这支队伍。大批市民、地方官员和消防队员——包括消防队深受大众喜爱的斑点狗吉格斯——纷纷涌上街头，向205号消防马车最后一批"忠诚可靠"的消防马致敬[1]。

看到浑身湿透、喘着粗气的马队在市政厅前止步，吉格斯焦急地绕着消防车转圈，催促消防员把消防水龙头接到消防栓上[2]。消防队员没有理会它，而是给马戴上花环。这是消防队最后一次出警，也是纽约市所有消防马的最后一驰。

虽然将这些已经成为传奇的消防马放归山林是现实的选择，但正如《布鲁克林鹰报》的评论所言，进步对纽约这座城市的文化产生了深远的影响。"对于整整三代男孩子来说，消防员是他们的励志榜样，而消防马则为他们带来莫大的乐趣。今天，消防马在纽约市消失了，可能永远不会再回来。"[3]

在服役50多年后，这些消防马失业了。这是一个关于科技不断发展并对工作产生影响的故事。此前被消防马淘汰的是人力。最初，这些消防装备是被青壮年男子组成的志愿队拉着四处救火的，但在1832年，纽约消防局的力量因整个城市的霍乱疫情而耗尽，赶来救援的是马。"凑不够人手……把消防车拖到火灾现场。"需求是发明之母，在需求的驱使下，纽约市消防局花了一笔巨款（864美元）购买了一队马匹来替换生病和垂死的消防员。[4]

直到19世纪60年代，消防队才正式用马力代替人力，但过渡并不是一帆风顺。其中一个障碍是消防员对拖着消防车疾跑的工作感到自豪。1887年，据称是当时仍然健在的最年长的消防员之一亚伯拉罕·珀迪表示，引入马匹在消防部门引起了如此大的争议，以致许多消防员都辞职了[5]。

第十三章
人工智能与劳动力：马失业的那一天

没有什么能阻挡进步的潮流。装备方面的不断进步，包括可以快速装卸的马轭，最终使马解放了志愿者拖运消防水管的双手。到1869年，训练有素的马和人可以在不到一分钟的时间内冲出消防站[6]。然而，到20世纪，马拉消防车遇到了与20世纪的人同样的命运——它们的工作也被取代了。这一次，胜利者是一台由内燃机驱动的机器。

这一切不过是经济大潮的一小朵浪花。近三个世纪的科技变革一次又一次改变了工作的性质，当然也毫无疑问地提高了人们的总体生活水平。不可避免的事实是，总会有赢家和输家。有时，这些赢家或输家是个人和家庭。但更多时候，它们是社区、州，乃至国家。

我们的失业风险有多大？

今天，全世界在审视人工智能时再度流露出那种似曾相识的复杂情绪，既满怀希望，又焦虑不安。当然这是可以理解的。电脑会不会对我们再做一遍机器对马做过的事？我们的失业风险有多大？

我们去过很多地方，无论走到哪里，人们都会问我们这些问题。它们也成为后来我们访问埃尔帕索的头等大事。埃尔帕索是得克萨斯州西部的一个小城，就坐落在美墨边境上。那是一个星期天的下午，我们的航班降落在位于沙漠腹地的埃尔帕索机场跑道上。降落的时候风很大，飞机在横风中颠簸着，着陆时弹跳得很厉害。这座城市位于崎岖的富兰克林山脉的一个缺口处，是格兰德河沿岸两个州和两个国家的交汇点。我们透过飞机舷窗，基本将这片广阔的景色尽收眼底。

着陆时的惊魂未定很快就被我们受到的热烈欢迎打消。埃尔帕索是一个拥有两种语言、两种文化的充满活力的城市，它还是一个独特的国际社区的一部分，这个社区包括美墨边境墨西哥一侧的面积更大的华雷斯市。

我们来到这个地区是为了微软的 TechSpark（科技星火）计划。我们于 2017 年创建了这项计划，并与美国各地的 6 个社区建立了合作伙伴关系[7]。我们的目标是通过新的方式与当地企业、政府和非营利组织领导人展开合作，更好地评估科技对美国大城市以外的其他社区会产生怎样的影响。我们的工作还包括与全美橄榄球联盟的绿湾包装工队（离我长大的地方不远）展开创新科技合作。这项计划使我们有机会在全国范围内了解科技带来的新挑战，以及我们如何以新的方式驾驭科技，以便创造更加光明的未来前景。[8]

在我们驱车沿 10 号州际公路行驶时，埃尔帕索一个新的经济亮点吸引了我们的注意。大型呼叫中心如雨后春笋般在沙漠中拔地而起，这是一个快速发展的行业，充分利用当地优势，雇了数以千计会说英语和西班牙语的本地工人，可以为西半球近 10 亿人口提供服务。但是在我们巡视这一地区的过程中，一个想法始终沉甸甸地压在我的心上，并且这不是一个让人开心的想法。从现在起再过 10 年，甚至用不了 10 年，许多呼叫中心的工作机会很可能消失不见并被人工智能取代。

我们会见了当地的领导人，讨论人工智能可能对当地经济产生的影响。以提出警告来开始我们的讨论似乎十分重要。尽管没有什么预卜未来的水晶球，但不管怎样，对一位科技界的领袖来说，宣称自己是一位伟大的"未来学家"，并对未来 10 年或 20 年的世界景象做出看似自信甚至宏伟的预测，并不是什么难事。而且如果你这样做了，人们毫无疑问肯定会倾听，更妙的是，10 年以后，几乎不会有人记得你说过什么。再说，即使你彻底说错了，也有足够的时间来改弦更张。

第十三章
人工智能与劳动力：马失业的那一天

但是除了警告，我们还获得了一个重要的机会，可以深入了解社会实际，有助于预测未来的走向。我们与埃尔帕索的人会面，探讨人工智能对当地就业的影响，其间就讨论了两个我们可以通过深入了解借以判断未来趋势的地方。

首先，要了解人工智能能做什么，不能做什么，搞清楚它对就业和工作会产生怎样的影响。显而易见，最容易被人工智能取代的工作，都是人工智能可以完成得不错的工作。因此，密切关注人工智能的进步与发展是有道理的。而人工智能现在已经能够听懂人类话语，识别图像，翻译语言，还可以基于模式识别能力得出新的结论。如果某份工作很大一部分任务都能用人工智能完成，而且速度更快，那么这份工作就可能面临被计算机取代的风险。

如果我们一定要预测具体会是哪份工作最先被人工智能淘汰，我们会提名在快餐店的驾车点餐窗口接受顾客订单的那个岗位。现在的情况是，有一名员工负责听我们点什么，然后把我们的订单输入计算机。但是，随着室外麦克风的改进，人工智能可以像人类一样收听和理解客人所说的话，意味着这项任务很快就可以完全由机器来完成。我们今后驾车经过点餐窗口时，很有可能会对着一台电脑而不是一个人来点餐，而这一天比我们的预期来得更快。计算机可能无法百分之百准确地听懂我们的要求，但人类也做不到这一点，这就是为什么还需要提供机会核实和更改我们的订单。

这就是我们对埃尔帕索蓬勃发展的呼叫中心产业既钦佩又担心的原因。大部分与客户的电话沟通，都不外乎了解他们的诉求，解决他们的问题。而计算机现在已经能够处理简单的客服请求了。在打电话寻求客户支持的时候，往往让人觉得最难做到的事情是找到一个大活人来对接。因为接电话的都是计算机，它要求我们输入某个数字作为命令，把我们所说的话变成简单的句子加以理解。随着人工智能的不断完善，还会有更多这样的任务实现自动化。

其他工种也存在消亡的可能。驾驶员的主要工作是通过车窗对外部景象进行肉眼识别，分析这些信息，并做出决定。随着计算机在这些领域的发展，人工智能可以接管汽车或卡车的驾驶功能。在20世纪中叶，某个人坐在高层建筑的电梯里操作电梯运行并因此领一份工资是司空见惯的事情。而在今天，这样的事看起来不仅古怪，而且不合时宜。到21世纪中叶，人们对于有人驾驶的出租车或优步网约车是不是也会产生同样的感觉呢？

类似的现象也已经影响机器的查验工作。我们在微软雷德蒙德总部园区里配备了3500多个灭火器。以前，我们每个月都要派人检查每个灭火器的压力，确保它没有降到可接受的限度以下。如今，这些灭火器都通过小型传感器连入公司的网络。只要压力降到特定水平以下，集中显示的中控台就会立即标记它，以便派人修复它。安全性提高，成本降低。不过，每个月不会有人再受到雇用来检查这3500多个灭火器了。

虽然机器和自动化设备长期以来一直在取代涉及机械性或重复性体力劳动的工作，但计算机思考能力的增强，意味着我们将看到越来越多的脑力和体力劳动者面临失业风险。例如，鉴于人工智能翻译人类语言的能力迅速提高，翻译作为一项人类的工作似乎不可避免地面临越来越高的被淘汰风险。

同样危险的还有律师助理这份工作。多年以来，这一领域一直努力依托科技力量提供服务。15年前，我们几乎为微软的每一位律师都雇了一名律师助理。但是现在，由于能够依托内部网络获得自助式服务的帮助，我们每四名律师才配备一名律师助理。随着各种以人工智能为基础的系统通过机器学习掌握模式识别的能力不断增强，我们有充分的理由预期，原本由律师助理甚至是从事法律研究的初级律师执行的任务，会越来越多地改由科技手段完成。

即使学位再高，技能再复杂，劳动者也不能阻止自己的饭碗被抢走。人工智能将会影响所有收入层次的人。以放射科医生为例，他们现在的年均收入是 40 万美元[9]。他们每天大部分时间都在分析 CT（电子计算机断层扫描）和 MRI（磁共振成像）片子，寻找异常状况。但如果把足够多的图像输入人工智能驱动的机器，也可以训练它识别正常和不正常的X 光片，不管是骨折、出血还是癌症肿瘤[10]。

曙光：人工智能的不能

在一定意义上，人工智能对某些工种显然造成了令人望而生畏的毁灭性打击，但黑暗之中仍有一线希望的曙光。我刚入行的时候也是一名初级律师，所以我能理解为什么许多法学院的毕业生都赞同这样一个观点——职业生涯早期充斥了太多无聊透顶的法律工作。1986 年，我在一家大律所谋得一份差事，我最初的任务之一是阅读和听抄超过 10 万页文件的摘要，我现在还记得当时自己的反应。当然，这项工作如今已经实现自动化。律师工作最刺激的地方往往不是在大量文件或法律案例中寻找答案，而是创造性地提炼出正确的问题并首先问出来。在某些情况下，人工智能将取代世界上的所有俗事和杂务，使我们能够升华自己的思想，专注于更具启发性的任务。

从许多方面来看，人类有着不可小觑的应变能力，能够创造出需要更多时间和注意力的新任务。汽车、计算器、语音邮件、文字处理和图形设计软件的出现，可能在过去几十年中已经消灭和改变许多工作岗位，但现在仍有大量工作要做。正如一些人所指出的那样，工作就是一堆任务。有些任务可以自动化，而其他任务则不能[11]。

在经历了如此多的工业化和自动化浪潮之后，我们的时间现在又都耗费在了哪些事情上呢？微软研究院前主管里克·拉希德数年前曾半开玩笑地说，现在更多的人把更多的时间用来开会。不过，占用我们时间的不仅仅是会议，我们还要花更多的精力以其他数不胜数的方式进行沟通。在办公室，员工平均每天接收和发送122封商务电子邮件[12]。到2018年，这个星球上的人每天创建的商务和消费类电子邮件多达2810亿封[13]，而且这还只是人类交流的一小部分。世界各地的人每天还要发送1450亿条短信和应用程序内消息[14]。

但硬币还有另一面，这一点很重要。有些任务可能是人工智能无法胜任的，其中许多都涉及软技能，例如与其他人的协作，而这些技能仍然是许多大型和小型组织的基础。里克也承认，这都是需要开会的（希望是精心计划的会议）。同样，人工智能也不太擅长表达同理心，而这是护士、辅导员、教师和治疗师等必须具备的能力。在从事这些工作的个体中，每个人都有可能使用人工智能完成某些任务，但让人工智能完全取代他们的工作，似乎不太可能。

"替代"何时发生？

像所有新技术一样，人工智能不仅会淘汰和改变工作岗位，还会创造新的行业和职业。但是预测它将创造什么样的新工作，比分析它对当

第十三章
人工智能与劳动力：马失业的那一天

今劳动力的潜在影响要困难得多。不过，一些涉及人工智能本身的新工作已经开始出现。

在与世界各地的政治领袖探讨人工智能的过程中，我们碰巧发现了其中的一些奥妙。

2017年春，我对微软英国子公司的访问就为我提供了这样一个机会。当时，我们接待首相特蕾莎·梅来微软参观。我和英国微软首席执行官辛迪·罗斯站在一起，屏住呼吸，看着一个年轻的工程师把HoloLens戴到首相头上。首相轻松地完成了一次使用该设备识别复杂机械故障的增强现实演示，让我们长出了一口气（事实证明，熟练掌握HoloLens的应用远比为英国脱欧制定谈判策略容易）。

演示结束后，梅首相摘下套头装置，转向我们的工程师并询问他的具体工作。他骄傲地回答："我是一名前瞻技术顾问。我帮助客户设想如何利用增强现实等新技术并在公司内部使用它。"

"前瞻技术顾问，"首相重复道，"这是我从未听说过的工作。"

未来将会出现许多新的工作，它们的名称对今天的我们来说是陌生的。我们的朋友，或者我们孩子的朋友，会在聚会上侃侃而谈，描述他们作为人脸识别专家、增强现实建筑师和物联网数据分析师所承担的角色。就像过去几代人的情况一样，有时我们也会觉得需要一本更新的字典来理解他们描述的东西。

最终，每个人都希望对这些新工作有一个准确的预测。但不幸的是，正如往事难以追忆，未来也并不可期。没有人能够做到洞悉未来。

这一点在2016年秋我们与德国总理默克尔会面时表现得尤为明显。默克尔在她柏林总理府的办公室里接见了萨提亚和我。这座使用玻璃和抛光钢材建造的大楼于2001年投入使用，附近就是古色古香的德国国会大厦，其历史可以一直追溯到19世纪末，堪称是德意志民族的象征。

在德国战后著名总理康拉德·阿登纳的肖像俯视下，一名口译员加入我们，也在会议桌旁落座。我们很快意识到，她的德语和英语非常好，外交职业素养更是出色。默克尔的英语讲得很好，不像我们只会说几个德语词，不过有些对话的技术性很强，有一位翻译在场自然是好处多多。后来，萨提亚谈到了人工智能及其发展方向，指出人工智能在语言翻译上有很强的能力。当他说到人工智能将很快取代人工翻译时，他停了一下，意识到自己有点口不择言，便转向翻译说道："对不起。"

那位翻译一副见怪不怪的样子。"不必，"她平静地回答道，"20年前，就有一位IBM的人跟我说过同样的话，而现在我还在<u>这里</u>。"

这段对话说明了一个重要的问题。准确预测人工智能会取代什么是一回事，但估计以计算机为基础的替代品何时到来则是另一回事。我在微软工作已有1/4个世纪，这期间工程领导者对计算机发展方向的判断基本都是准确的，令我钦佩不已，但他们对时间的预测则远不是那么靠谱。如果这里面有什么经验教训需要汲取，那就是人们往往过于乐观，预测变革到来的时间往往早于现实发展，就像比尔·盖茨所说的那样："我们总是高估未来两年的变化，低估未来10年的变革。"[15]

这种现象并非现代才有。汽车第一次赢得媒体的广泛关注是在1888年。当时，奔驰汽车发明人卡尔·本茨的妻子伯莎·本茨拿着丈夫的发明成果，向媒体展示了汽车的巨大潜力——她自己开车行驶了60英里，成功抵达母亲的住所[16]。但是如果看一张1905年，也就是17年后拍摄于纽约百老汇的照片，你会看到这条街仍然是马和二轮马车的天下，一辆汽车也没有。对新技术来说，发展成熟到被广泛采用的程度是需要时间的。然而，15年后的1920年在同一个十字路口拍摄的照片显示，街

第十三章
人工智能与劳动力：马失业的那一天

道上挤满了汽车和有轨电车，一匹马都看不见了。

新技术的扩散很少是匀速进行的。起初，媒体炒作超过了实际取得的进步，技术开发者必须有一点耐心和毅力来保持清醒的头脑和健康的心态。然后，技术达到一个转折点，通常需要汇集几项不同的开发成果，而且要有人能把它们整合在一起，使得总体产品体验比以前更具吸引力。史蒂夫·乔布斯于2007年成功发布iPhone就证明了这一点。这款手机面世之时，移动电话和手持个人数字助理，也就是PDA，均已经发展了10年。但iPhone在触摸屏上取得的技术进步，以及乔布斯以简约设计集成一切的愿景，终于引发全球智能手机的爆炸式增长。

人工智能既有相似之处，又有不同。我们有充分的理由相信，在许多人工智能的应用场景上，我们都在接近一个飞跃点，比如让电脑负责在驾车点餐窗口接受订单。但更复杂的任务，那些一旦出错就可能导致伤害或死亡的任务，例如无人驾驶汽车，就需要更长的时间。因此，我们可能不会看到整个经济体或某项科技一次转型成功，而是不同部门发生连续的波浪式变革。这可能是未来二三十年科技和社会变革的一个重要特征。

这就使得考虑这些变革对就业和经济的累积影响变得更加重要。我们应该乐观还是悲观地看待未来？如果历史能够提供任何借鉴，我们应该同时保持两种心态。

以2017年麦肯锡全球研究所关于汽车转型的研究为例。报告估计，"从1910年到1950年，汽车的引入为美国净增690万个新就业岗位"[17]。根据研究，在这40年中，经济从马匹向汽车的转型创造了10倍于它所摧毁的就业机会。这些新的工作岗位全部来自汽车服务以及使用机动车进行运输和送货的新职业[18]。这样听起来，我们有充分的理由表示乐观。

也有相反的观点可供参考。美国商务部人口普查局曾于1933年，也就是大萧条期间发布报告指出，从马匹到汽车的转型是"导致当前经济形势的主要影响因素之一"，影响了整个国家[19]。

转型的另一面

我们如何解释这种截然对立的结论？某种意义上说，它们都是对的。从长远来看，车到山前必有路，事情总有办法解决。40年后，经济已经实现有效转型，汽车与战后经济增长一样，进入全面发展的快车道。但在这一转型期刚刚走完20年的时候，经济确实因此陷入了困境。

站在21世纪的高度回顾历史，很难想象从马到汽车的转型曾经造成过如此负面的影响。但是，美国商务部人口普查局这个一直全凭数据说话的机构，却用它捕捉到的一段重要甚至极具戏剧性的历史记录，为我们分析今天的行业大势，提供了极富参考意义的真知灼见。

1933年，人口普查局一位名叫泽尔默·佩蒂的农业统计学家开始投身数据研究工作。佩蒂最开始在佐治亚州种植水果，后来在那里加入普查局，担任实地调查员。虽然他有一个哲学方向的大学学位，但他却走上了数据统计的道路，最终成为掌握农业"交集"的大师。这个"交集"，也就是今天我们所说的大数据。佩蒂撰写了115份研究报告[20]，最终以农业普查负责人的身份退休[21]。成就他一生事业的关键，就在于美国的普查人员不仅统计全国的人口数量，还把马的数量也计算得清清楚楚。

佩蒂曾经撰写过一份关于消防马的近亲的报告，题目是"农场马"。尽管充斥着大量数字，但这份报告仍然不失为是对大萧条的一次精彩解

第十三章
人工智能与劳动力：马失业的那一天

读，就像 2003 年百老汇音乐剧《魔法坏女巫》对 1939 年经典电影《绿野仙踪》的重构一样。报告分析了许多导致大萧条的事件。

故事开始于引进汽车之前马在美国经济中占据的异乎寻常的核心地位。正如一位历史学家评论的那样："1870 年，美国的每个家庭都直接或间接依赖马匹。"[22] 在全国范围内，每五个人就拥有一匹马[23]。因为一匹马一般每天消耗的卡路里是一个人的 10 倍[24]，所以农民对"为马种粮"看得比"为人种粮"还重要。

佩蒂继续分析普查局的海量数据，记录了采用内燃机之后发生的事情。1920 年至 1930 年，在汽车、卡车和农用机械三者的合力作用下，全国马匹数量急剧减少，从 1920 年普查时记录的 1980 万匹减少到 10 年后的 1350 万匹。[25] 几乎下降了 1/3。随着马的数量减少，对马饲料的需求也随之减少，主要是干草、燕麦和玉米。

结果显而易见，农民肯定会转向种植人，而不是马，所需要的农作物。实际情况也正是如此。佩蒂报告称，农民拿出原来专门用于养马的 1800 万英亩土地，改种棉花、小麦和烟草。[26] 这些农作物大量涌入市场，压低了价格。随着农产品价格的下跌，农民的收入也缩水了。农民从这三种农作物中获得的总收入从 1919 年的 49 亿美元下降到 1929 年的 26 亿美元，到 1932 年甚至仅为 8.57 亿美元[27]。当然，导致 20 世纪 30 年代初农民收入下降还有别的因素，但马数量的减少毫无疑问确实造成了间接但却严酷的影响。

很快，全国的农村家庭发现农场的抵押贷款还不起了，农业银行开始没收人们抵押的财产。要没收的抵押财产越来越多，银行根本处理不过来，很快它们就有了自己的问题，无法偿还它们欠大银行的债务，而那些大银行占据整个国家的金融核心地位。此外，佩蒂还发现，城市的许多工作岗位都依赖农业产业，如包装、制造业和农业机械[28]。农业的恶化逐渐传染了整个国家。到 1933 年，不仅马失业了，还有将近 1300 万人也丢掉了工作，占全国劳动力的 1/4 [29]。

应对冲击：需要政府和公共部门的创新

当我们思索人工智能对就业的影响时，我们应该从近一个世纪前的历史中吸取哪些教训呢？不可避免地，我们必须做好准备，迎接宛如过山车一般的大幅波动。我们完全有理由预期，向人工智能时代的过渡会像向汽车时代的过渡一样，造成巨大的动荡。工作类役马的消亡说明，新技术会产生难以预测但非常重要的间接经济效应。另一个不可避免的结论是，就像 20 世纪一样，新的过渡和转型不仅需要科技部门的创新，而且需要政府和公共部门的创新。例如，大萧条就导致了两项创新：政府付给农民钱，要求他们不要过度生产某些农作物，以及通过存款保险和加强监管来确保银行业的健康无虞。

虽然我们无法预测都有哪些领域需要新的公共创新，但我们应该假设这些需求肯定会出现。在这种背景下，我们最大的担忧或许不是技术创新如此之快，而是政府行动如此之慢。在政治僵局和两极分化的时代，民主政府能应对新的需求和危机吗？不管人们的政治立场偏左还是偏右，这都是我们这个时代最重要的问题之一。

通过这个故事，我们还可以总结出另一层重要意义。文化价值观和更广泛的社会选择也会对科技进化产生影响。对于今天的我们来说，汽车取代马匹似乎是不可避免的，长远来看，这一说法自然有充足的道理。但正如一位作者指出的，许多具体的发展并非不可避免。她指出：

第十三章
人工智能与劳动力：马失业的那一天

"畜力的汰换采取了一种特殊的形式，其根源在于世纪之交做出的关于能源消费的文化选择。"[30] 美国在 20 世纪初发生的进步运动倡导提高城市的效率、卫生和安全，不仅刺激了汽车的快速普及——彼时的汽车俨然是造福社会的代名词，而且也使马车旅行为越来越多的人所拒绝，因为马匹在上述三大领域都造成了很多问题，城市居民对此心知肚明。

现在的情况也是如此，所以将自动化和人工智能的推广使用等科技趋势的发展完全归因于科技和经济的驱动是错误的。个人、公司乃至国家都会根据文化价值观做出选择，这些文化价值观体现在方方面面，从个人的消费偏好到导致新的法律法规的更广泛的政治走势，而且全世界不同地方的文化价值观也会有很大差异。

历史上的这次转型带给我们的最后一个收获，可能是最令人鼓舞的。对于意义深远的科技变革，我们不可能预测它会造成哪些间接的负面影响，同理，我们也无法预知它又将造成哪些间接的积极影响，带给我们多少意外的惊喜，例如，创造今天不存在的新的就业机会。

以汽车在纽约等地的直接和间接影响为例。到 1917 年，比消防马在布鲁克林最后谢幕那一天还要早 5 年，纽约市就已成为全国汽车销售的中心。在百老汇大街销售马车和马具的店铺被销售轮胎和电池的器材商店取代。在美国马匹交易所曾经矗立的地方，奔驰、福特和通用汽车拥有的高大办公楼拔地而起。修车行、停车场、加油站和出租车公司都在竭力招揽新的、技术娴熟的人才来填补它们的职位空缺，支持美国人对汽车日渐加深的迷恋。

上面这些直接影响，似乎还不是那么令人惊讶。更让人觉得不可思议的是，有些新兴产业的兴起，即使是事后来看，乍一看也和汽车完全风马牛不相及。

一个很好的例子就是这个行业的迅速增长带动了消费信贷的发展。到 1924 年，有 75% 的汽车是通过分期付款模式购买的。汽车分期付款很快就占到了全国零售分期付款信贷的一半以上。和现在一样，汽车成为家庭购房之后第二昂贵的财产。人们需要借钱来买车。一位经济历史学家指出："分期付款信贷和汽车互为因果，成就彼此。"[31]

这就引出一个有趣的问题。当纽约人看到第一辆汽车行驶在美国金融之都的大街上时，有多少人能预见到这项发明会在金融行业创造新的就业机会？从内燃机到消费信贷的发展路径是间接的，经过很长时间才逐步铺就，而且在很大程度上还得益于其间出现的其他发明和业务流程，例如亨利·福特的装配流水线使大规模生产成为可能，进而让汽车更加便宜，用途更加广泛。

同样，汽车还改变了广告业。当人们乘坐汽车以每小时 30 英里或更高的速度旅行时，"广告牌必须一眼就能看清楚，否则也就不用看清楚了"。这就催生了企业标志的产生，无论出现在哪里，都能马上被人一眼认出来[32]。当然，早年那些购买汽车的用户有没有想到他们还会为麦迪逊大街的新工作做出贡献呢？这一点值得怀疑。

对于科技，人们已经有了新的认知，既令人鼓舞，又足够清醒。科技将使我们更富有成效，让我们摆脱看似无聊的日常琐事，创造出令人兴奋的、被下一代人视为理所当然的新公司和新工作。未来将是一个有决心（和财力）发展新技能和冒险创建新公司的人获得奖励的时代。但是，就像汽车也会产生消极的经济影响，消防马的文化就此消亡一样，我们在这个过程中无疑会遭受挫折，失去一些重要的东西。但是，那些希望放慢科技发展步伐，或希望彻底避免其负面影响的人可能要失望了，问题的关键不是阻止和逃避，而是高度重视培养个人和社会的适应能力，借此在新的机遇和挑战之间取得平衡。

从很多方面来说，这都不是什么新的解决之道。自从第一次工业革命开始以来，人们一直在适应新技术及其对就业的影响。不过，退后一步，想一想我们需要满足哪些要求，才能让世世代代的人都保持这种适应能力，也还是很有用的。这对我们自己的产品和微软的未来又意味着什么呢？关于这个问题，我们思考的结论是，成功总是需要人们掌握四种技能：学习新的课题和领域，分析和解决新的问题，与他人交流想法和分享信息，以及成为团队的一员进行有效协作。

驾驭人工智能，创造新的科技，帮助人们在所有这些领域更好地工作，这是我们的一大目标。如果我们能够做到这一点，那么我们就将为世人提供一种不断成长进步的能力，不仅能够应对下一波变革的冲击，更能从中获益。从这个角度来看，也许我们不仅需要给乐观主义留一点空间，更要保有一点信心，要相信人类的创造力能够找到新的途径，让明天的科技造福人类，惠及苍生。

第十四章
中国和美国：两极化的科技世界

2015年9月一个凉爽的夜晚，大批政商名流现身西雅图威斯汀酒店，参加一场盛大晚宴。大宴会厅的晚宴结束后，当晚从全美各地赶来的750位嘉宾安静下来，静候那位身着得体的黑色西装，搭配深红色领带的贵宾登上演讲台[1]。大厅里的人全神贯注地倾听着演讲者回忆自己的青葱岁月，缅怀美国历史，引述西方流行文化。他谈到自己的经历，谈到对海明威、马克·吐温以及亨利·戴维·梭罗作品毕生的热爱。他甚至告诉观众，早在学生时代，他就已经读过亚历山大·汉密尔顿的《联邦党人文集》。幸亏有《汉密尔顿》这部一个月前刚刚在百老汇首演的打破传统的音乐剧，让这些文章总算又恢复了一点知名度。

轻松的开场白之后，演讲者提到了他要为自己的人民带来更加美好生活的雄心壮志，他称之为"梦"。不过，这位演讲者不是我们熟悉的美国政治家。他根本就不是美国人。他是中华人民共和国主席习近平。他所说的梦，是"中国梦"[2]。

习近平站在前国务卿亨利·基辛格和现任商务部长佩妮·普利茨克身边,给我们做了一场令人印象深刻的餐后演讲。讲述完他自己朴实无华的故事之后,他直击我们期待已久的要点,"中国政府不会以任何形式参与、鼓励或支持任何人从事窃取商业秘密的行为……中国开放的大门永远不会关上"①。

当天早些时候,习主席的专机降落在佩恩机场。这个机场平时并不对外开放,它位于华盛顿州西雅图北部 22 英里处的埃弗雷特,毗邻世界最大的工厂——波音公司的制造厂。这是习近平出任世界第一人口大国,同时也是全球第二大经济体领导人以来首次访问美国。在对美国的这次访问中,西雅图这个"美国通往亚洲的门户"³是他访问的第一站,接下来他还将访问纽约和华盛顿特区。这次历史性的访问足足酝酿策划了数月之久。

第二天,我和其他微软高管站在红地毯上,在微软贵宾接待中心的入口处恭候中国客人。我们整装肃容,仔细检查了我们每个人在迎候队伍中的位置,然后从玻璃门向外张望,翘首盼望中国国家主席习近平率领代表团到来。公司园区参观的每一处细节都已经过仔细协商和安排。

在正式访问前的两个月里,中国政府先后派出 4 支先遣队,为习近平出访做准备。每次到访的中方策划人员,人数似乎都比上一次翻了一番。我只参加了第一次会议,接下来的三场会议都没有在场。到访问前一周,我正好在最后一次计划会议结束时从办公室走下大厅。当我停下来与每个来访者握手时,我很快就意识到我要欢迎致意的足有 40 多人。

尽管后勤工作很重要,但与需要解决的问题相比,它们仍然是小巫

---

① 资料来源:习近平在华盛顿州联合欢迎宴会上的演讲(全文),参见中国新闻网 http://www.chinanews.com/gn/2015/09-23/7539991.shtml。——编者注

第十四章
中国和美国：两极化的科技世界

见大巫。每个人都知道，科技问题几乎占据了议程的最首要位置。包括微软在内，美国公司关注的一部分焦点，是如何扩大进入中国市场的渠道。2015年春末，我们前往北京与中国高级官员会面，商讨如何达成我们心中所认为的更开放和公平的市场准入，使美国供应商和中国客户共同受益。慢慢地，我们开始看到一扇门开了。长久以来，我们第一次看到了希望。

到8月底，白宫团队已经快要促成两国政府展开谈判，签署一项新的网络安全协议，不过形势仍然不太明朗。随着访问计划的逐步推进，习近平主席从华盛顿特区之外的某个地方开始访问，显然会取得更好的效果，因为这样做可以在他到达白宫之前营造一些积极的势头。华盛顿州显然是一个合乎逻辑的选择。

这次访问9年前，胡锦涛主席对美国的首次国事访问也是以西雅图作为第一站的。比尔·盖茨和梅琳达·盖茨在他们位于华盛顿湖的家里举行了一次精心策划的晚宴，两国政府似乎都对安排的效果感到满意。我们上一次就当过东道主，所以提出可以再这样来一次，并建议代表团访问微软。我们认为，这样安排可以发挥某种激励作用，促成网络安全协议的签署。即便签不成，也能在外交上留下一点回旋的余地。

那天下午，在迎候庞大的专车车队抵达微软的时候，我们严格按照精心安排好的站位恭候贵宾。首先欢迎习主席的是萨提亚，其次是比尔·盖茨和董事会主席约翰·汤普森。随后，习主席将接见我和负责搜索业务的执行副总裁陆奇，后者生长于中国。萨提亚成功地陪同习主席参观并发表了欢迎致辞，而沈向洋则展示了我们的HoloLens技术。

接下来，我们走进一个大房间，迎来了被记者们称为本次国事访问"最值得纪念的时刻"——不仅仅是对微软或西雅图而言，同样也是针对这次横穿整个美国的6天访问[4]。来自中美两国的28家科技公司的领导者会聚一堂，合影留念。站在习主席两侧的有蒂姆·库克、杰夫·贝佐斯、罗睿兰以及马克·扎克伯格，还有几乎每一家美国家喻户晓的科技企业的首席执行官。这张照片拍摄的前一晚，习主席刚刚在晚宴上发表了关于网络安全的政策宣示，这张照片也令这次访问中拍摄的其他任何一张照片黯然失色。除了美国以外，只有一个国家的主席能够召集来这样一批科技业精英。显然，习主席——以及中国——不仅占据了全球经济的中心地位，而且也成为世界科技舞台上的主角。

两极化的科技世界

从某些方面来看，中国作为一个科技超级大国的崛起，表明我们现在生活在一个日益两极化的科技世界。中国和美国是世界上两个最大的信息技术消费国，同时也是世界其他地区两个最大的信息技术供应国。通过对股票市场上市公司的检索，我们不难发现，在全球十大最有价值公司中，有七家是科技企业。其中五家是美国公司，另外两家是中国公司。而从现在起10年之后，在这份榜单排名前列的公司中可能还会有更多的中国企业。

但是中美两国的科技关系不同于任何地方的任何其他关系，无论现在还是以前。虽然这个世界以前曾经目睹过国际性的IT竞争——美国和日本在20世纪70年代的大型机时代争夺领导地位，但这次的形势完全不同。从某种程度上说，原因在于中国市场准入的门槛，像谷歌、脸书在这方面并没有取得成功。

虽然也有其他许多美国公司参与中国市场的开拓，但只有苹果公司

第十四章
中国和美国：两极化的科技世界

的 iPhone 在中国获得了成功，而且这一成功与苹果在世界其他地区的领导地位是相称的。近年来，苹果创造的收入已经是美国第二大科技公司英特尔的三倍多[5]。

说到利润，情况可能更棘手。苹果一家公司在中国赚取的利润可能比其他美国科技企业在华的利润总和还要多。中国对苹果全球赢利能力的贡献实在太大了，这既是一项引人注目的成就，同时也是苹果公司需要面对的挑战。以微软为例，随着时间的推移，随着 Windows 和 Office 等产品在全球范围内的普及，我们发现，只要你有一大块收入或者盈利依赖某个特定渠道，那里的任何一点风吹草动你都不敢掉以轻心。这也解释了为什么苹果的高管去北京的次数那么频繁。

更重要的是，苹果一枝独秀的非凡成功强烈反衬出其他所有企业在这方面的短板。为什么美国科技公司在中国如此难以获得成功，比在世界任何其他国家都难？十多年来，这一直是科技行业的一个主要问题。在华盛顿特区，两党的政治家也在越来越多地思考，他们是否真的希望美国科技公司在中国取得成功，因为这可能还要牵扯技术转让的问题。

中美两国的科技关系已经逐渐成为世界上最复杂的关系，而且很可能是有史以来最复杂的关系。

信息技术消费需求的差异

随着竞争的加剧，国家之间增进相互了解就变得至关重要。但是国际关系的历史往往充斥着很多其他国家的局外人观点，这些观点并非基于对局势真正的洞察，而是添加了太多夸张描述的演义。造成美国公司在中国遇到比在其他地方更大困难的原因有很多，重要的是把这些原因放在一起综合分析。

越来越明显的一点是，中国消费者在信息技术方面的需求和利益，有时与美国、欧洲和其他地方的消费者并不一致。包括微软在内的美国科技公司通常将最初为美国用户设计的产品带到中国市场。这些产品有时能满足中国用户的需求，也能迎合他们的口味。iPhone 和微软的平板电脑 Microsoft Surface 等硬件，以及 Microsoft Office 一类的办公软件就是很好的例子。但在其他时候，中国用户会被完全不同的新方法吸引。

比尔·盖茨是一个有远见的人，他在 20 多年前就认识到，中国不仅将成为一个庞大的客户市场，也将成为一个重要的科技人才国家。1998 年 11 月，微软亚洲研究院正式成立。现在，研究院在北京的办公空间占据了两栋写字楼，就在清华大学和北京大学这两大领先学术机构附近。在最初的 20 年里，研究院的开创性研究不仅集中在计算机科学的基础领域，还广泛涉足许多方面，包括自然语言和自然用户界面、数据密集型计算和搜索技术。[6] 研究人员已经发表了 1500 多篇学术论文，其研究领域对世界各地的计算机科学进步做出了贡献。微软亚洲研究院已经成为中国快速增长的科技人才基础的象征。

研究院偶尔也会超越基础研究，开发和试验专为中国市场设计的新产品。从美国人的角度来看，这些产品有时出乎意料。一个例子是一款基于人工智能的社交聊天机器人，少女"小冰"，其聊天的对象主要是十几岁的青少年和二十岁出头的年轻人[7]。这款聊天机器人似乎填补了中国的社交需求空白，用户一般都愿意花 15 到 20 分钟与小冰聊聊他们的生活、问题、希望和梦想。也许，小冰满足了一个独生子女社会的某种需求。如今，这款社交聊天机器人服务的用户已经超过 6 亿，而且小冰的能力还在增长，添加了许多基于人工智能的应用，例如作诗和作

第十四章
中国和美国：两极化的科技世界

曲。小冰的名气越来越大，现在甚至可以客串电视台的天气预报员，还会定期主持电视和广播节目[8]。

2016年春，我们把小冰带到美国，后来发生的事情让我们更加看清了这个世界在科技问题上的品位和诉求会有多么大的差异。我们把小冰改名为"泰伊"推向美国市场。结果，这个新名字仅仅是小冰在美国首次亮相之后给我们带来的诸多问题的开始。

当时我正在度假，并犯了一个不该犯的错误，在吃晚饭的时候看了一眼手机。来自贝弗利山的某位律师刚刚发给我一封电子邮件，自报家门告诉我："我们谨代表泰勒·斯威夫特，并以其名义致函阁下。"这样的开头立刻显示，这封邮件与我收件箱里的其他邮件有所不同。他接着声称："'泰伊'这个名字，我相信你一定知道，和我们的客户有着密切的联系。"不，我真不知道，但这封邮件还是引起了我的注意。

那位律师继续辩称，使用"泰伊"这个名字，让我们的聊天机器人与这位流行歌手之间建立了一种虚假和误导性的联系，这就违反了联邦和州法律。当然我们的商标律师持有不同的观点，但我们不想挑起与泰勒·斯威夫特的争斗，更不想冒犯她。有太多别的名字可供我们选择，我们很快就商量另外再起一个名字。

然而，几乎就在同时，我们开始操心更大的问题。和小冰一样，"泰伊"也可以接受训练，根据谈话对象的反馈与人互动。一小撮喜欢恶作剧的美国人组织了一场有效的运动，利用推特训练"泰伊"发表种族主义言论。我们不得不在推出"泰伊"一天多后就将其从市场上撤了下来，以解决这个问题。这次教训不仅让我们在跨文化行为规范上更加谨慎，也提醒我们需要加强对人工智能的保护[9]。

"泰伊"只是太平洋两岸不同文化习俗冲突的一个例子。在美国开发的服务达不到预期效果，因为中国用户更喜欢在本国开发和为本国开发，使用不同方法的不同产品。而更值得注意的是，中国服务商在科技领域凯歌高奏，阿里巴巴在电子商务领域战胜了亚马逊，腾讯的微信在即时通信领域战胜了美国的服务商，百度在搜索领域战胜了谷歌。有充足的证据证明，这些企业在很多重要方面都进行了创新，以满足中国人的品位，而它们的美国同行却没有这样做。

从上述事例可以看出，科技业发展的一个特质正越来越多地展现在世界各地，尤其是在中国。聪明人到处都有，而中国公司锐意创新，努力工作，并在很大程度上取得了成功，他们所依托的，正是包括美国在内所有拥护自由企业制度的人长期珍视的对创新的承诺以及强烈的职业道德精神。你不仅可以看到中国公司在创造各种各样的科技工具，而且可以看到整个中国社会的各类机构和实体都在以惊人的速度普及和消化以人工智能为基础的进步成果。中国的科技引擎已然为世人所瞩目，而科技成果在市场应用和普及上的快速发展则为其增添了新的燃料。所有这些因素加在一起，令中国科技产业迸发出美国科技企业在任何其他地方都未曾遭遇过的强大的本土竞争力。

挑战性因素：市场准入与更复杂的方式规范差异

不过，还有其他一些更具挑战性的因素也在阻碍我们成功。首先是中国的市场准入存在一定难度，现在，在美国，这个问题也越来越突出了。

在构建科技市场准入壁垒的竞争中，各国的表现都不一样。但只有摒弃这一策略，以此为代价，才能参与世界贸易体系，尤其是加入世

第十四章
中国和美国：两极化的科技世界

贸易组织。在美国贸易代表持续而坚定的关注下，美国通过多边和双边谈判的组合拳为本国科技行业打开了世界各国的市场。

中国拥有庞大的市场，但很多产品要想在中国上市，就必须经过一定的手续，办理许可证。即使获得许可，美国科技公司也经常发现，只有通过与中国合作伙伴的合资企业供货，大客户才会购买和使用某项技术。

即便在最好的情况下，科技领域的合资企业仍然面临很多困难。信息技术变化迅速，往往涉及大量的复杂工程，同时商业模式也在不断发展，所有这些都需要营销、销售和支持等方面进行不断变革。在一个连大型收购都经常失败的行业，合资企业的做法效果更差。而且这还没有算上跨国家、跨文化、跨语言工作的复杂性。

哪怕服从约定俗成的惯例，通过合资企业进入市场，也会让企业看起来像是一个必须背着装满重物的背包参加比赛的越野跑步运动员。一个人要能赢得这样的比赛，无异于三生有幸，更何况你的对手是优秀的本土公司，因而让这场竞争更加令人望而生畏。简而言之，通过合资企业为中国提供服务的规定是一项实实在在的，而且通常行之有效的市场准入壁垒。

不过，中美之间的科技麻烦远远不止市场准入的问题。鉴于信息技术在广泛交流、自由表达和社会运动中所起的作用，中国政府长期以来一直在以一种与西方不同的方式规范其使用。对于任何一家美国科技公司来说，进入中国市场都需要经过从国家到地方大大小小的政府机关的一系列监管程序。中国关注公共秩序，而西方更强调对人权的承诺，两者之间的差异显而易见，由此带来很多棘手的问题，要花大量的时间来解决，这对双方来说都是一种煎熬。

从某种意义上来说，造成这些差异的根源还要更深，可以一直追溯到双方截然相反的哲学和世界观上。因此，理解所有这些问题以及它们如何相互关联非常重要。

2003年，密歇根大学的理查德·尼斯贝特教授出版了《思维版图》①一书[11]。如他在书中所指出的，这些问题体现了已经延续2000多年的不同而深刻的哲学传统。一般来说，美国人的思想部分源于古希腊发展出的哲学，而中国人的思想则建立在孔子及其追随者的教诲之上。2000多年来，这些思想已经成为世界上最流行、最有影响力，同时也大相径庭的两种思维方式。

几十年来，我在世界各地参加过很多会议，但只有北京，作为一个国家的首都，政府的讨论有时会明确地追溯到2000多年前的历史经验。如果说得具体一点，可以追溯到公元前221年，秦朝统一中国的时代。

亨利·基辛格指出，中国将其千年文明延续至今归功于"中国平民百姓和士大夫信奉的一整套价值观"②[11]。基辛格研究中国花的时间可能比20世纪任何其他美国官员都要多。正如他所观察到的，儒家思想依然影响当今中国人的价值观，而孔子在秦朝建立之前两个多世纪就已去世。他的教诲包括施仁政、好学，追求和谐大同，其基础则是对社会行为进行等级制度的规范，人的首要义务是"恪守本分"[12]。

另外，正如尼斯贝特所述，希腊哲学仍然是西方政治思想的基础。虽然与儒家好学思想一样，它也主张对外界事物抱有强烈的好奇心，但却建立在一种不同的个人意识的基础上：一种人们"自己掌握自己的命运，根据自己的选择来行事"的意识[13]。而根据亚里士多德和苏格拉底

---

① 这本书的中文版已由中信出版社出版。
② 引文引自《论中国》中译版，中信出版社，2012年，胡利平等译。——译者注

第十四章
中国和美国：两极化的科技世界

的进一步阐释，古希腊人对幸福的定义就"包括在追求生活的极致中可以无拘无束地发挥自己的才智"[14]。

从我们的角度来看，这些根本性的差异也使得世界上两个最大经济体的人们了解彼此的文化和历史传统变得更加重要。虽然说回避问题很容易——不管是中国还是美国，但这样做并不会消除差异。

2018 年夏，我们得到了一个机会，在北京对这些差异有了更多的切身体会。当时我们在亚洲出差一周，并且比计划早到了一些，在一个酷热的周日深入探讨了人工智能这项最现代化的科学技术与已经传承数千年的哲学和宗教传统之间的对立和统一。

那天早上，我和微软团队先去了龙泉寺。龙泉寺是一个由多层木石结构的小楼组成的建筑群，寺庙的屋顶连绵成片，蔚为壮观。这座寺庙始建于辽代，地处北京西郊的凤凰山自然公园，园内绿树成荫，空气清新，被当地人称为"城市之肺"。此处清幽宁静，周围山溪环绕，蝉鸣一片。我们沿着蜿蜒的小路，穿过花园，一路上意兴盎然。不过，更让我们开心的，还是主人向我们展示的他正在进行的人工智能项目。

正如贤信法师向我们解释的那样，寺院致力于佛教教义和传统与现代世界的融合。他毕业于北京工业大学。没错，这是一位拥有计算机科学学位的佛教僧侣。他向我们展示了龙泉寺在人工智能的帮助下，正在数字化数千册古代佛教典籍，并介绍说，僧侣们使用机译技术，用 16 种语言与世界各地的人分享他们的成果。在现代科技的帮助下，世界上最古老的一些教义获得了新的发展。

那天下午晚些时候，我们来到北京市中心，会见了一位名叫何怀宏的教授，他是中国著名的哲学家和伦理学家之一。何教授在北京大学工作，出版了一本关于中国社会伦理变革的书[15]。即便是粗粗一阅，这本书也让人感到,"当代中国无思辨之活力"一说至少在某些领域是站不住脚的。

我们讨论了人工智能所引发的伦理道德和哲学问题,以及世界各地如何看待这些问题。令人吃惊的是,何教授甫发高论,便与尼斯贝特在15年前那本著作开篇所表达的某些观点不谋而合。他说:"在西方,人们更多地相信进步是一条直线,科技不断向前发展,对持续改进持乐观态度。"

正如尼斯贝特所指出的,西方国家的人倾向于把注意力集中在某个特定目标上,并且相信如果你能全身心地投入去推进它,就能改变周围的世界。这是企业家进取精神的一部分,正是这样一种精神使硅谷从一个地名化身为推动创新的一种态度。

何教授说:"在中国,我们认为万物的变化都是周期性的。我们相信,如同黄道十二宫一样,生命也是一种轮回,在未来的某个时候,一切都会回到它的原点。"它让中国人在瞻前的同时也要顾后,更加关注整体而不是某个单独的部分。

正如尼斯贝特所解释的那样,太平洋有多大,太平洋两岸的人对同一幅影像的看法差距就有多大。如果拍一张丛林中老虎的照片,美国人更倾向于关注老虎,关注它能干什么,中国人则更可能把注意力集中在丛林上,以及它对老虎生活方方面面的影响。这两种方法都不能说有错,而且将两者相结合恐怕才是最有价值的。不过,两者之间的差异也是显而易见的。

传统的诸多差异,也导致中美两国社会对新技术的看法和监管大为不同。美国人本能地要与政府保持距离,只有这样,一只年轻的"科技老虎"才能成长、改变、变得更强,积极乐观地实现它所能实现的成就。中国人则更快地应对"科技老虎"所居住的"社会丛林",包括织就一张政府监管的大网,来管理"科技老虎"的活动。

这是一个额外的维度,有助于解释中国科技公司与政府之间的复杂关系。需要克服的不仅仅是语言障碍。科技公司与全球人权组织并肩合作,鼓励有关隐私保护和言论自由的国际准则得到遵守。但在某些时候,国际社会对这些准则的支持程度还不如第二次世界大战刚结束时,那时,包括中国在内的世界各国政府均对此普遍支持。有时这里面会牵扯非常复杂的讨论,骨子里感觉就像是某种讨价还价,不仅是围绕政治路径,而且也是关于亚里士多德和孔子两种世界观的选择。

如果只是哲学观点的分歧,那么问题还不算太复杂,关键是过去10年的网络安全问题带来了更多的挑战。可以想见,美国政府自然对这些问题做出了强烈反应,不仅包括对黑客攻击的担心,对中国硬件制造商华为的担心。而当斯诺登披露了一张美方人员篡改思科路由器的照片之后,形势又出现了反转[16]。自那以后,两家公司都在努力恢复自己在对方市场上的声誉,但收效甚微。

审视技术贸易问题

在华盛顿,两党越来越关切中国影响力的上升。尽管特朗普总统向中国极力施压,想迫使对方增加对几乎所有美国产品的购买,但有一类产品得到的支持却更加有所保留,即信息技术。美国决策者相信,这项技术将日益成为经济实力和军事实力的基础,他们对于向中国持续不断转让技术的前景越来越担忧。

当然,这些问题显而易见都很重要,并且正在得到越来越多的关注，但太平洋两岸都存在将复杂问题简单化的风险，两国其实都需要考虑一些重要的细微差别。

首先，从国家安全或军事的角度来看，确实有些信息技术是敏感的，但还有许多技术不是。有些技术可以军民两用，这样的观点很早就有，远非新鲜事物。这种"两用"产品已经存在几十年，而且已经制定一套完善的出口管制制度来管理它们。可是尽管如此，美国政策制定者在审视正在崛起的中国时，仍然越来越倾向于不愿意考虑信息技术与其他对国家安全至关重要的技术之间的一些重要差异。

其次，虽然有些信息技术属于机密，但也有很多不是。与许多军事技术不同，计算机和数据科学的进步通常发生在基础研究层面，最初都是以学术论文的形式发表的，全世界的人都能看到它们。再说软件，软件的一个独特之处在于，它几乎都由以开源形式发布的源代码组成，这意味着任何地方的任何人都可以阅读它，而且可以将它整合到自己的产品中。虽然说要重视对商业机密的保护，而且在有些计算机领域，这项工作也确实很重要，做得很到位，但在某些软件领域，商业机密几乎没有任何实际意义。

再次，有些技术应用明显会引发对人权问题的关切，有些则不会。人脸识别服务以及云存储的公民和消费者数据这两项技术就属于前者。另外，我们的文字处理软件 Microsoft Word 从 20 世纪 80 年代就开始对外销售，用户可以在自己的计算机上运行它，别人不会知道他们在写什么。虽然现在 Word Online 在云中运行，但人们仍然可以选择想要使用哪种版本，怎么用。即使放到人权的背景下考量，同一款软件在不同的情况下也会产生明显不同的影响。

最后，中国本身是美国科技产品供应链的重要组成部分。具体到某

第十四章
中国和美国：两极化的科技世界

一层面，例如计算机硬件的组装制造，大家对这个观点还可以理解，但中国的作用其实远远不止于此。中国迅速膨胀的工程师大军已经加入全球研发流程。绝大多数科技公司都会将中国工程师的研究成果与美国、英国、印度和世界其他许多地方的工程师的成果结合在一起。政策制定者也许可以考虑在太平洋中央拉起一张新的铁幕，将科技的发展分割到相互独立的大陆上，但科技发展的全球化本质使得这一点难以实施。即使建立了这样一道屏障，奉行这种策略的国家是会从中受益，还是会导致本国的科技发展放慢脚步，恐怕一时间也难有定论。

所有这些都意味着，中美两国都面临一个越来越棘手的难题——如何看待技术贸易。这个问题需要从三个长期维度来审视。

第一，从进口的角度来说，现在没有人敢讲中国或者美国的科技公司能够自由进入彼此的市场。与此相反，一个逐渐显现的趋势是，每个国家的IT龙头都会享受一些主场优势。结果就是，中美两国企业在本国国内越来越成功，在世界其他地区的竞争也越来越激烈。

从国际经济的角度来看，有一点值得牢记，对于牵扯其中的公司而言，来自国内市场的保护是"福"也是"祸"。即便是拥有14亿人口的中国，相对于在世界其他地方生活和工作的80%以上的消费者也不占优势。因此，作为一家科技领军企业，在全球取得成功的唯一途径就是在全球受到尊重。中国和美国的科技公司都有必要在寻求向欧洲、拉丁美洲、亚洲乃至世界其他地区发展的同时，赢得境外客户的信任。如果中美两国政府都声称源自对方国家的技术不可信，那么世界其他国家就有可能认为它们的观点都对，并进而转向其他供应商。

从某种意义上说，无论是和平还是战争时期，5G产品等网络组件都是国家基础设施赖以运转的基础，显然极具敏感性。民族国家进行的网络破坏和黑客攻击，既有其可能性，也不乏过往记录。考虑到这一点，对这一领域予以关注是可以理解的。但即使在这一领域，国家政策也必须以客观事实和逻辑分析为基础。在考虑通过刑事诉讼或针对特定公司或个人采取严重法律行动这一类战术来达到目的的时候，政府应该更加谨慎和小心。

不仅仅是5G，在许多其他领域拉上一长串技术服务封禁清单的做法可能也没有必要，而且还会适得其反。即便真需要监管，那也有很多其他方法可用，完全可以通过更加可靠和不针对某一具体国家的方式对大多数科技服务进行监管。如果说有什么不同，让全球两个科技领先大国的大部分技术市场向其他人开放，从而为世界其他国家树立一个学习的榜样，这样做更符合中美两国自身的经济利益。

第二，人们越来越关注贸易平衡的出口方面，特别是在华盛顿特区。这就增加了美国官员寻求阻止越来越多的重要技术产品出口的可能性，不管这些产品是出口到中国，还是出口到越来越多的其他国家。

这里的风险在于，美国官员无法意识到，科技往往需要在全球范围取得成功，才算是真正成功。信息技术的经济性，取决于能否将研发和基础设施成本分摊到尽可能多的用户身上。只有这样，才能推动价格的下降以及形成网络规模效应，进而让新的应用程序晋升为市场领导者。正如领英共同创始人（也是微软董事会成员）里德·霍夫曼所展示的那样，快速地通过"闪电式扩张"占据全球领导地位的能力是技术成功的基础[17]。但如果产品不能离开美国，追求全球领导地位也就无从谈起。

所有这些因素都使得美国可能出台的新一轮出口管制措施比过去更具挑战性，因为既要谨慎行事，又要顾及新的出口方式。在过去，出口管制官员可以照着产品清单行事，有时完全禁止出口那些产品。而现

第十四章
中国和美国：两极化的科技世界

在，对于从人工智能到量子计算的许多新兴技术来说，允许某些技术在附加针对某些用途和用户的使用限制之后出口可能更为合理一些。虽然这会让政府和企业的出口管理变得更加复杂，但这很可能是在促进经济增长的同时保护国家安全的唯一途径。

第三，还有很多更加广泛的维度需要考虑，不仅是为中美两国，也是为整个世界。说到世界人民的科技使用问题，我们发现这两个国家正在把互联网一分为二。再把眼光放远一点，如果没有一个健康的太平洋两岸关系，我们几乎不可能想象 21 世纪结束时的状况会比开始时更好。简单一句话，世界需要中美之间保持稳定的关系，包括在科技问题上。

这需要继续建立一个更加强大的教育和文化基础，以便把中国和美国联系起来。两国的科技问题不仅需要在科学和工程上，而且需要在语言、社会科学，甚至人文科学上达成共识。但是今天，两个国家对对方的了解往往都达不到本来应该达到的程度。

在大多数方面，美国的这种局限性表现得最为严重。举例来说，习主席就读过从汉密尔顿到海明威等美国作家的著作，但有多少美国政治家读过中国的类似著作？中国有着 5000 多年的悠久历史，所以问题不在于典籍不够，而在于美国人兴趣不足。历史反复证明，如果美国想要应对全球挑战，就需要一批了解世界的领导人。

最终，中国和美国需要一种符合两国利益的双边关系。每个国家的领导人都会瞪大眼睛，以一种强硬的方式关注自己国家的利益。这么做当然没错，但是，当世界上两个最大经济体的政府碰在一起时，它们不仅要考虑本国和对方的利益，也要时刻考虑它们之间的关系会对世界其他地区带来怎样的意义和影响。这是它们的责任，世界其他地区——几乎占全球人口的 80%——正越来越依赖于此，决定于此。

第十五章
构建民主化的未来：
时代召唤一场数据开放的变革

数据和人工智能将对地缘政治权力和经济财富的分配产生什么影响？这又是一个围绕中美关系展开，但广泛影响世界其他地区的动态关系结构。同时，这也是我们这个时代的首要问题之一。针对这个问题，2018年秋出现了一种悲观的论调。

我们在华盛顿特区与国会议员会面的时候，一些参议员提到他们读过《AI·未来》（*AI Superpowers*）的赠阅版样书。这是一本新书，作者李开复曾在苹果、微软和谷歌担任过高管。他出生于新北，现在常住北京，是风险投资界的一位标杆人物。李开复的论点发人深省。他断言："人工智能时代的世界秩序将会兼具两大特点，一个是'赢家通吃'的经济模式，另一个是财富空前集中在中美少数几家公司手中。"[1] 他随后指出："留下其他国家捡拾残羹剩饭。"[2]

这个观点的立论基础是什么？主要基于数据的力量。论证逻辑是这样的，获得最多用户的公司也将获得最多的数据，又因为数据是人工智能的火箭燃料，公司的人工智能产品也将因此变得更强。有了更强大的人工智能产品，公司就能吸引更多的用户，进而吸引更多的数据。这一周期会不断循环往复，创造规模收益，最终帮助公司挤垮市场上的其他所有竞争对手。按照李开复的话说："人工智能天然趋向于垄断……一旦一家公司脱颖而出，抢先取得领先地位，这种持续往复的周期就会将领先优势转化为其他公司进入市场时不可逾越的障碍。"[3]

这一概念对信息技术产业来说已属寻常，它被称为"网络效应"。以操作系统应用程序的开发为例，"网络效应"很早就已成为现实。一旦某个操作系统处于领导地位，每个人都愿意为它开发应用程序。虽然新的操作系统可能有更为出色的功能，但很难说服应用程序开发人员考虑它。"网络效应"使我们在20世纪90年代因Windows的出现而大获其利，但也使我们20年后在用Windows手机与iPhone和安卓手机竞争时头破血流，举步维艰。今天，任何想取代脸书的新社交媒体平台，也都会遇到同样的问题。谷歌自己的社交平台Google Plus之所以失败，部分原因就在于此。

根据李开复的叙述，人工智能也将受益于类似的网络效应，而且会像打了兴奋剂一样获得更明显的效果。人工智能将导致几乎所有经济部门的权力渐趋集中。无论哪一个行业，谁的人工智能部署得最有效，谁就能获得最多的客户数据，创建最强的反馈循环。有一种情况的结果甚至还会更糟。数据可能会被一些大型科技公司锁定和处理，而其他所有经济部门只能依赖这些公司提供人工智能服务。结果，随着时间的推移，就会有大量的经济财富从其他行业部门转移到这些人工智能领导企业那里。而且，如果按照李开复的预测，这些公司大多位于中国的东海岸和美国的西海岸，那么这两个地区就将以牺牲其他所有地区为代价，赚取巨额收益。

我们应该如何看待这些预测？像许多事情一样，它们都基于一个核心真理。而且对于这个问题，真理可能还不止一个。

人工智能依赖基于云的计算能力、算法的发展和海量数据。三大要素必不可少，其中最重要的是数据——关于物质世界、经济以及我们日常生活的数据。随着机器学习在过去10年中的迅速发展，很明显，对于人工智能开发者来说，根本不存在什么数据过多的情况。

数据对以人工智能驱动的世界的影响，远远超出对科技部门的影响。想想看，到2030年，新型汽车这样的产品会是什么样子呢？最近的一项研究估计，到那时，电子和计算零部件将占到汽车整整一半成本，远高于2000年的20%[4]。很明显，到2030年，汽车将一直保持互联网的联网状态，以便进行无人或半无人驾驶和导航，以及提供通信、娱乐、维护和安全等服务。所有这些都离不开人工智能和基于云计算的大量数据。

这样的情景提出了一个重要的问题：鉴于汽车未来将越来越像一台车轮上的以人工智能驱动的大型计算机，那么哪些行业和公司将从中获得利润？传统汽车制造商，还是科技公司？

这是一个意味深长的问题。如果这方面的经济价值能被汽车制造商保留，那么我们就有理由对通用汽车、宝马、丰田等汽车公司的长期前景表示更加乐观。当然，这些公司的薪酬和工作岗位以及占有这些岗位的人，也都有了更加光明的前景。在这种背景下，显然这些公司的股东，它们所在的社区乃至国家也必须对这个问题重视起来。毫不夸张地说，美国密歇根州、德国和日本等地的经济未来都依赖这一问题的答案。

如果这么说有点牵强，那请考虑一下亚马逊对图书出版业，以及现在对很多零售行业的影响，或者谷歌和脸书对广告业的影响。人工智能对航空业、制药业和航运业也都会产生同样的影响。这实际上就是李开复描绘的未来。至少我们有一个合理的基础可以得出以下结论：未来财富的转移，将越来越多地流向少数几家持有最大数据池的公司及其所在的地区。

不过，条条大路通罗马，通向未来的道路也不可能只有一条并且不能更改。虽然未来可能会以上面的方式展开，但我们可以设计和追求另一条道路。我们需要授权赋能，使人们能够更加广泛地使用所有必要的工具，让数据发挥最大的效能。我们还需要开发数据共享方式，为公司、社区和大大小小的国家创造有效机会，共同享受数据带来的收益。简而言之，我们需要民主化地使用人工智能及其依赖的数据。

那么，在一个由海量数据决定的世界里，我们如何为更小的参与者创造更大的机会呢？

有一个人可能有答案，他就是马修·特内尔。

特内尔是弗雷德·哈钦森癌症研究中心的首席数据官。该中心是西雅图领先的癌症研究中心，以当地一位英雄的名字命名。弗雷德·哈钦森为底特律老虎队当了10个赛季的投球手，并曾管理过三支大联盟棒球队。1961年，他率领辛辛那提红人队打进世界大赛——美国职棒大联盟的总冠军赛。

令人痛惜的是，弗雷德辉煌的棒球生涯连同生命都在1964年戛然而止。那年他因癌症去世，享年45岁[5]。他的哥哥比尔·哈钦森是一名

第十五章
构建民主化的未来：时代召唤一场数据开放的变革

外科医生，也曾参与弗雷德的治疗。弟弟死后，比尔创建了这个人们俗称"弗雷德·哈奇"的研究中心，致力于攻克癌症治疗的难关。

2016年，特内尔来到西雅图，就职于哈奇中心。研究中心共有2700名员工，在位于联盟湖南岸的13幢建筑中工作，与西雅图标志性的太空针遥遥相望。

哈奇中心的使命雄心勃勃，那就是消灭癌症及其致死病例，使之不再成为人类痛苦的根源[6]。它会集了一大批科学家（其中包括三位诺贝尔奖得主）、医生和其他研究人员，共同进行前沿研究和治疗。同城的华盛顿大学拥有全球知名的医学和计算机科学中心，也与哈奇中心展开密切合作。经过多年奋斗，哈奇中心在白血病和其他血液癌症的创新治疗、骨髓移植，以及现在新型免疫疗法等方面，都取得了骄人的成绩。

哈奇中心几乎已经成为地球上每一个领域的每一家机构和公司的写照：它的未来取决于数据。正如哈奇中心的主任加里·吉里兰德所总结的那样，数据"将改变癌症的预防、诊断和治疗"[7]。他指出，研究人员正在将数据转化为一台"神奇的新式显微镜"，能够显示"我们的免疫系统如何对癌症等疾病做出反应"[8]。因此，生物医学的未来不再取决于生物学本身，而是与计算机科学和数据科学的融合。

虽然特内尔从未见过李开复，但上面的认知使他走上了另一条道路，实际上挑战了李开复的论点，即未来只属于那些世界上最大数据供应源的控制者。如果真是那样，那么面对癌症这种地球上最具挑战性的疾病之一，即使是一个世界级的科学家团队，也很难在偏居北美一隅某个中型城市的情况下，敢于立志要最先找到癌症的治愈方法。原因很简单——虽然哈奇中心有权获取重要的健康记录数据集，帮助其进行基于人工智能的癌症研究，但它拥有的数据集肯定不是全世界最大的。像大多数组织和公司一样，如果哈奇研究中心想要继续引领未来，它必须在不实际拥有所需全部数据的情况下进行竞争。

好消息是，确实有一条通往成功的明确道路。它建立在两个特性之上，这两个特性将数据与其他最重要的资源区分开来。

首先，与石油或天然气等传统自然资源不同，数据是人类自己创造的。萨提亚曾在微软高管团队的周五例会上说过，数据可能是"世界上可再生性最强的资源"。还有什么其他有价值的资源是我们在一次又一次的不经意间创造出来的？人类不仅在创造数据，而且创造速度还在快速提高。与那些供应有限甚至短缺的资源不同，数据——如果一定要找句话来形容——是包裹着整个世界而且还在不断扩大的汪洋。

这并不意味着规模无关紧要，或者更大体量的玩家没有优势。它们当然重要。中国有更多的人，因此创造数据的能力也比任何其他国家都强。但是，与拥有世界已探明石油储量一半以上的中东不同，[9] 任何国家都很难在数据上垄断世界市场。世界各地的人都在创造数据，而且在 21 世纪的百年进程中，似乎有理由期望世界各地的国家都能生成与它们各自人口规模和经济活动相加之和大体相当的数据。

中美两国固然可能是早期人工智能的领导者。不过，虽然中国体量庞大，但却只占世界人口的 18%[10]，美国更是仅占世界人口的 4.3%[11]。从经济规模看，美国和中国更具优势。美国占世界 GDP（国内生产总值）的 23%，而中国占 16%[12]。但由于这两个国家走向竞争的可能性远远大于联手合作，所以真正的问题是，一个国家能否以不到全球供给量 1/4 的规模主导全世界的数据。

这个问题难有定论。不过基于数据的第二个特性，规模较小的国家甚至有更大的机会，而且事实证明，数据的第二个特性更为关键。正如

第十五章
构建民主化的未来：时代召唤一场数据开放的变革

经济学家所说，数据是"非竞争性的"。一家工厂需要一桶石油提供动力，那么这桶石油任何其他工厂就都用不了。与之不同的是，数据是可以反复使用的，同样一组数据可以让许多组织从中收获见解和知识，而数据的效用并不会受到影响。关键是确保数据可以在许多参与者之间共享和使用。

或许毫不奇怪，学术研究界就是以这种方式使用数据的，而且在这方面一直处于领先地位。鉴于学术研究的性质和作用，大学已经开始建立数据存储库，共享数据以实现多种用途。微软研究部也在采用这种数据共享的方法，提供一组免费的数据集开放使用，以推进自然语言处理、计算机视觉以及自然和社会科学等领域的研究。

正是这种共享数据的能力激发了马修·特内尔的灵感。他认识到，加速癌症治疗竞赛的最佳方法是让多个研究机构以新的方式共享它们的数据。

虽然这在理论上听起来很简单，但执行起来却很复杂。首先，即使是在一个单一的组织中，数据也常常被存储在一个个的数据孤岛上，必须打通彼此之间的联系通道，而如果数据孤岛位于不同的机构中，这一挑战会变得更加难以应对。此外，数据可能并不是以机器可读的形式存储的。即便机器可以读取，不同的数据集的格式化、卷标和结构化的方式也有可能不同，从而使共享和共用变得更加困难。如果数据来自个人，还需要解决有关隐私的法律问题。最后，即使数据不涉及个人信息，也需要解决其他大问题，例如组织间的治理流程，以及随着数据的增长和改进而出现的数据所有权问题。

这些挑战不仅仅是技术性的，也是组织性、法律性、社会性，甚至是文化性的。特内尔认识到，部分原因在于大多数研究机构在进行主要技术工作时所使用的是自己开发的工具。正如他所说："这种方式不仅将数据孤立于一个组织之内，还常常导致重复收集数据，丢失患者病例和结果，以及对其他地方潜在的补充数据缺乏了解。这些问题一起阻碍了新的发现，放慢了健康数据的研究步伐，并提高了成本。"[13]

特内尔指出，在所有这些障碍的共同影响下，研究组织和科技公司很难展开相互合作。他发现，阻力甚至使数据集的聚合规模根本不足以支撑机器学习。实际上，无法克服这些障碍，确实为李开复设想的人工智能主宰一切的未来提供了最佳注脚。

特内尔和哈奇研究中心的其他人发现了这个需要解决的数据问题，并开始着手解决它。2018 年 8 月，作为哈奇研究中心董事会成员，萨提亚邀请了一群微软资深员工共进晚餐，了解哈奇研究中心的工作进展。特内尔谈到了他的数据共享愿景，即让多家癌症研究机构能够以新的方式共享数据。他的愿景是将几个组织聚集在一起，与一家科技公司合作，共同收集数据。

听着他侃侃而谈，我的热情越来越高。从许多方面来看，这项挑战都和我们所了解的，甚至亲身经历过的许多其他挑战别无二致。特内尔对他的计划的描述，让我想起了软件开发的演变。在微软历史的早期，开发人员将源代码作为商业机密加以保护，大多数科技公司和其他组织都是自己开发代码的，但是开源已经彻底改变了软件的创制和使用。越来越多的软件开发人员在各种开源模型下发布他们的代码，这些模型允许其他人对其进行合并、使用和完善改进，从而使开发人员之间形成广泛协作，有助于加速软件创新。

在这些趋势显露之初，微软迟迟没有接受这一变化。不仅如此，我们还积极抵制它，甚至动用我们的专利权对抗那些销售使用开源代码产品的公司。我曾是微软发动专利战的核心参与者。但随着时间的推移，尤其是在萨提亚于 2014 年成为公司首席执行官之后，我们开始认识到这是一个错误。2016 年，我们收购了扎莫林公司（Xamarin）——一家支持开源社区的初创企业。它的首席执行官纳特·弗里德曼加入了微软，为我们的管理层带来了一个重要的外部视角。

到 2018 年初，微软在其产品中使用了 140 多万个开源组件，反哺了许多开源项目的发展。我们甚至开放了许多我们自己的基础技术的源代码。我们在开源方面取得重大进步的一个标志是，在 Github 这个世界各地软件开发者（尤其是开源社区）的大本营，微软已经成为最多产的开源贡献者[14]。5 月，我们决定斥资 75 亿美元收购 Github。

我们决定由纳特来领导这项业务，在我们完成交易的过程中，我们得出结论，我们应该与关键的开源组织联手，采取与 10 年前截然相反的做法。我们将使用我们的专利保护那些创建了 Linux 和其他关键开源组件的开源开发者。当我和萨提亚、比尔·盖茨以及其他董事会成员讨论这个问题时，我指出，现在已经到了"痛下决心"的时候。我们一直站在历史的错误一边，而我们所有人的一致结论是，现在应该改弦更张，全力以赴地开放源代码。

特内尔对数据共享的描述令我想起了这些经验教训。眼下的这些挑战虽然复杂，但其实与开源社区曾经应对的许多挑战相类似。在微软内部，我们也在越来越多地使用开源软件，而这又让我们进一步思考创建开源环境所涉及的技术、组织和法律挑战。最近，我们刚刚赋予技术部门的一项主要工作，就是解决在共享数据使用方面的隐私和法律挑战。

与未来可能出现的困难相比，特内尔所描述的数据共享前景更加令人激动。如果我们发起一场开放数据革命，就像当年软件行业开放源代码一样，那将会对数据行业产生怎样的影响？如果这种方法令拥有最大专属数据集的内向型机构的工作相形见绌，又会造成怎样的后果呢？

这场讨论使我想起几年前参加的一次会议，在那次会议上，大家出人意料地集中讨论了共享数据对现实世界的影响。

2016年12月初，在总统大选结束一个月后，微软在华盛顿特区的办公室举行了一次会议，研究科技对总统竞选的影响。民主、共和两党以及多个竞选活动都使用了我们的产品，当然还有其他公司的许多技术。两党人士已经同意分别与我们会面，讨论他们对科技的具体使用以及使用心得。

我们首先会见了希拉里竞选团队的几位顾问。在2016年整个竞选季，他们都被认为是美国政治数据的核心动力源。他们建立了一个庞大的分析部门，挟民主党全国委员会（DNC）提名获胜和奥巴马2012年连任成功之威，试图再下一城。

希拉里阵营邀请了顶尖的技术专家，制订了被认为是世界上最先进的竞选技术解决方案，以求充分利用和完善也许是这个国家最好的独立政治数据集。技术和竞选顾问们告诉我们，希拉里聪明友善的竞选经理罗比·穆克的大部分决策都是基于分析部门的深度分析。据报道，随着东海岸选举日的结束，整个竞选团队都相信他们赢得了大选，而且这在很大程度上要感谢他们的数据分析能力。大约在晚餐时间，分析团队离开电脑，全体竞选工作人员心怀感激之情，起立鼓掌向他们致敬。

一个月后，面对竞选失败的苦果，最初的掌声已经烟消云散，取而代之的是分析团队的日渐沉默。由于对密歇根州和威斯康星州这两个摇摆州共和党支持度上升的情况存在误判（密歇根州的失误到大选前一周才得以纠正，而威斯康星州的误判甚至直到点票当晚才发现），竞选团

第十五章
构建民主化的未来：时代召唤一场数据开放的变革

队受到了公开批评。但人们普遍对竞选团队的数据能力仍然充满信心。在我们即将结束调查的时候，我问了民主党团队一个简单的问题："你们认为你们输在你们的数据操作呢，还是与此无关？"

他们的反应既迅速又充满自信："毫无疑问，我们有更好的数据操作。尽管如此，我们还是输了。"

民主党的团队离开后，我们稍事休息，然后继续坐下来与共和党的团队交换意见。

根据他们所描述的竞选过程，唐纳德·特朗普的当选经历了出人意料的波折和反转，对他的竞选数据策略也产生了决定性的影响。2012年，奥巴马连任后不久，雷恩斯·普里巴斯也成功连任共和党全国委员会（RNC）主席。针对2012年大选失利，他和他的新幕僚长迈克·希尔兹对包括技术策略在内的 RNC 操盘工作进行了一次自上而下的审查。与快节奏的科技世界中经常发生的情况一样，他们也迎来了一次超越竞争对手的跨越式发展机会。

普里巴斯和希尔兹使用三家共和党技术咨询公司的数据模型，将它们在 RNC 内部投入使用。虽然他们很难借力于亲民主党的硅谷科技人才，但他们从密歇根大学请来了一位新的首席技术官，又从弗吉尼亚交通部请来了一位年轻的技术专家，搭建政治世界的新算法。两位 RNC 领导人相信并证明了顶尖的数据科学人才无处不在。

那天上午对共和党的科技策士们最为重要的一刻，是普里巴斯和他的团队接下来做成的事。他们成功地建立了一个数据共享模型，不仅说服了全国各地的共和党候选人，而且说服了各种超级政治行动委员会（super PAC）和其他保守组织将它们的信息贡献给一个庞大的、基础数据联合文件。希尔兹认为，从尽可能多的来源收集尽可能多的数据非常重要，因为 RNC 也不知道谁将成为最终的总统候选人，更无从得知候选人认为什么样的问题或选民最重要，只能等到总统候选人确定了再说。因此，RNC 团队致力于与尽可能多的组织建立联系，并把尽可能多元的数据联合在一起。结果，共和党的团队创造了比民主党全国委员会和希拉里阵营拥有的任何数据都要丰富得多的全面数据集。

当唐纳德·特朗普在 2016 年春季获得共和党提名时，他的操盘缺乏希拉里阵营那么深厚的技术基础。为了弥补这一不足，特朗普的女婿贾里德·库什纳与竞选团队的数字总监布拉德·帕斯卡尔合作制定了一项数字战略，决定以 RNC 现有资源和架构为基础，不再另起炉灶。根据 RNC 的数据集，他们圈定了一个 1400 万共和党人的大群组，这些人全都说自己不喜欢唐纳德·特朗普。为了将这群怀疑论者转化为支持者，特朗普团队在帕斯卡尔的家乡圣安东尼奥创建了阿拉莫项目，整合资金筹集、信息传递和目标定位，特别是在脸书上，他们反复向这些选民传达信息，内容涉及数据显示可能对他们很重要的话题，如阿片类药物泛滥以及奥巴马任内通过的《平价医疗法案》。

共和党团队描述了选举临近时他们的数据操盘所揭示的情况。在大选前 10 天，他们估计在几个重点争夺的州比希拉里一方落后两个百分点。但他们同时也发现有 7% 的人口还没有决定是否投票。而且竞选团队拿到了 70 万人的电子邮件地址，他们相信这 70 万人如果出来投票，很可能会在这些州把票投给特朗普。他们全力以赴说服这群人出来。

我们问共和党团队从他们的经历中吸取了哪些技术方面的经验教训。他们提到两点。首先，不要从零开始建立数据操盘能力，不要做得像希拉里团队那样深入。相反，应该使用某个主要的商业技术平台，专注于在平台上构建自己的操盘能力。其次，打造一个更广泛的联合生态系统，将尽可能多的合作伙伴聚集在一起贡献和共享数据，就像 RNC 所做的那样。通过这种方式将资源集中在可以在商业平台上运行的差异化功能上，如帕斯卡尔开发的那些功能。而且永远不要假设你的算法和你想象的一样好。你要不断地测试和完善它们。

会议结束时，我问了一个类似于我向民主党提出的问题："你们获胜是因为你们的数据操盘做得最好，还是与此无关，也就是说希拉里阵营有更好的操作？"

他们的反应和当天早些时候民主党人的回答一样迅速："毫无疑问，我们的数据操盘做得更好。我们比希拉里阵营更早地发现密歇根州开始倒向特朗普。我们还发现了希拉里团队从未发现的一些东西。我们在大选日前的那个周末就发现威斯康星州倒向特朗普了。"

两个政治团队离开后，我转向微软团队，要求举手表决。看看大家认为是希拉里团队的数据操盘更好，还是 RNC/ 特朗普团队的更好。投票结果完全一边倒。在座的每个人都认为，雷恩斯·普里巴斯和特朗普阵营所采用的方法更胜一筹。

希拉里阵营依赖其技术实力和先发优势。特朗普阵营则完全相反，其工作完全从需要出发，依赖的是更接近马修·特内尔所描述的共享数据方法。

对于到底是哪些因素决定了 2016 年总统大选的结果，尤其是在密歇根州、威斯康星州和宾夕法尼亚州等选票接近的"争夺州"，仍有很大的探讨余地。但我们那天得出的结论是，雷恩斯·普里巴斯和 RNC 的数据模型很可能帮助改变了美国历史的进程。

如果一种更加开放的数据处理方法可以取得这么大成就，那么它还能做些什么呢？我们不妨想象一下。

这种技术协作的关键，在于人的价值观和协作过程，而不仅仅是对技术的关注。组织需要决定是否共享数据，如果共享，则以何种方式共享，要把一些原则设定为基础和底线。

首先是要有保护隐私的具体安排。考虑到隐私问题的重要性日渐提高，良好的隐私保护已经成为确保组织能够共享关于人的数据以及人们能够放心共享关于自己的数据的前提条件。一项关键的挑战是开发和选择在保护隐私的同时共享数据的技术。这可能包括新的所谓"差分隐私"（differential privacy）技术，以新的方式保护隐私，以及提供对聚合数据或去标识数据的访问，或者实现对数据集的纯查询访问。此外，新技术可能还涉及机器学习的使用，可以训练机器对加密数据进行处理。我们很可能会看到新的模式出现，使人们能够决定是否愿意为了这个目的集体共享数据。

第二个关键需求将涉及安全。显然，如果数据是由不止一个组织联合集成和访问的，那么近年来的网络安全挑战就又增加了一个需要解决的问题。虽然其中一部分需要持续的安全强化，但我们也需要操作安全的完善，确保多个组织可以共同管理安全性。

我们还需要进行切实可行的安排来解决有关数据所有权的基本问题。我们需要确保群体和组织能够共享数据，同时不放弃对其共享数据的所有权和持续控制权。正如土地所有者有时订立地役权或其他安排，在不丧失所有权的情况下允许他人使用其财产一样，我们也需要创建新的方法来管理数据访问。这些新办法必须能够让群体通过协作的方式选择他们共享数据乃至数据使用的条件。

在解决所有这些问题的过程中，"开放数据运动"可以借鉴软件源代码的开放历程。起初，许可证授权问题阻碍了源代码的开放。但随着

第十五章
构建民主化的未来：时代召唤一场数据开放的变革

时间的推移，标准的开源许可证应运而生。我们可以期待在数据方面做出类似的努力。

政府政策也有助于推动开放数据运动的发展。首先可以开放更多的政府数据供公众使用，从而减少小型组织在数据方面的不足。一个很好的例子是美国国会在 2014 年决定通过《数字问责和透明度法案》，以标准化的方式公开更多的预算信息。在此基础上，奥巴马政府于 2016 年呼吁开放数据以发展人工智能。特朗普政府再进一步，提出了一项联邦综合数据战略，鼓励政府机构"将数据作为战略资产加以利用"[15]。英国和欧盟也在进行类似的努力。但今天，只有 20% 的政府数据集是开放的，还有很多很多的事情要做[16]。

开放数据也对隐私保护法的发展提出了新的要求。现行法律大多是在人工智能开发提速之前制定的，因此与开放数据之间的关系比较紧张，需要认真对待。例如，欧洲的隐私保护法侧重于所谓的目的限制，即限制信息的使用，只能用于在收集数据时就已明确规定的目的。但很多时候，会出现新的数据分享机会，而且将推进社会目标的实现，例如治愈癌症。幸运的是，这项法律允许在公平且符合原始目的的情况下重新调整数据的用途。现在，关于如何解释这条规定，肯定会有一些关键性的问题冒出来。

还有一些重要的知识产权问题，特别是在版权领域。长期以来，人们已经接受这样一种认知，即任何人都可以使用受版权保护的作品，从中获取知识，比如阅读一本书。但现在有人质疑，这一规则是否适用于机器进行的学习。如果我们想鼓励更广泛地使用数据，那么机器也能使用它们将是至关重要的。

在为数据所有者制定了切实可行的安排并解决了政府政策问题之

后，还有一项重要需求需要满足。这就是技术平台和工具的发展。只有技术平台和工具发展了，数据共享才能更容易，成本才能更低。

这是特内尔在哈奇研究中心遇到的需求之一。他注意到癌症研究界和科技公司所从事的工作之间的区别。技术部门开发的是新的尖端工具，用于各种数据集的管理、集成和分析。但特内尔意识到，"那些生产数据的人和那些制造新工具的人之间的鸿沟，其实是一个被错失了的巨大机会，利用每天生成的海量科学、教育和临床试验数据，获得有影响的、改变人生的，甚至有可能拯救生命的发现"[17]。

要实现这一点，数据用户需要一个强大的，针对开放数据的使用进行了优化的技术平台。有了这个平台，市场才能开始运作。由于不同的科技公司会采用不同的商业模式，它们有不同的方案可供选择。有些企业可能会选择在自己的平台上收集和整合数据，并向客户提供访问权，作为某种技术或咨询服务。从许多方面来看，这就是IBM沃森①的运作模式，也是脸书和谷歌的网络广告模式。

有意思的是，就在8月的那个晚上马休·特内尔对我们侃侃而谈的同时，由微软、思爱普和奥多比组成的一个联合团队已经开始了一项各有侧重但相辅相成的工作。这三家公司宣布并在一个月后启动了开放数据计划，旨在提供一个技术平台和工具，帮助各类组织联合数据，同时继续拥有和保持对它们共享数据的控制。计划将提供多种技术工具，组织可以使用这些工具来识别和评估它们已经拥有的有用数据，并将其放入适合共享的机器可读和结构化格式中。

也许和其他任何工作一样，开放数据革命也需要实验来确保不会做

---

① 沃森是IBM制造的、基于人工智能的计算机问答系统。——译者注

第十五章
构建民主化的未来：时代召唤一场数据开放的变革

错事。晚餐结束前，我拉来一把椅子在特内尔旁边坐下，问我们可以一起做些什么。我特别感兴趣的是，现在终于有机会推进我们微软业已与北美这个角落的其他癌症研究机构展开的合作，包括与不列颠哥伦比亚省温哥华市的几家领先组织的合作。

到 12 月，这项工作就取得了成果，我们宣布微软将出资 400 万美元支持哈奇研究中心的项目。这项工作被正式命名为卡斯卡迪亚数据发现计划，旨在帮助哈奇研究中心、华盛顿大学以及温哥华的两个机构——不列颠哥伦比亚大学和不列颠哥伦比亚省癌症研究所以保护隐私的方式识别与促进数据共享。这项计划开了一个好头。此后，数据共享渐渐普及开来，例如，加州数据协作组织将城市、自来水公司和土地规划机构的数据联合起来，通过分析研究解决方案，解决水资源短缺问题[18]。

所有这些努力，令我们对开放数据的未来感到更加乐观，至少如果我们抓住时机。虽然有些技术现在会让一些公司和国家获得相对于其他公司与国家更大的收益，但情况并非总是如此。例如，从来没有哪个国家纠结于谁将成为世界电力领导者这类一两句话根本讲不清楚的问题。任何国家都可以使用这项发明，问题是谁更有远见，能够尽可能广泛地应用它。

在社会上，我们应该致力于使数据像电力一样容易被有效利用。这不是一项轻松的任务。但是，如果采用了恰当的数据分享方式，如果获得了政府的恰当支持，全世界完全有可能建立一种模式，确保数据不会成为少数大公司和国家的禁脔。相反，它可以发挥世界需要它发挥的作用——成为世界各地新一代经济增长的重要引擎。

第十六章
结论：管理已经超乎人类的科技

科技的潜力和希望，无限宽广

安妮·泰勒的少年时光是在肯塔基盲人学校度过的，那时她就已经将自己的热情投入某项事业。现在，安妮白天帮助我们的产品更加无障碍地便于残疾人使用。她说她热爱这份工作，但当安妮谈到她如何打发自己的空闲时间时，她整个人都会兴奋起来。"我是个黑客。"她说。

2016年，安妮成为第二名被招募的黑客，参加了一个需要使用人工智能、计算机视觉和智能手机摄像头的项目。她的任务之一是在微软的园区里四处闲逛，把手机绑在她的额头上，测试这款应用程序。发明家的生活有时不适合追求时尚的人士。但说到时尚，在微软任何事情都有可能。

这个团队的工作致力于一项新的突破，一款由人工智能驱动的应用程序，帮助盲人通过智能手机"看到"世界。安妮本人就是盲人，但有了 Seeing AI 这个人工智能应用，她现在可以独立阅读家人的手写便条了。就像她说的："这事儿对你们这帮家伙来说很简单，因为长久以来你们一直都能这么干。但是过去，当有人给我写一些个人的或私密的东西时，我只能请别人读给我听。现在我不用麻烦别人了。它的意义真的非同寻常！"[1]

识别文本的重要意义不仅仅是阅读现代的信件。在新泽西，人工智能改变了玛琳娜·罗斯托教授的研究工作。她是普林斯顿大学格尼扎实验室的近东研究教授，负责对来自开罗的本·埃兹拉犹太教堂的大约 40 万份文件进行解读和辨识。这批文件被称为"开罗格尼扎文书"，是有记录以来最大的犹太人手稿宝库。

研究这些文件是一项艰巨的挑战。许多文件已成碎片，散落在世界各地的图书馆和博物馆里。仅仅是这些材料的体积和收藏地点就使得它们在物理上几乎不可能拼接在一起。但是，借助人工智能，罗斯托的团队能够对数字化残片进行梳理，把相隔数千英里异地收藏的片段拼在一起，让中世纪犹太人和穆斯林相处共存的画面，逐渐完整地展现在世人面前。[2]

如果一项人工智能算法能够帮助罗斯托再现遥远的过去，它又能做些什么来保护当今世界的"活历史"呢？

在非洲，偷猎是一个始终难以根除的问题。它让濒危物种面临灭绝的威胁，甚至包括世界上最具代表性、知名度最高的一些动物。微软的"地球人工智能"团队正在与卡内基·梅隆大学的研究人员合作，帮助乌干达野生动物管理局的公园管理员抢在偷猎者前面制止偷猎。这款应用软件名叫"野生动物安全保护助手"（PAWS），使用一种算法对国家公

第十六章
结论：管理已经超乎人类的科技

园以往 14 年的巡逻数据进行筛查过滤，运用计算博弈论学习和预测偷猎行为，使当局能够主动识别偷猎热点，调整他们的巡逻行动。[3]

这些事例告诉我们，科技的力量可以帮助盲人以新的方式看见世界，帮助历史学家发现过去，帮助科学家为一个生病的星球寻找新的出路。科技的潜力和希望，无限宽广。

人工智能不同于过去的单一发明，如汽车、电话甚至个人电脑。它的表现更像是电，因为它也为工具和设备提供动力，这些工具和设备几乎运行在社会和我们生活的方方面面。就像电一样，人工智能也会在后台运行，在很多方面，我们甚至会忘记它就在那里，直到停电的那一天。

萨提亚将这种新的现实称为"技术强度"（tech intensity），他用这个术语来描述科技对我们周围世界的渗透[4]。这是一个新的时代，为公司、组织甚至整个国家提供了机遇，不仅通过科技的应用，而且通过建立自己的科技能力来刺激增长。这就要求组织必须用新的技能和能力武装员工，使其能够发挥科技的力量。

新的挑战：工具和武器的两面性

这是一个充满希望的时代，但也面临新的挑战。数字技术实际上已经具备了工具和武器两面性。它们让我们想起 1932 年爱因斯坦的话，他提醒人们机器时代会创造诸多收益，但同时呼吁人类要确保其组织能力与科技进步同步[5]。在我们不断努力为人类带来更多科技的同时，我们也需要为科技注入更多的人性。

如前文所述，当今的科技对经济的影响极不平衡，令有些人尽享巨大的进步与财富,而将有些人甩在后面,夺去他们的工作,并止步于那些没有宽带接入能力的社区。它正在改变战争与和平的面貌,在网络空间创造新的战区,通过敌对国家支持的攻击和散布虚假信息,对民主构成新的威胁。同时,它也加剧了国内社会的两极分化,侵蚀了隐私,并为极权政体创造了一种新的能力,使其能够对公民进行前所未有的监视。随着人工智能的不断发展,所有这些趋势也将加速发展。

我们看到这些动态关系正在影响我们这个时代的许多政治问题。人们对移民、贸易和针对富人和公司的税率争论不休,但我们很少看到政治家考虑,也很少看到科技部门承认科技在制造这些挑战中所起的作用。就好像我们都被由此产生的症状吸引,以致我们缺乏时间和精力关注一些重要的潜在原因。尤其是随着科技的影响继续加速,它有可能让人们对事物的理解更加短视和浅薄。

积极应对:更广泛的协作

虽然指望科技变革放慢脚步是不现实的,但要求我们自己付出更多的心血来管理这一变革并不过分。与以前的技术时代和发明(如铁路、电话、汽车和电视)相比,几十年来,数字技术在几乎没有监管甚至自我监管的情况下取得了进步。现在应该认识到,这种放手的态度需要让位于一种更加积极主动的方法,以一种更加自信的方式应对不断变化的挑战。

更加积极主动的做法并不意味着一切都应该留给政府和监管部门。这就像要求政府什么都不做一样,既短视又不成功。相反,这需要从每家公司的具体情况开始,在整个科技行业开展更加广泛的协作。

第十六章
结论：管理已经超乎人类的科技

20年前，当微软处于困境时，我们意识到我们需要改变。我从我们的战斗中总结了三条教训，这三条教训我们一直还在学习和应用。在我们思考科技在当今世界发挥的作用时，这些教训似乎也适用于整个科技行业，就像当年适用于我们公司一样。

第一，我们要勇于接受政府、行业、客户和整个社会对我们寄予的更高期望。不管法律是否要求，我们都必须肩负起更多的责任。我们已经不再是什么突然发迹的行业新贵。我们需要努力树立榜样，而不是狡辩说我们可以为所欲为。

第二，我们需要广开言路，倾听别人的意见，多下功夫来帮助解决需要解决的技术问题。为此，我们首先要与更多的人建立建设性的工作关系。但这只是开始，我们必须更好地理解别人对我们的看法和担忧。我们需要付出更多的努力，把问题消灭在萌芽状态，不能等到它们恶化到失控。这就要求我们更加频繁地与各国政府，甚至我们的竞争对手坐下来寻找共同点。我们认识到，我们肯定会面临一些棘手的问题，我们需要鼓足勇气，敢于妥协。

曾经很多次，一些工程师争辩说我们应该继续战斗。有时，我几乎觉得他们在质疑我的勇气。虽然有时候我们需要坚持自己的立场，但更多时候，我认为，妥协比继续战斗更需要勇气。它还需要坚持。寻求共同立场的过程往往十分曲折，我们可能首先在谈判中陷入僵局和失败，然后才能各退一步，并达成协议。我们需要培养一种能力，使我们可以优雅地面对失败，即使在事情破裂的时候也要赞美对方，这样我们才能在正确的时机到来之时有能力再次出发，最终克服困难。情况几乎总是这样。

第三，我们需要制定一个更具原则性的工作方法。我们需要保持一种创业文化，同时将其与我们可以在内部和外部讨论的原则结合起来。我们已经开始发展能力制定这样的原则，首先是针对反垄断问题，然后是针对互操作性和人权问题。如本书第二章所写，根据萨提亚在2015年针对监视问题提出的建议，我们制定了一系列准则来指导我们对这一问题进行决策。由此产生的云承诺将继续成为我们在其他领域的效仿对象。这种方法有许多优点，包括它有助于，同时也迫使我们思考我们所承担的责任以及面对这些责任的最佳方法。

在许多方面，这些方法要求整个科技行业实行文化变革。出于种种原因，科技公司传统上会首先专注于开发令人兴奋的产品或服务，然后尽快吸引尽可能多的用户。除此之外，它们通常很少有时间或精力关注其他方面。正如领英联合创始人里德·霍夫曼所创造的新词"闪电式扩张"所准确捕捉到的那样，如果想在全球范围内开发市场领先的技术，那么速度优先于效率的"闪电式的快速路径"不啻为最佳途径[6]。即使公司已经取得全球市场领导地位，也需要迅速采取行动。可想而知，如果沉重的需求可能拖累创新，硅谷将会出现怎样巨大的担忧。

这些担忧固然重要，但鉴于目前科技在世界上所扮演的角色，如果一家科技公司的发展速度超过其思考的速度，或者它根本不考虑其服务或产品的更普遍的影响，则同样十分危险。本书的论点之一是，公司尽其所能履行社会责任是取得成功的必由之路。萨提亚明确指出，当这些问题出现时，我们需要快速行动，但应在我们的技术上安装保险杠。拥有能力预见问题并确定原则性方法来解决这些问题，才更有可能在加速时确保"不会翻车"。这至少有助于避免公众争议和潜在的声誉损害，并因此迫使管理层不得不花费大量时间来应对，而无法将精力集中在产品开发和用户增长上。

第十六章
结论：管理已经超乎人类的科技

就算出发点再好，这也不是一个容易做出的选择。最自然的选择肯定是不断推广产品并将其卖给任何愿意购买的人。一旦讨论自我克制，几乎总是会有内部的反对意见（我这么说完全是经验之谈）。因此，对公司自身行为进行规范的承诺需要最高领导层具备领导力。公司的领导者需要广开思路，他们需要鼓励员工不能局限于给每一个潜在解决方案挑毛病，而应为每一个潜在问题找到解决方案。

要做到这一点，要求科技公司在传统的产品开发、营销和销售之外的领域发展更大的能力。随着科技与世界问题不断碰撞，财务、法律和人力资源方面强有力领导者的作用无可替代。在过去，这些职务在科技行业的重要性更多被认为存在于筹集资金、出售公司或上市方面。但在今天，他们要面对的问题更为广泛。

这些领域十分重要的一个原因是，确定指导产品路径的总体原则并不容易。它需要深思熟虑，并且清楚洞悉公众期望、现实世界场景以及实际开发需求，所有这些都依赖与工程和销售团队的密切互动。在微软，我们的总法律顾问戴夫·斯托尔科普夫的一周工作内容经常包括花时间与项目团队的人员合作，以便提前规划，避开迫在眉睫的问题和争议。

另一个挑战是，新的原则被采纳并不意味着工作的完成。我们自己的内部审计团队就曾建议艾米·胡德和我，面对本书第十一章所讨论的人工智能的道德问题，我们不仅必须在辨别具体问题的基础上制定新的原则，还要制定具体政策、治理结构和问责框架，并对员工进行培训，从而使这个道德承诺有效。这将是为全球数亿客户提供服务的大型和成熟的科技公司所面临的最大考验之一。新的原则需要在全球范围内推广实施，正如我们在第八章中所讲，在全球范围实施GDPR所需的工程工作。此类工作需要各领域的广泛支持，因而这些领域对于运营今天的全球公司不可或缺[7]。

归根结底，这需要科技行业见多识广、心胸开阔的领导层既能够在各自公司将这些原则转化为更积极主动的措施，又能够在整个科技行业开展更多的合作。与其他许多行业相比，今天的科技行业往往四分五裂，甚至在行业协会和自愿行动方面也分歧多多。鉴于科技多元化的特性和竞争的商业模式，这种局面实属意料之中。其实，即使歧见一直存在，科技行业也有空间在很多方面开展合作。

在一些需要优先处理的问题上，如加强网络安全和打击虚假信息等，尤其需要这样的合作。近期在此方面已经出现一些重要的举措，如本书第四章所述之对WannaCry病毒的反应，以及第七章所述之西门子公司的《信任宪章》和更广泛的《网络安全技术协定》。从某种意义上讲，这些举措还仅是浅尝辄止地触及了我们能做些什么，以及公众和政府越来越期待什么。

这样的合作还需要文化的变革。如今，面对网络安全等问题，即便领先的科技公司也常常草率地得出不需要与同行公司密切合作的结论。或者，如果它们不能占据领导地位，它们就不参与行业合作行动。又或者，它们决定不参与行业合作行动，是因为其中包括其他一些目前在政治上处于风口浪尖的科技公司，而它们害怕因与面临公众批评的公司为伍而受到牵连。虽然这些担忧在某种程度上都是可以理解的，但科技领袖必须抵制这些担忧，这一点非常重要。因为这些观点共同作用，使得科技行业难以担负人们期望其承担的责任。

尽管单个公司以及整个科技行业都面临巨大的机遇，可以共同努力做出更多贡献，但这绝不意味着政府在做得更多方面不再有责任。科技界不乏宅心仁厚和深思熟虑之士，但工业革命开始以来的三个世纪里，

第十六章
结论：管理已经超乎人类的科技

还没有任何一个主要行业能够成功地完全独立地规范自己的一切，而认为现在将会出现第一个成功的案例无疑是幼稚的。

即使存在这种可能，我们也应该质疑这是不是前进的最佳途径。普遍存在的各种科技问题几乎影响经济、社会和个人生活的方方面面。在全世界各个民主国家，我们最珍视的一个价值观是由公众选举出立法者，然后让他们制定管理所有人的法律，以决定国家的发展之路。科技行业的领袖可以由股东选出的董事会选出，但他们并不是由公众选出的。民主国家不应该把自己的未来交到不是由公众选举出来的领袖手中。

所有这些，都要求政府采取更加积极和自信的方式来监管数字技术，这一点已经越来越重要。如同本书所述其他内容一样，这也是说起来容易做起来难。不过有一些重要的经验值得借鉴。

首先，政府必须在监管领域进行创新，就像科技行业不断进行创新一样。政府不必等每一个问题完全暴露，可以更快行动，并采取渐进的方式，先实施有限的初步监管措施，然后从中不断学习和总结经验教训。换言之，即可以采用"最简可行产品"的概念，并考虑我们在本书第十二章所提倡的针对人工智能和人脸识别技术的那类方法。我们充分认识到，对于一个新行业或软件产品而言，初步监管措施肯定不会是一劳永逸的，但我们认为，对政府而言，尽快采取一系列较为有限的措施显然是明智之举。

那么，这种方法确实可以在特定科技监管领域发挥作用吗？如果是这样，它可能成为我们这个时代一个新的监管工具。如果政府能够实施有限的法规，从经验中学习，然后在企业为产品添加新功能时，利用学到的经验增添新的监管规定，就可以更快地施行有关法律。需要说清楚一点，在这个过程中，官员们仍然必须博采众议、深思熟虑，并有信心至少针对一些重要问题拥有正确的答案。不过,通过将科技行业通行的一些文化规范纳入科技监管,政府就有更多的选择来赶上科技变革的步伐。

如果各国政府更多地观察不断变化的科技趋势,并寻找机会来更广泛地刺激市场解决方案,它们就可以产生更积极和富有实效的影响。如本书第九章所述,我们针对农村地区宽带问题的解决方法就是基于这一概念。我们不是执着于投入大笔公共资金用于铺设昂贵的光纤电缆,这些光纤电缆需要铺上几十年才能到达农村家庭,而是由政府出资刺激新兴无线技术,从而加速市场力量,使其达到一个可商用的临界点,然后自行向前发展,这种方法显然更为明智。

目前,各国政府比以往任何时候都更有机会通过其行动刺激科技市场的力量。政府通常是一个国家中最大的科技产品和服务的采购方之一,它的采购决策会对整个市场趋势产生巨大的影响。更重要的是,政府拥有庞大而有价值的数据仓库。通过以适当和明确的方式使这些数据为公众所用,政府可以对使用这些数据的科技市场产生决定性影响。举个例子,如本书第十章所述,它可以刺激掌握更多信息的公共部门和民间共同努力,让那些希望从事新兴工作的个人有机会掌握这些工作所需的新技能。或者,如本书第十五章所讨论的,它也提供了一个强大的工具,使政府可用来推动开放数据模型更快地得到采用。

更积极的监管方法要求政府官员对科技趋势有更深入的了解,而这反过来也需要创造科技的人和必须对科技加以监管的人进行更多的对话。在这一点上,我们也面临极大的挑战。从历史上看,从来没有哪个国家的商业或科技中心像硅谷那样远离首都华盛顿特区。而且,甚至这么遥远的地理距离都比不上美国政治资本和科技资本之间的疏远关系。华盛顿大学历史学家玛格丽特·奥马拉曾指出:"他们远离政治和金融权

第十六章
结论：管理已经超乎人类的科技

力中心，偏安于北加利福尼亚州一个慵懒怡人的角落，创建了一个创业者的加拉帕戈斯①孤岛，那里有新型的公司、独特的公司文化，以及对诸多奇人趣事的容忍。"8

华盛顿特区与硅谷之间几乎 2500 英里的遥远距离掩盖了这两个地方的一个共同之处。从像西雅图这样的地方（西雅图对奇人趣事也有自己的宽容和欣赏），去这两地中的任何一地，亲自感受它们各自散发出的兴奋和活力，你就能够理解，为什么一旦身处这两地中的任何一个，你都很容易地感觉到它是世界的中心。不过，我们比以往任何时候都更需要在这个地理鸿沟之上建立一座更牢固的桥梁。

我们面临的一个挑战是，长期以来，科技界许多人一直断言，政府对科技的了解不够，无法对其进行适当监管，尽管科技公司一直从政府的各种资助和支持中受益[9]，而媒体又争先恐后地抢着强化这种观点。例如，如果立法者向某位科技业高管提出了错误的问题，或者甚至是以错误的方式提出了正确的问题，媒体就会抓住立法者的错误大肆报道。以我的经验来看，与 15 年前相比，政府官员在近年来已经取得了长足的进步。但那年的某个早晨，我曾和一位美国参议员讨论数字广告，发现他竟然不知道能够在互联网上阅读《华盛顿邮报》。

在科技行业工作了超过 25 年后，我充分认识到科技产品的复杂性。但现代的商业飞机、汽车、摩天大楼、药品，甚至食品，无一不是如

---

① "加拉帕戈斯"是太平洋上的一个火山岛群，距南美大陆约 1000 公里。由于远离大陆，岛上动物的进化过程与世界上的其他地区脱节，形成独有的生物景观。如今，一些产业的发展状况也用这个群岛的名字来命名，被称作"加拉帕戈斯"现象，主要是指某些产业或者产品只在特定市场占有较大市场份额，形成的一种孤立市场的情景。——译者注

此。你肯定没有听到过任何人严肃地建议，联邦航空管理局应该允许飞机不受管制，因为它们太复杂，政府的人无法理解[10]。乘坐飞机旅行的公众不会容忍这种情况的出现。那么，为什么信息技术就存在根本性的不同呢？特别是，考虑到许多飞机部件都已经基于信息技术。

事实证明，政府机构早就善于发展了解其监管产品的实际能力。这并不意味着整个过程一帆风顺，或意味着每个人的工作都做得同样出色。这也不意味着所有的监管方法都是好的，甚至符合常理。但是，科技行业需要克服一种错觉，认为只有它才能理解信息技术及其复杂性。相反，科技行业需要更开放地分享有关科技的玄妙信息，以便公众和政府能够更好地理解它们。

在许多方面，政府面临的第二个挑战更为明显。信息技术以及创造信息技术的公司已经日益走向全球。互联网在设计之初就是要成为一个全球性的网络，它的许多优势来自其互联互通性。它的影响力和地理覆盖超越了历史上任何其他技术，并且也已超过了任何一个单一政府。这使它与以前的发明（如电话、电视和电力）有所不同，因为后者依赖的网络或电网通常都与国界或州界相对应。

要充分理解这个挑战有一个方法，那就是以史为鉴，看看另一种科技对监管造成的冲击，或许这是与数字技术最为相近的情况。进入19世纪以来，铁路在重新定义美国方面发挥了比其他发明更大的作用。铁路线超越了州政府的界线，最初，州政府承担了对经济进行监管的最高权力。在内战后的几十年里，美国的铁路公司在许多方面都变得比许多州政府更为强大。

19世纪80年代，这种情况发展到了顶峰，除了战争时期之外，美国并没有在联邦一级监管经济的传统。在华府内部，对铁路实施监管的

第十六章
结论：管理已经超乎人类的科技

提议屡遭挫败。于是，各州政府纷纷通过法律来管理铁路运价，而这影响了在它们州界之外的铁路运输。1886年，最高法院推翻了这些法规，并裁定只有联邦政府拥有这一权力[11]。一夜之间，公众面临一个严峻的现实：各州"不能，而联邦政府则不会，对铁路进行监管"[12]。这一新的政治动态打破了僵局，国会在第二年成立了美国州际商业委员会来监管铁路[13]。现代联邦政府由此诞生。

当代信息技术在全球的影响范围与19世纪80年代的铁路有一定相似之处，当时铁路持续发展，超出了传统的管辖范围。不过如今，还没有一个与美国州际商务委员会相对应的全球机构。出于可以理解的原因，并没有人有欲望创造这样一个机构。

政府如何监管一项比自身规模更大的技术？这或许是未来科技监管方面所面临的最大难题。不过，问题一旦被提出，部分答案也就逐渐清晰：各国政府需要共同努力。

前方有许多障碍需要克服。在我们现在生活的时代，地缘政治的巨大阻力正导致许多国家的政府"内卷化"。当每天的头条新闻都是关于各国退出贸易同盟或者退出长期条约时，很难期待各国政府能够在团结协作方面有所飞跃。更何况，目前许多政府发现，它们甚至很难做出只涉及自身的重要决定。

在这些压力下，科技不可阻挡的发展进程正在迫使更多国际合作的出现。正如本书所述，政府监视领域改革、隐私保护和网络安全保障等问题都要求政府以新的方式与彼此打交道。正是基于此，微软许多计划的重点都落在对推动全球发展提供支持。自2016年初起，重要的举措包括针对WannaCry病毒协调式的响应、行业内的《网络安全技术协定》、涉及多个利益相关方的巴黎倡议和基督城倡议、美国–欧盟隐私护盾、《CLOUD 法案》对国际协议的授权，以及对于一份《数字日内瓦公约》的长期愿景。同样在此期间，大西洋彼岸的隐私保护力度不断加强，有关人工智能和道德的新一轮全球对话开始出现。如果在民族主义日益高涨的时代，仍然能够取得这样的进步，那么一旦国际形势的钟摆转动方向，取得更大的进展便指日可待。

我们需要继续不断建立"志愿联盟"。六国政府和两家公司站了出来，共同针对 WannaCry 病毒做出公开表态。34 家公司携起手来，共同发起了《技术协定》。51 个政府团结一致，成为首批支持"巴黎倡议"的利益相关方。上面每一个例子中，都有重要，甚至是关键角色的缺席。但取得进步的核心不是执着于谁缺席了，而是应该关注谁还能被说服加入。只有这样才能保持前进的势头，并确保联盟的队伍在未来不断扩大。

我们还需要认识到，在有些问题上可能达到全球共识，而在另一些问题则可能不会。当今的许多科技问题涉及隐私权、言论自由和人权等缺乏全球性支持的问题。一个志愿联盟最有可能令世界上的民主国家走到一起。这并不是一个小团体。目前，世界上大约有 75 个民主国家，共拥有近 40 亿人口[14]。这意味着生活在民主社会的人比历史上任何时候都多。不过近年来，全球的民主国家变得不像以往那么健康。也许它们比任何一个社会群体都更需要建立新的联盟来管理科技及其影响，以便确保其长期健康发展。

面对这种局面，在美国政府恢复其长期以来在外交上的作用，支持并领导此类多边国际协议之前，保持不断推进的势头尤为重要。毋庸置疑，当美国与其他国家分道扬镳的时候，全球民主力量将被严重削弱。

继续取得进展还要求各国政府认识到，除了对科技实施监管之外，它们还需要自我约束。网络安全和虚假信息等问题将塑造未来的战争形

第十六章
结论：管理已经超乎人类的科技

式，并关乎民主进程的安全。纵观整个历史，还从未有一个行业能够成功地完全独立实施自我监管，同样，一个国家仅依靠私营部门或者依靠对私营部门实施监管就能够保护自己，也没有先例可循。各国政府需要共同行动，这种共同行动也包括制定新的国际规范和准则，限制国家行为，并在某个国家违反这些规则时追究其责任。

这不可避免地将导致新一轮辩论，即国际规则到底有什么用处。你已经可以听到人们对一种可能性表示了担心，即一些国家愿意遵守这些规则，但另一些国家将不会遵守这些规则。自19世纪末以来，世界各国一直在实施军备控制禁令和限制，一个多世纪以来，围绕同类问题的争论一直在持续。严酷的现实是，总会有一些国家违反这些协议。不过，如果存在国际规范或准则，那么其他国家则更容易做出有效反应。

数字技术的新挑战还要求突破传统的机构范围进行更积极的合作。如本书第十章和第十三章所述，一些成功的项目显示了这一点。这些项目汇聚了政府、非营利组织和公司的力量，共同解决工作岗位问题，并满足人们发展新技能的需要，借此帮助管理科技的广泛社会影响。这种多方合作也有助于解决其他社会挑战，如西雅图近期就通过类似的合作项目为居民提供负担得起的住房。

这种新型合作的机遇和需要并不仅限于社会问题。对于基本人权的保护比以往任何时候都更加有赖于政府、非政府组织和公司的通力合作。随着越来越多的数据流向云端，以及越来越多的政府推动在其境内建设数据中心，这一点将日益凸显。21世纪问题的解决方案将涵盖多边和多个利益相关方。

要实现多利益相关方合作，关键是要认识到每个群体各自需要扮演的角色。政府官员居于独特的领导地位，尤其在民主社会中，因为他们是民选的社会问题决策者。只有他们才有权力和责任规划公共教育的进程，以及制定和实施我们所有人赖以生存的法律。公司和非营利组织可以带来公民精神，与政府互补和合作，并补充公共部门经常需要的额外资源、专业知识或数据。公司和非政府组织可以通过试验和加快行动来测试新的想法，特别是跨国行动。我们都需要欣赏和尊重彼此的角色。

许多问题还需要妥协。对于那些成功的商业领袖来说，妥协并不总是一个容易的选择。这些领袖帮助建立了世界上最有价值的一些公司，他们通常靠自己的方式并克服重重困难才取得成功，而未来的监管将限制他们的自由。

这或许可以解释为什么一些科技界领袖在公开场合辩称，在私下里更是断言，创新面临的最大风险是政府过度反应，过度监管科技。这种风险确实显而易见，但我们目前还远远没有跌入过度监管的深渊。政治家和官员已经开始呼吁监管，但到目前为止，人们更多还只是纸上谈兵。与其对过度监管的危险忧心忡忡，还不如认真思考明智的监管应采取何种形式，这样才能更好地服务于科技行业。

最后还有一点，也是最重要的一点，那就是，这些问题的影响远远超越了任何个人、单个公司、单个行业，甚至科技本身。它们关乎民主自由和人权的基本价值。科技行业之所以能够诞生和发展，是因为其得益于这些自由。因而，我们对未来负有责任，应该帮助确保这些价值观在我们和我们的产品淡出已久后依然会继续存在，甚至更加繁荣昌盛。

这个大背景能够帮助我们拨云见日。我们面临的最大风险不是源自人们为解决这些问题做得过多，而是源自人们做得不够。这种风险也不是源自政府行动太快，而是源自它们没能及时行动。

技术创新的脚步不会放缓，管理创新的工作也需要与时俱进。

致谢

我俩以前从未写过书,所以在整个过程中,我们都仰仗许多人的慷慨相助。我们从中受益多多,其中一点应该不足为奇,那就是读书和写书确实有着天壤之别。如果说读一本好书就像经历一次探险,那么写一本好书无异于开启《伊利亚特》之旅。

我们的旅程始于纽约市格拉梅西公园内一家餐厅的卡座,我们在那里和威廉·莫里斯奋进公司(WME)的蒂娜·贝内特初次见面。得知她愿意与我们这两个出版界新人合作,担任我们的文学经纪人,我们既惊且喜。她也的确实打实地和我们并肩作战。她不仅帮助我们规划了这场著书之旅,还和我们一起经历了整个旅程。蒂娜帮助我们将自己的所知所想变成了书中的文字,在每个步骤都给予我们悉心指导,并在我们不断打磨每个章节、每一页,甚至每一句话的过程中,给予我们宝贵的建议。同样,与蒂娜 WME 同事劳拉·邦纳和特蕾西·费舍尔的密切合作也令我们受益良多,她们指导我们顺利完成了本书的国际出版过程。

蒂娜帮我们迈出的最大一步就是敲开企鹅出版社的大门。我们在斯科特·莫耶斯的办公室甫一坐定，就知道他是我们这本书理想的编辑。我们屏气凝神地等待出版社的出价，并在看到报价的时候长出一口气，显然，斯科特对这个项目同样热情满满。从那天起，斯科特不吝提供他温和但明确的反馈，我们也对他的话言听计从。他和助理编辑米亚·康斯尔以不输于科技行业惯见的高效率，对各种材料给予了迅速的反馈，考虑到我们繁忙的日程，这一点极其重要。写作和编辑工作完成后，由科琳·博伊尔、马修·博伊德、莎拉·哈特森和凯特琳·奥肖内西组成的企鹅精锐营销团队把本书顺利推向了市场。整个合作伙伴关系从头到尾都令人愉悦。

我们还要特别感谢微软几位伙伴的大力支持，没有他们，这个项目根本不可能完成。首先要感谢的就是萨提亚·纳德拉。他也是一位作家，因而清楚地认识到本书提供了一个机会，既可以更深入地思考，也可以更广泛地探讨科技给世界带来的问题。在我们写作的过程中，他阅读了书稿内容并提出了修改意见。另一个要感谢的人是弗兰克·肖，他以公共传播专家敏锐的目光和良好的判断力，为书稿提供了诸多宝贵的建议。此外，还要感谢艾米·胡德，她一如既往地与我们分享了她的睿智思考和实践经验，并从办公室走廊的另一端向我们提供了道义支持和一些欢乐的笑声。

随着项目的推进，我们也从下面几位那里获益匪浅，他们慷慨地投入了宝贵的时间，让本书的深度和广度都大为加强。第一位是凯伦·休斯，她无私地与我们分享了各种公共传播专业知识，并将其应用于本书的草稿。我们在华盛顿特区与她共进的那次晚餐不仅仅是一次翔实的编辑评论，更是有关沟通的一次深入研讨。这再次证明，我们在需要应对沟通方面的重大挑战时求助于她是明智的决定。

在书稿接近完成时，大卫和凯瑟琳·布拉德利以及他们的儿子卡特也给予了我们巨大的帮助，他们慷慨地花时间阅读了书稿，并以当面反馈和书面笔记的形式，详细分享了意见和建议。他们从两代人的角度所给予的深思熟虑的反馈，令本书在多个方面得到提升。

当我们接近成稿时，大卫·普雷斯曼阅读了整部书稿，指出了其中一些不足之处，并提出中肯的建议。他从一位经验丰富的外交官的视角，就人权和国际关系方面的挑战提出了自己的看法，这些挑战已经越来越多地成为定义当今科技行业的重要因素。

我们还希望感谢下列人士，他们在整个写作和编辑过程中，在研究和事实核实方面对我们提供了巨大的帮助。其中包括杰西·梅雷迪思，我们认识她时，她是华盛顿大学历史专业博士后，现在她已在缅因州科尔比学院任教。还有微软图书馆的图书管理员斯蒂芬妮·坎宁安，她甚至对我们最晦涩的问题也迅速给出了准确的答案。图书馆是我们雷德蒙德园区的重要资源。我们还要衷心感谢玛迪·奥瑟，要是没有她，真不知道我们会成什么样子。她重拾历史硕士的专业知识，帮助我们检查了史实的准确性，并帮助完善了全书的注释。此外，还要特别感谢微软的清谭，他不仅对好故事有着猎犬般的敏锐嗅觉，而且能找到最合适的人来讲这些故事，并总是能够成功地得到邀请，去对方家中共进晚餐。

我们也极其仰仗多米尼克·卡尔的帮助，他对本书的最初构想至关重要，并在我们写作的每一步都提供了极大帮助，尤其在促进更广泛的公众对话方面（这是我们希望本书达到的一个效果），他发挥了不可或缺的作用。在我们努力平衡工作与写作时，感谢微软雷德蒙德园区的许多同事给予我们无私的支持，尤其要感谢凯特·贝恩肯、安娜·菲恩、莉兹·万、米克尔·埃斯普兰、西蒙·利波尔德、凯蒂·贝茨和凯尔西·诺尔斯。此外，还要感谢马特·潘纳扎克，他作为律师，代表微软完成了本书出版合同的谈判。

在本书最后成稿阶段，我们曾求助于更多同事和朋友来审阅书稿，并核实其中的事实。在微软内部，下列同事给予了我们大力协助，包括埃里克·霍维茨、纳特·弗里德曼、沈向洋、弗雷德·汉弗莱斯、朱莉·布里尔、克里斯蒂安·贝拉迪、戴夫·海纳、大卫·霍华德、乔恩·帕尔默、约翰·弗兰克、简·布鲁姆、侯赛因·诺巴、里奇·绍尔、雪莱·麦金利、保罗·加内特、戴夫·斯托尔科普夫、利兹·万、多米尼克·卡尔、丽莎·坦齐、泰勒·傅勒尔、艾米·霍根·伯尼、金妮·巴丹、戴夫·莱赫特曼、德克·博内曼和坦贾·博姆。此外，哈迪·帕托维和纳里亚·圣卢西亚帮助确认了有关他们各自组织之内容的准确性。吉姆·加兰和他在科文顿·柏灵律师事务所的团队对某些敏感问题进行了仔细的法律审查，内特·琼斯和他新的咨询公司也提供了同样的帮助。

特别感谢微软平面设计师玛丽·费尔·雅各布斯和扎克·拉曼斯为本书兼职做出了封面设计。

我们也衷心感谢微软内部和外部的许多同事和朋友，他们在书中记录的事件中扮演了重要角色。

首先是比尔·盖茨、史蒂夫·鲍尔默和萨提亚·纳德拉这三位杰出的领导者，他们曾先后担任一家拥有非凡历史的公司的首席执行官。很少有人能有幸与这三人都密切合作过。他们每个人都有着鲜明的特点，但他们同时都涉猎广泛并热情追求卓越，这正是真正改变世界所需要的，并且只有领军人物才具备的素质。

同样重要的还有微软的高级领导团队和董事会成员，以及公司的企业、外部和法律事务部的高级领导团队成员。在很多方面，他们只是冰山一角，是我们有幸结识的诸多优秀人士的代表。我们进入科技行业的初衷都是希望有机会为能够改变世界的科技做出贡献。不过，能够有机会和优秀的人共事并建立持久的友谊，这才是我们留下来的重要原因。

我们还要衷心感谢其他许多人，包括其他科技公司的同人、世界各国政府官员、非营利组织人士以及世界各地的许多记者，我们有幸与他们开展了持续的合作。希望你们发现，我们在引用你们的观点时足够公正，因为那是我们的目标。归根结底，我们每个人都经常从不同的角度来应对问题，但我们共同努力并最终达成共识的能力，才能够塑造科技与世界的连接。

当然，我们也不能忘记感谢拉杰什·贾哈所领导的微软团队和个人，他们开发的工具使我们能够如此高效地工作。要写出这样一本书，Microsoft Word 无疑是作者最好的朋友。人们有时候可能很容易把它各种各样的强大功能视为理所当然。在对数百个注释进行排版，以及使用 Word Online 在不同地点同时对同一份手稿进行编辑和修改后，我们当然绝不会这么认为。同时其他产品也给了我们极大的帮助，如 OneNote 和 Teams 帮助我们在研究、采访和笔记方面进行协作，OneDrive 和 SharePoint 帮助我们组织、存储和共享所有工作。我们最喜欢的工具之一是公司的一个新产品，一款叫作 To-Do 的应用程序，我们用它创建共享列表，跟踪本项目的多项任务。

在我们写作本书的一年中，我们的"日常工作"带着我们去到六大洲的 22 个国家或地区以及美国的许多地方，参加了不可计数的会议、活动和公开演讲。这一切都有助于塑造我们的思维，其中许多经验反映在本书分享的故事中。但这也意味着，我俩必须抓紧在许多清晨、深夜、周末，甚至在假期和节日进行写作，尤其是在6个月密集写作期间。

　　这一切都需要我们的家人付出很多，因此我们对他们不胜感激。他们一直给予我们爱与支持，即使我们的工作涉及全球旅行或意味着中断周末休息。而且本书的写作更是需要他们的帮助。我们各自的配偶——凯西·苏拉斯·史密斯和凯文·布朗——帮助我们通读了许多章节（可能已经多到让他们勉为其难），提供了许多有益的见解和建议，还以圣人般的耐心支持我们完成了整个项目。我们每个人都有两个孩子，这本书在很大程度上成为全家共同努力的一件事。有时，我们两个家庭聚在一起，以便在尽可能不打扰生活的前提下快速地推进我们的工作。当我们回想白天写书，然后在晚上和家人玩上一盘棋盘游戏的时光，我们总是忍不住笑容满面。

　　这一切都说明，这既是一次愉快的探险，也是一次艰苦的旅程。在旅程到达终点时，我们要感谢所有使这次旅程成为可能的人。

布拉德·史密斯

卡罗尔·安·布朗

于华盛顿州贝尔维尤市

注 释

序 言

1. 世界上最早的档案数据如果放在现代数据中心,也丝毫不显突兀。例如,考古学家在叙利亚的埃布拉古国发现了一个皇家档案馆的遗迹,该档案馆在公元前2300年左右被摧毁。除了苏美尔神话的文本和宫廷书记们使用的其他文件外,还有2000块写满行政管理档案的泥板,其中包含了有关纺织品和金属,以及谷物、橄榄油、土地和动物分配的详细信息。Lionel Casson, *Libraries in the Ancient World* (New Haven, CT: Yale University Press, 2001), 3–4。一个当代数据分析团队在我们这个时代使用类似的数据集,也并非一个难以想象的场景。在接下来的几个世纪里,图书馆遍布古地中海地区,先是在繁荣的希腊城邦,再传到亚历山大港,最后到了罗马。随着人类发展出语言能力,并能够在莎草纸卷轴而非泥板上储存文字,这些图书馆的收藏也变得多种多样。古亚历山大图书馆建于公元前300年左右,曾经藏有49万卷文献。Casson, *Libraries*, 36。与此同时,在东亚,私人图书馆如雨后春笋般涌现,典籍都记录在简牍上。中国人发明了造纸术,这是一个重大的突破,它"使东方领先于西方几个世纪,使精细的管理和官僚制度得以建立"。James W.P.Campbell,*The Library:*

A World History (Chicago: The University of Chicago Press, 2013),95。

2. 有关文件柜的发明的逸事说明了数据存储需求随着时间推移而发生的变化。1898年，美国保险代理人埃德温·西贝尔对当时的数据存放方法日益感到不满。西贝尔住在南卡罗来纳州，为棉农提供保险。那里的棉花采摘完毕后，将横跨大西洋运往欧洲的纺织厂。这份工作涉及大量需要妥善保管的文书。在西贝尔的时代，企业将记录归档进靠墙堆放在地板到天花板的木制"鸽子洞"里。纸张通常被折叠起来，塞进信封里，然后塞进小盒子里，通常需要爬上梯子才能够到。这不是一种简单或有效的存储信息的方法，特别是如果你不确定文件到底存放在哪里而不得不到处搜寻它。

像任何一个优秀的发明家一样，西贝尔看到了一个需要解决的问题，随后想出了一个简单而聪明的主意：一个由木制盒子组成的垂直文件存放系统。他与辛辛那提的一家制造商合作，做出了5个带抽屉的盒子，抽屉里可以存放竖立的文件，从而使办事员无须打开信封就可以快速翻阅和查找文件。后来，文件还会被插进文件夹，并且中间由标签隔开。于是，现代文件柜就此诞生了。James Ward,*The Perfection of the Paper Clip: Curious Tales of Invention, Accidental Genius, and Stationery Obsession* (New York: Atria Books, 2015), 255–56。

3. David Reinsel, John Gantz, and John Rydning,*Data Age 2025: The Digitization of the World From Edge to Core* (IDC White Paper– #US44413318, Sponsored by Seagate)November 2018，6，https://www.seagate.com/files/www-content/our-story/trends/files/idc-seagate-dataage-whitepaper.pdf.

4. João Marques Lima, "Data centres of the world will consume 1/5 of Earth's power by 2025," Data Economy, December 12, 2017, https://data-economy.com/data-centres-world-will-consume-1-5-earths-power-2025/.

5. Ryan Naraine, "Microsoft Makes Giant Anti-Spyware Acquisition," eWEEK, December 16，2004，http://www.eweek.com/news/microsoft-makes-giant-anti-spyware-acquisition.

6. 微软这场反垄断大戏带来许多启示，包括如果一家公司未能解决引起政府当局关注的问题，那么其面临的审查和执法时间将长到令人难以置信。21世纪初，微软解决了其在美国的问题，但直到 2009 年 12 月，公司才在布鲁塞尔与欧盟委员会达成最终的主要协议。European Commission, "Antitrust: Commission Accepts Microsoft Commitments to Give Users Browser Choice," December 16，2019，http://europa.eu/rapid/press-release_ IP-09-1941_en.htm。

从开始到最终结束，对微软的众多调查和诉讼几乎持续了 30 年。公司的反垄断问题始于 1990 年 6 月，当时联邦贸易委员会对 Windows 操作系统的营销、许可和分销做法进行了一次得到媒体广泛报道的审查。Andrew I.Gavil and Harry First，*The Microsoft Antitrust Cases: Competition Policy for the Twenty- First Century* (Cambridge, MA: The MIT Press, 2014)。这些诉讼案件历经许多波折，28 年后，最后一宗诉讼终于在 2018 年 12 月 21 日和解。从某种意义上说，这是第一次真正的全球反垄断争议，涉及 27 个国家的调查和诉讼，反映了这一争议的广泛性，最后的案件是加拿大魁北克、安大略和不列颠哥伦比亚省的消费者集体诉讼案。

对于一项科技政策问题而言，30 年乍一看似乎极其漫长，但从许多方面来看，在许多重大反垄断问题的处理上，这一时间跨度实属寻常，并不像大多数人想象的那样。1999 年，微软正处于其最大诉讼案的阵痛中，我认真研究了 20 世纪的几场重大反垄断战争，想看看那些公司及其首席执行官如何解决这一问题。这些公司包括标准石油公司、美国钢铁公司、IBM 公司和 AT＆T 公司，它们都定义了当时的领先技术。美国政府于 1913 年首次针对 AT＆T 提起反垄断诉讼，尽管在重大的诉讼之间有暂时的喘息之机，但直到 1982 年，AT＆T 同意分拆以解决针对该公司的第三次重大反垄断诉讼，这一问题才最终得到解决。同样，IBM 在 1932 年即与政府在第一次重大反垄断诉讼中对质，但直到它在 1984 年与欧盟委员会就一项重大诉讼达成和解，关于其主机主导地位的争议方告一段落。又过了 10 年，IBM 大型机主导地位的争议才终于平息，公司终于可以请求华盛顿特区和布鲁塞尔当局结束对其和解方案的监督。Tom Buerkle, "IBM Moves to Defend Mainframe Business in EU," New York Times,1994 年 7 月 8 日，https://www.nytimes.com/1994/07/08/business/worldbusiness/IHT-ibm-move-to- defend-mainframe- business-in-eu.html。

这些斗争漫长的持续时间给了我一个教训，使我思考科技公司需要如何应对反垄断和其他监管问题。这让我在当时得出结论，成功的科技公司需要制定一个积极主动的方针，与当局接触，加强彼此的关系，并最终与政府达成更稳定的协议安排。

第一章

1. Glenn Greenwald, "NSA Collecting Phone Records of Millions of Verizon Customers Daily," *Guardian*, June 6,2013, https://www.theguardian.com/world/2013/jun/06/nsa-phone-records-verizon-court-order.

2. Glenn Greenwald and EwenMacAskill, "NSA Prism Program Taps In to User Data of Apple, Google and Others," *Guardian*, June 7,2013, https://www.theguardian.com/world/2013/jun/06/us-tech-giants-nsa-data.

3. Benjamin Dreyfuss and Emily Dreyfuss, "What Is the NSA's PRISM Program? (FAQ)," *CNET*, June 7,2013, https://www.cnet.com/news/what-is-the-nsas-prism-program-faq/.

4. 时任美国国家情报总监的詹姆斯·克拉珀后来将该计划描述为"一个政府内部计算机系统，用于协助政府在法律授权和法院监督下，从电子通信服务提供商处收集外国情报信息"。Robert O'Harrow Jr., Ellen Nakashima and Barton Gellman, "U.S., Company Officials: Internet Surveillance Does Not Indiscriminately Mine Data," *Washington Post*, June 8,2013, https://www.washingtonpost.com/world/national-security/us-company-officials-internet-surveillance-does-not-indiscriminately-mine-data/2013/06/08/5b3bb234-d07d-11e2-9f1a-1a7cdee20287_story.html?utm_term=.b5761610edb1。

5. Glenn Greenwald,EwenMacAskill,and Laura Poitras, "Edward Snowden: The Whistleblower Behind the NSA Surveillance Revelations," *Guardian*,June 11, 2013, https://www.theguardian.com/world/2013/jun/09/edward-snowden-nsa-whistleblower-surveillance.

6. Michael B. Kelley, "NSA: Snowden Stole 1.7 Million Classified Documents and Still Has Access to Most of Them," *Business Insider*, December 13,

2013, https://www.businessinsider.com/how-many-docs-did-snowden-take-2013-12.

7. Ken Dilanian,Richard A. Serrano, and Michael A. Memoli, "Snowden Smuggled Out Data on Thumb Drive, Officials Say," *Los Angeles Times*, June 13, 2013,http://articles.latimes.com/2013/jun/13/nation/la-na-nsa-leaks-20130614.

8. Nick Hopkins, "UK Gathering Secret Intelligence Via Covert NSA Operation," *Guardian*,June 7,2013, https://www.theguardian.com/technology/2013/jun/07/uk-gathering-secret-intelligence-nsa-prism；see also MirrenGidda, "Edward Snowden and the NSA Files—Timeline," *Guardian,*August 21, 2013, https://www.theguardian.com/world/2013/jun/23/edward-snowden-nsa-files-timeline.

9. William J. Cuddihy, The Fourth Amendment: Origins and Meaning, 1602–1791 (Oxford: Oxford University Press, 2009), 441.

10. 同上，442。

11. 同上，459。

12. Frederick S. Lane, American Privacy: The 400-Year History of Our Most Contested Right (Boston: Beacon Press, 2009), 11.

13. David Fellman, The Defendant's Rights Today (Madison: University of Wisconsin Press, 1976), 258.

14. William Tudor, The Life of James Otis, of Massachusetts: Containing Also, Notices of Some Contemporary Characters and Events, From the Year 1760 to 1775 (Boston: Wells and Lilly, 1823), 87–88。在美国的开国元勋于1776年7月2日在费城投票支持独立后第二天，亚当斯回忆起奥蒂斯的言论对马萨诸塞州人民的巨大影响。亚当斯早早醒来，给自己的妻子阿比盖尔写了一封信，并追忆了奥蒂斯的重要地位。Brad Smith, "Remembering the Third of July," Microsoft on the Issues (blog), Microsoft, July 3, 2014, https://blogs.microsoft.com/on-the-issues/2014/07/03/remembering-the-third-of-july/。

15. David McCullough, *John Adams* (New York: Simon & Schuster, 2001), 62. William Cranch, *Memoir of the Life, Character, and Writings of John Adams*

(Washington, DC: Columbian Institute, 1827), 15。有趣的是，奥蒂斯的倡导和亚当斯对其重要性的认识，至今仍一直影响着美国的公共政策和法律。美国首席大法官约翰·罗伯茨在 2014 年首次引用了他们的话，当时他代表做出一致裁定的最高法院书写了意见，要求执法部门在检查嫌疑人智能手机的内容之前获得搜查令。*Riley v. California*, 573 U.S._(2014), https://www.supremecourt.gov/opinions/13pdf/13-132_8l9c.pdf，27–28。罗伯茨于 2018 年重申了这一立场，当时他代表最高法院多数法官书写意见称，警方同样需要搜查令才可以获取手机的位置信息记录。*Carpenter v. United States*, No. 16-402, 585 U.S. (2017), https://www.supremecourt.gov/opinions/17pdf/16-402_h315.pdf，5。

16. Thomas K, Clancy, The Fourth Amendment: Its History and Interpretation (Durham, NC: Carolina Academic Press, 2014), 69–74.
17. 美国宪法第四修正案。
18. Brent E. Turvey and Stan Crowder, Ethical Justice: Applied Issues for Criminal Justice Students and Professionals (Oxford: Academic Press, 2013), 182–83.
19. Ex parte Jackson, 96 U.S. 727 (1878).
20. Cliff Roberson, Constitutional Law and Criminal Justice, second edition (BocaRaton, FL: CRC Press, 2016), 50; Clancy, The Fourth Amendment, 91–104.
21. Charlie Savage, "Government Releases Once-Secret Report on Post-9/11 Surveillance," *New York Times*, April 24, 2015, https://www.nytimes.com/interactive/2015/04/25/us/25stellarwind-ig-report.html.
22. Terri Diane Halperin, The Alien and Sedition Acts of 1798: Testing the Constitution (Baltimore: John Hopkins University Press, 2016), 42–43.
23. 同上，59–60。
24. David Greenberg, "Lincoln's Crackdown," *Slate*, November 30, 2001, https://slate.com/news-and-politics/2001/11/lincoln-s-suspension-of-habeas-corpus.html.
25. T. A. Frail, "The Injustice of Japanese-American Internment Camps

Resonates Strongly to This Day," Smithsonian, January 2017, https://www.smithsonianmag.com/history/injustice-japanese-americans-internment-camps-resonates-strongly-180961422/.

26. Barton Gellman and AshkanSoltani, "NSA Infiltrates Links to Yahoo, Google Data Centers Worldwide, Snowden Documents Say," *Washington Post*,October 30, 2013, https://www.washingtonpost.com/world/national-security/nsa-infiltrates-links-to-yahoo-google-data-centers-worldwide-snowden-documents-say/2013/10/30/e51d661e-4166-11e3-8b74-d89d714ca4dd_story.html?noredirect=on&utm_term=.5c2f99fcc376.

27. "Evidence of Microsoft's Vulnerability," *Washington Post*, November 26, 2013, https://www.washingtonpost.com/apps/g/page/world/evidence-of-microsofts-vulnerability/621/.

28. Craig Timberg, Barton Gellman and Ashkan Soltani, "Microsoft, Suspecting NSA Spying, to Ramp Up Efforts to Encrypt Its Internet Traffic," *Washington Post*, November 26, 2013, https://www.washingtonpost.com/business/technology/microsoft-suspecting-nsa-spying-to-ramp-up-efforts-to-encrypt-its-internet-traffic/2013/11/26/44236b48-56a9-11e3-8304-caf30787c0a9_story.html?utm_term=.69201c4e9ed8.

29. "Roosevelt Room," White House Museum, accessed February 20, 2019, http://www.whitehousemuseum.org/west-wing/roosevelt-room.htm.

30. 几篇新闻报道集中报道了平卡斯向奥巴马提出的赦免斯诺登的建议。Seth Rosenblatt, "'Pardon Snowden,' One Tech ExecTells Obama, Report Says," *Cnet*, December 18, 2013, https:// www.cnet.com/news/pardon-snowden-one-tech-exec-tells-obama-report-says/; Dean Takahashi, "Zynga's Mark Pincus Asked Obama to Pardon NSA Leaker Edward Snowden," *Venture Beat*, 2013年12月18日, https://venturebeat.com/2013/12/19/zyngas-mark-pincus-asked-president-obama-to-pardon-nsa-leaker-edward-snowden/。

31. "Transcript of President Obama's Jan. 17 Speech on NSA Reform," *Washington Post*, January 17, 2014, https://www.washingtonpost.

com/politics/full-text-of-president-obamas-jan-17-speech-on-nsa-reforms/2014/01/17/fa33590a-7f8c-11e3-9556-4a4bf7bcbd84_story.html?utm_term=.c8d2871c4f72.

第二章

1. "Reporter Daniel Pearl Is Dead, Killed by His Captors in Pakistan," *Wall Street Journal*, February 24, 2002, http://online.wsj.com/public/resources/documents/pearl-022102.htm.
2. Electronic Communications Privacy Act of 1986, Public Law 99-508, 99th Cong., 2d sess.（October 21, 1986）, 18 U.S.C. § 2702.b.
3. Electronic Communications Privacy Act of 1986, Public Law 99-508, 99th Cong., 2d sess.（October 21, 1986）, 18 U.S.C. Chapter 121 § § 2701 et seq.
4. Electronic Communications Privacy Act of 1986, Public Law 99-508, 99th Cong., 2d sess.（October 21, 1986）, 18 U.S.C. § 2705.b.
5. "Law Enforcement Requests Report," Corporate Social Responsibility, Microsoft,Last Modified June 2018, https://www.microsoft.com/en-us/about/corporate-responsibility/lerr/.
6. "Charlie Hebdo Attack: Three Days of Terror," *BBC News*, January 14, 2015, https://www.bbc.com/news/world-europe- 30708237。
7. "Al-Qaeda in Yemen Claims Charlie Hebdo Attack," Al Jezeera,January 14, 2015, https://www.aljazeera.com/news/middle east/2015/01/al-qaeda-yemen-charlie-hebdo-paris-attacks- 201511410323361511.html.
8. 同上。
9. "Paris Attacks: Millions Rally for Unity in France," *BBC News*, January 11, 2015, https://www.bbc.com/news/world-europe-30765824.
10. Alissa J. Rubin, "Paris One Year On," *New York Times*, November 12, 2016, https://www.nytimes.com/2016/11/13/world/europe/paris-one-year-on.html.

11. "Brad Smith: New America Foundation: 'Windows Principles,'" Stories (blog), Microsoft, July 19, 2006，https://news.microsoft.com/speeches/brad-smith-new-america-foundation-windows-principles/.
12. 制定一套明确的原则花了几个月的时间。这项工作由霍拉西奥·古铁雷斯负责，他当时是微软最资深的产品律师，现在已经加盟 Spotify 担任总法律顾问，担负广泛的业务职责。他与前克林顿政府的官员马克·彭恩合作，后者具有敏锐的营销意识。霍拉西奥组建了一个跨越公司各个部门的内部团队，并邀请波士顿咨询公司的一个团队帮助我们进行客户调研，以了解客户最重视什么。霍拉西奥和团队制定了四项原则，并由我在 2015 年 7 月公布了这些"云承诺"原则。Brad Smith, "Building a Trusted Cloud in an Uncertain World,"微软全球合作伙伴大会，奥兰多，2015 年 7 月 15 日，主旨演讲视频，https://www.youtube.com/watch?v=RkAwAj1Z9rg。
13. "Responding to Government Legal Demands for Customer Data," Microsoft on the Issues (blog), Microsoft, July 16,2013，https://blogs.microsoft.com/on-the-issues/2013/07/16/responding-to-government-legal-demands-for-customer-data/.
14. *United States v. Jones*, 565 U.S. 400 (2012), https://www.law.cornell.edu/supremecourt/text/10-1259.
15. 同上，4。
16. *Riley v. California*, 573 U.S. _(2014).
17. 同上，20。
18. 同上，21。
19. Steve Lohr, "Microsoft Sues Justice Department to Protest Electronic Gag Order Statute," *New York Times*, April 14, 2016，https://www.nytimes.com/2016/04/15/technology/microsoft-sues-us-over-orders-barring-it-from-revealing-surveillance.html?_r=0.
20. Brad Smith, "Keeping Secrecy the Exception, Not the Rule: An Issue for Both Consumers and Businesses," Microsoft on the Issues (blog), Microsoft, April 14,2016，https://blogs.microsoft.com/on-the-issues/2016/04/14/keeping-

secrecy-exception-not-rule-issue-consumers-businesses/.

21. Rachel Lerman, "Long List of Groups Backs Microsoft in Case Involving Digital-Data Privacy," *Seattle Times*, September 2, 2016, https://www.seattletimes.com/business/microsoft/ex-federal-law-officials-back-microsoft-in-case-involving-digital-data-privacy/?utm_source=RSS&utm_medium=Referral&utm_campaign=RSS_all.

22. Cyrus Farivar, "Judge Sides with Microsoft, Allows 'Gag Order' Challenge to Advance," Ars Technica, February 9, 2017, https://arstechnica.com/tech-policy/2017/02/judge-sides-with-microsoft-allows-gag-order-challenge-to-advance/.

23. Brad Smith, "DOJ Acts to Curb the Overuse of Secrecy Orders. Now It's Congress' Turn," Microsoft on the Issues (blog), Microsoft, October 23, 2016, https://blogs.microsoft.com/on-the-issues/2017/10/23/doj-acts-curb-overuse-secrecy-orders-now-congress-turn/.

第三章

1. Tony Judt, Postwar: A History of Europe since 1945 (New York: Penguin, 2006), 697.

2. Anna Funder, Stasiland: True Stories from Behind the Berlin Wall (London: Granta, 2003), 57.

3. Brad Smith and Carol Ann Browne, "Lessons on Protecting Privacy," Today in Technology(video blog), Microsoft, accessed April 7, 2019, https://blogs.microsoft.com/today-in-tech/videos/.

4. Jake Brutlag, "Speed Matters," Google AI Blog, June 23, 2009, https://ai.googleblog.com/2009/06/speed-matters.html.

5. 1807 年，紧张局势达到顶峰。当时在弗吉尼亚州外海巡逻的英国皇家海军猎豹号，要求切萨皮克号交出船上据信是英国逃兵的 4 名船员。切萨皮克号予以拒绝，于是猎豹号对准切萨皮克舷侧开了 7 炮，迫使美舰降旗投降。猎豹号带回 4 名船员，切萨皮克号带伤返回港口。此事件导致美国总统杰斐逊对英国军舰关闭所有美国港口，并宣布贸易禁运。Craig L. Symonds, The U.S. Navy: A Concise History (Oxford:Oxford University Press, 2016), 21。

毫不奇怪，中止贸易不仅伤害了英国，也伤害了美国。正如一位历史学家所说："杰斐逊的禁运令对全国的打击如此之大，以致许多国民断定他是在向他们宣战，而不是英国。"A.J. Langguth, Union 1812: The Americans Who Fought the Second War of Independence (New York: Simon & Schuster, 2006), 134。

1890 年，詹姆斯·麦迪逊就任总统前三天，国会废除了禁运，但继续限制与英国的贸易。英国人继续使用"抓夫队"，1811 年，一艘英国护卫舰把一名美国水手从距离新泽西海岸视线可及的一艘商船上带走。Symonds, 23。

6. "Treaties, Agreements, and Asset Sharing," U.S. Department of State, https://www.state.gov/j/inl/rls/nrcrpt/2014/vol2/222 469.htm.

7. Drew Mitnick, "The urgent need for MLAT reform," Access Now, September 12, 2014, https://www.accessnow.org/the-urgent-needs-for-mlat-reform/.

8. 巧合的是，同时还有另一名司法书记员也带着个人电脑来上班了。他叫埃本·莫格兰，为弗利广场 22 楼走廊对面的另一位法官工作。我们经常聊到我们对个人电脑的共同兴趣。埃本后来成为一位令人印象深刻的学者和开源运动的领导者，担任哥伦比亚大学的法学教授和软件自由法律中心（Software Freedom Law Center）主席。但在 21 世纪初，我们发现在涉及软件知识产权问题的法律辩论中，我们的立场有时是对立的。

9. 2015 年，一个由三名参议员和两名众议员组成的两党小组正式启动了立法程序，推出了"利兹法案"（LEADS Act），LEADS 是 Law Enforcement Access to Data Stored Abroad 的缩写，即《执法部门访问境外存储数据法》。它在参议院由奥林·哈奇、克里斯·库恩斯和迪恩·海勒共同发起，在众议院由汤姆·马里诺和苏珊·德尔贝尼共同发起。Patrick Maines, "The LEADS Act and Cloud Computing," The Hill, March 30, 2015, https://thehill.com/blogs/pundits-blog/technology/237328-the-leads-act-and-cloud-computing。

10. 从 2014 年我们在弗朗西斯法官面前首次败诉，到 2018 年我们走上最高法院的台阶，其间自然经过了一段漫长而曲折的道路。我们在地区法院一级的下一轮诉讼中继续失利，首席法官洛雷塔·普雷斯卡于 2014 年 7 月裁定我们败诉。这是一场长达两个小时的激烈辩论，政府的律师认为美国政府可以强迫公司提供其世界各地的商业记录。我们的团队则坚持我们一直主张的一个基本观点，即其他人的电子邮件不属于我们，也不是我们的业务记录，不能任凭我们想怎么处理就怎么处理。但普雷斯卡法官并不认同我们的主张，口头辩论结束后，她就当庭做出口头裁决，令我们惊讶不已。Ellen Nakashima, "Judge Orders Microsoft to Turn Over Data Held Overseas," Washington Post, 2014 年 7 月 31 日, https://www.washingtonpost.com/world/national-security/judge-orders-microsoft-to-turn-over-data-held-overseas/2014/07/31/b07c4952-18d4-11e4-9e3b-7f2f110c6265_story.html?utm_term=.e913e692474e。正如《华盛顿邮报》所说："法官的裁决可能会促使外国官员，特别是欧盟的官员，对侵犯其主权的可能性表达更多的愤怒。"事实就是如此。

下一轮官司是在第二巡回上诉法院打的，该法院负责审理纽约州、康涅狄格州和佛蒙特州地区法院判决的所有上诉。在我们为这一步做准备的同时，同时也是部分着眼于立法的最终需要，我们决定努力扩大公众的讨论范围，争取更多的声音参与其中。我们启动了一项重要的招募行动，请求各团体通过提交"法庭之友意见书"（amicus）来支持我们。我们很快就得到了各种各样的组织的支持，但是我们又担心能不能在密集轰炸的新闻报道中闯出一条路，让我们的声音引起关注。

我们想出了一个主意：为什么不制作我们自己的广播节目，把问题和人们的支持都生动地展现给世人呢？我们可以制作简短的视频来展示一个数据中心，并用更平易近人的方式解释问题。我们可以邀请专家来分解问题，解释为什么人们需要关注和推动改革。这项活动可以在微软纽约的新办公室举行。当我们在网上直播研讨会时，新闻界也可以出席。这又让我们的脑海中浮现出另外一个重要的听众：美国国会。

我们的结论是，我们需要一位受人尊敬的记者来了解这些问题，并担任主持人。我去找老朋友查理·吉布森，这位著名而受人尊敬的美国广播公司前新闻主播，同时也是普林斯顿大学校董会成员。令人高兴的是，他同意担任这一角色，只要他能像严肃记者所期望的那样，向人们提出尖锐的问题。我们欣然同意。

2014年12月的一个寒冷的上午，我们在时代广场的微软纽约办公室播放了我们的电子隐私节目。我们宣布，28家科技和传媒公司、23个行业协会和游说团体以及35名顶尖计算机科学家已经提交了"法庭之友意见书"。最重要的是，爱尔兰政府也亲自发表了一份支持性的简报。当我宣布提交情况时，我开玩笑说，这是人们记忆中美国公民自由联盟和福克斯新闻第一次站在同一边并肩合作。活动视频：https://ll.ms-studiosmedia.com/events/2014/1412/ElectronicPrivacy/live/ElectronicPrivacy.html。这项活动达到了我们想要的效果，引发全国和世界各地广泛的新闻报道。也许最重要的是，有了那些为共同利益而结盟的"联手对手"站出来支持我们的做法，国会那边也有越来越多的人开始注意到这件事。

2016年7月，离纽约的口头辩论已经过去7个多月，由第二巡回法庭的三名法官组成的审判庭一致裁决我们胜诉。Brad Smith, "Our Search Warrant Case: An Important Decision for People Everywhere," Microsoft on the Issues (blog), Microsoft, July 14, 2016, https://blogs.microsoft.com/on-the-issues/2016/07/14/search-warrant-case-important-decision-people-everywhere/。此后，美国司法部成功说服高等法院审议此案，并于2018年将我们送上高等法院的台阶。

11. Microsoft Corp. v. AT&T Corp., 550 U.S. 437 (2007).

12. Official Transcript, Microsoft Corp. v. AT&T Corp., February 21, 2007.

13. Clarifying Lawful Overseas Use of Data Act of 2018, H.R. 4943, 115th Cong. (2018).

14. Brad Smith, "The CLOUD Act Is an Important Step Forward, but Now More Steps Need toFollow," Microsoft on the Issues (blog), Microsoft, April 3, 2018, https://blogs.microsoft.com/on-the-issues/2018/04/03/the-cloud-act-is-an-important-step-forward-but-now-more-steps-need-to-follow/.

15. Derek B. Johnson, "The CLOUD Act, One Year On," FCW: The Business of Federal Technology, April 8, 2019, https://fcw.com/articles/2019/04/08/cloud-act-turns-one.aspx.

第四章

1. "St Bartholomew's Hospital during World War Two," BBC, Dece-mber 19,2005, https://www.bbc.co.uk/history/ww2 peopleswar/ stories/10/a7884110.shtml.
2. "What Does NHS England Do?" NHS England, accessed November 14, 2018, https://www.england.nhs.uk/about/about-nhs-england/.
3. Kim Zetter, "Sony Got Hacked Hard: What We Know and Don't Know So Far," Wired, December 3, 2014, https://www.wired.com/2014/12/sony-hack-what-we-know/.
4. Bill Chappell, "WannaCry Ransomware: What We Know Monday," NPR, May 15, 2017, https://www.npr.org/sections/thetwo-way/2017/05/15/528451534/wannacry-ransomware-what-we-know-monday.
5. Nicole Perlroth and David E. Sanger, "Hackers Hit Dozens of Countries Exploiting StolenN.S.A. Tool," New York Times, May 12, 2017. https://www.nytimes.com/2017/05/12/world/europe/uk-national-health-service-cyberattack.html.
6. Bruce Schneier, "Who Are the Shadow Brokers?" The Atlantic, May 23, 2017。https://www.theatlantic.com/technology/archive/2017/05/shadow-brokers/527778/.
7. Nicole Perlroth and David E. Sanger, "Hackers Hit Dozens of Countries Exploiting Stolen N.S.A. Tool," New York Times, May 12, 2017, https://www.nytimes.com/2017/05/12/world/europe/uk-national-health-service-cyberattack.html.
8. Brad Smith, "The Need for Urgent Collective Action to Keep People Safe Online: Lessons from Last Week's Cyberattack," Microsoft on the Issues (blog), Microsoft, May 14, 2017, https://blogs.microsoft.com/on-the-issues/2017/05/14/need-urgent-collective-action-keep-people-safe-online-lessons-last-weeks-cyberattack/.
9. Lily Hay Newman, "How an Accidental 'Kill Switch' Slowed Friday's Massive

RansomwareAttack," Wired, May 13, 2017，https://www.wired.com/2017/05/accidental-kill-switch-slowed-fridays-massive-ransomware-attack/.

10. Andy Greenberg, "The Untold Story of NotPetya, the Most Devastating Cyberattack inHistory," Wired, August 22, 2018，https://www.wired.com/story/notpetya-cyberattack-ukraine-russia-code-crashed-the-world/.

11. 同　上；Stilgherrian, "Blaming Russia for NotPetya Was Coor-dinated Diplomatic Action," ZD Net, August 12, 2018，https://www.zdnet.com/article/blaming-russia-for-notpetya-was-coordinated-diplomatic-action.

12. Josh Fruhlinger, "Petya Ransomware and NotPetya Malware: What You Need to Know Now," October 17, 2017，https://www.csoonline.com/article/3233210/petya-ransomware-and-notpetya-malware-what-you-need-to-know-now.html.

13. Greenberg, "The Untold Story of NotPetya."

14. Microsoft, "RSA 2018: The Effects of NotPetya," YouTube video, 1:03, produced by Brad Smith, Carol Ann Browne, and Thanh Tan, April 17, 2018，https://www.youtube.com/watch?time_continue=1&v=QVhqNNO0DNM.

15. Andy Sharp, David Tweed, and Toluse Olorunnipa, "U.S. Says North Korea Was Behind WannaCry Cyberattack," *Bloomberg*, December 18, 2017，https://www.bloomberg.com/news/articles/2017-12-19/u-s-blames-north-korea-for-cowardly-wannacry-cyberattack.

第五章

1. Max Farrand, ed., The Records of the Federal Convention of 1787 (New Haven, CT: Yale University Press, 1911), 3:85.

2. 我们招募调查员和前检察官的初衷是进行防伪打假，处理涉及新技术的犯罪活动，而反数字犯罪部门（DCU）则是我们在打假的基础上向外迈出的第一步。从此，DCU的发展几乎从未停歇。一个关键的转折点出现在21世纪初，当时多伦多警察局局长来到雷德蒙德。他当时的任务是说服我们做出重大投资，帮助警方打击世界各地的儿童色情和性犯罪。下楼去会议室与他会面的时候，我还很笃定地认为我们的预算没有足够的余量来承担这个新任务。但在 90 分钟后我们结束会面时，我确信我们已别无选择，只能帮助减少网络性犯罪这个迄今为止仍然是互联网时代最可怕的产物。我们削减了其他地方的开支，成立了新的 DCU 团队，从那时起，这个团队就运用科技和法律手段相结合的方法来帮助保护儿童。

2008 年，我们中的一些人访问了首尔，韩国政府人员带我参观了韩国打击网络犯罪指挥总部。他们的团队给我们留下了深刻的印象，更让我们印象深刻的是他们先进的设施，比我们总部的所有设备都好。我们回来后，决定为 DCU 创建一个专门的网络犯罪中心，为我们在雷德蒙德园区的工作提供世界一流的工具和资源。我们还提供了单独的专用办公空间，当 DCU 与执法部门或其他团体开展联合行动时，来访的调查员和律师可以使用这些办公空间。

到 2012 年，DCU 创新了许多新方法来应对网络罪犯利用"僵尸网络"感染和控制全球个人电脑的问题。Nick Wingfield and Nicole Perlroth, "Microsoft Raids Tackle Internet Crime," New York Times, 2012 年 3 月 26 日, https://www.nytimes.com/2012/03/26/technology/microsoft-raids-tackle-online-crime.html。DCU 的律师理查德·博斯科维奇率先发展出控制这些组织指挥和控制服务器的法律技术，其依据来自商标侵权的论点和更古老的防止"侵犯动产"的法律概念。我一直觉得这有点好笑。我们对计算机的保护源于英国首先形成的法律原则，而这项原则的部分初衷是为了保护牛。

就在前不久，DCU 又接受了一项挑战，打击欺诈和骚扰电话以及其他科技诈骗行为，这些人试图让居家生活的人们相信，他们的个人电脑或智能手机受到感染，需要花钱安装新的安全软件来修复。微软助总法律顾问考特尼·格雷戈领导了一项创新性的工作，将我们带到了印度和世界其他地方，从源头上解决了这些问题。Courtney Gregoire, "New Breakthroughs in Combatting Tech Support Scams," Microsoft on the Issues (blog), Microsoft, 2018 年 11 月 28 日, https://blogs.microsoft.com/on-the-issues/2018/11/29/new-breakthroughs-in-combatting-tech-support-scams/。

3. Brandi Buchman, "Microsoft Turns to Court to Break Hacker Ring,"

Courthouse News Service, August 10, 2016, https://www.courthousenews.com/microsoft-turns-to-court-to-break-hacker-ring/.

4. April Glaser, "Here Is What We Know About Russia and the DNC Hack," Wired, July 27, 2016, https://www.wired.com/2016/07/heres-know-russia-dnc-hack/.

5. Alex Hern, "Macron Hackers Linked to Russian-Affiliated Group Behind US Attack," Guardian,May 8, 2017, https://www.theguardian.com/world/2017/may/08/macron-hackers-linked-to-russian-affiliated-group-behind-us-attack.

6. Kevin Poulsen and Andrew Desiderio, "Russian Hackers' New Target: A Vulnerable Democratic Senator," Daily Beast, July 26, 2018, https://www.thedailybeast.com/russian-hackers-new-target-a-vulnerable-democratic-senator?ref=scroll.

7. Griffin Connolly, "Claire McCaskill Hackers Left Behind Clumsy Evidence That They Were Russian," Roll Call, August 23, 2018, https://www.rollcall.com/news/politics/mccaskill-hackers-evidence-russian.

8. Tom Burt, "Protecting Democracy with Microsoft Account Guard," Microsoft on the Issues(blog), Microsoft, August 20, 2018, https://blogs.microsoft.com/on-the-issues/2018/08/20/protecting-democracy-with-microsoft-accountguard/.

9. Brad Smith, "We Are Taking New Steps Against Broadening Threats to Democracy," Microsoft on the Issues (blog), Microsoft, August 20, 2018, https://blogs.microsoft.com/on-the-issues/2018/08/20/we-are-taking-new-steps-against-broadening-threats-to-democracy/.

10. Brad Smith, "Microsoft Sounds Alarm on Russian Hacking Attempts," interview by AmnaNawaz, PBS News Hour, August 22, 2018, https://www.pbs.org/newshour/show/microsoft-sounds-alarm-on-russian-hacking-attempts.

11. "Moscow: Microsoft's Claim of Russian Meddling Designed to Exert Political Effect," Sputnik International, August 21, 2018, https://sputniknews.com/

us/201808211067354346-us-microsoft-hackers/.
12. Tom Burt, "Protecting Democratic Elections Through Secure, Verifiable Voting," Microsoft onthe Issues (blog), May 6, 2019, https://blogs.microsoft.com/on-the-issues/2019/05/06/protecting-democratic-elections-through-secure-verifiable-voting/.

第六章

1. Freedom Without Borders, Permanent Exhibition, Vabamu Museum of Occupations and Freedom, Tallin, Estonia, https://vabamu.ee/plan-your-visit/permanent-exhibitions/freedom-without-borders.
2. 奥尔加出生后不久，她的父亲渴望逃离乌克兰的动乱和饥荒，接受了莫斯科铁路附近一家医院外科主任的任命，希望最终能向北移民到爱沙尼亚。但他们没能成功。当时，奥尔加因营养不良而虚弱不堪的母亲突然死于脑膜炎，彻底打断了这个家庭的计划。很快，她父亲也被捕入狱，囚禁在西伯利亚的一个营地里。奥尔加那时只有两岁，和她七岁的哥哥相依为命，靠在附近池塘里用临时编织的渔网捕鱼谋生。孩子们无人照料的消息传到塔林，那里的一个叔叔利用他在铁路上的关系，在红十字会的救助下，将兄妹二人安全地带到爱沙尼亚。奥尔加被送进一个慈善寄养家庭，历经两次占领和一场全球性的冲突，这个家庭把她抚养长大，最终将她送进塔尔图大学。在那里，她获得了医学学位。第二次世界大战快结束时，奥尔加和撤退的德国士兵一起逃走，想方设法投奔德国的美占区。再一次，多亏了陌生人的好意，奥尔加又安全地脱身了——这回，她被人从车窗抬进了一列拥挤不堪的火车。当时，火车正在离开站台，驶向埃尔朗根市，驶向自由。Ede Schank Tamkivi, "The Story of a Museum," Vabamu, Kistler-Ritso Eesti Sihtasutus, 2018 年 12 月，42。
3. Ede Schank Tamkivi, "The Story of a Museum," Vabamu, Kistler-Ritso Eesti Sihtasutus, December 2018, 42.
4. Damien McGuinness, "How a Cyber Attack Transformed Estonia," BBC News, April 27, 2017, https://www.bbc.com/news/39655415.

5. Rudi Volti, Cars and Culture: The Life Story of a Technology (Westport, CT: Greenwood Press,2004), 40.
6. 同上，39。
7. 同上。
8. Sherry Turkle, Alone Together: Why We Expect More from Technology and Less from Each Other(New York: Basic Books, 2011), 17.
9. Deepa Seetharaman, "Zuckerberg Defends Facebook Against Charges It Harmed Political Discourse," Wall Street Journal, November 10, 2016，https://www.wsj.com/articles/zuckerberg-defends-facebook-against-charges-it-harmed-political-discourse-1478833876.
10. Chloe Watson, "The Key Moments from Mark Zuckerberg's Testimony to Congress," Guardian, April 11, 2018，https://www.theguardian.com/technology/2018/apr/11/mark-zuckerbergs-testimony-to-congress-the-key-moments.
11. Mark R. Warner, "Potential Policy Proposals for Regulation of Social Media and Technology Firms" (draft white paper, Senate Intelligence Committee, 2018), https://www.scribd.com/document/385137394/MRW-Social-Media-Regulation-Proposals-Developed.
12. 美国国会于1996年通过《通信规范法》时，其中第230条（c）款（1）项规定："任何交互式计算机服务的提供者或使用者不得被视为其他信息内容提供者提供的任何信息的发布者或发言人。" 47 U.S.C. § 230，参见 https://www.law.cornell.edu/uscode/text/47/230。正如一位作者所指出的："国会首次颁布的第230条旨在通过给予网站广泛的法律保护，并允许互联网作为一个真正的思想集散地而发展，从而促进万维网的开放性和创新性。当时，主张网络言论自由的人士认为，如果对互联网通信的控制和对线下通信的控制一样严格，那么不断受到诉讼威胁的个人将无法在公众关注的重要问题上施加压力。" Marie K. Shanahan, Journalism, Online Comments, and the Future of Public Discourse (New York: Routledge, 2018), 90。
13. 同上，8。

14. Kevin Roose, "A Mass Murder of, and for, the Internet," New York Times, March 15, 2019, https://www.nytimes.com/2019/03/15/technology/facebook-youtube-christchurch-shooting.html.
15. 同上。
16. Matt Novak, "New Zealand's Prime Minister Says Social Media Can't Be 'All Profit, No Responsibility,'" Gizmodo, March 19, 2019, https://gizmodo.com/new-zealands-prime-minister-says- social-media-cant-be-a-1833398451.
17. 同上。
18. Milestones: Westinghouse Radio Station KDKA, 1920, Engineering and Technology HistoryWiki, https://ethw.org/Milestones:Westinghouse_Radio_Station_KDKA,_1920.
19. Stephen Smith, "Radio: The Internet of the 1930s," American RadioWorks, November 10, 2014, http://www.american radioworks.org/segments/radio-the-internet-of-the-1930s/.
20. 同上。
21. Vaughan Bell, "Don't Touch That Dial! A History of Media Technology Scares, from thePrinting Press to Facebook," Slate, February 15, 2010, https://slate.com/technology/2010/02/a-history-of-media-technology-scares-from-the-printing-press-to-facebook.html.
22. Vincent Pickard, "The Revolt Against Radio: Postwar Media Criticism and the Struggle for Broadcast Reform," in Moment of Danger: Critical Studies in the History of U.S. Communication Since World War II (Milwaukee: Marquette University Press, 2011), 35–56.
23. 同上，36。
24. Vincent Pickard, "The Battle Over the FCC Blue Book: Determining the Role of BroadcastMedia in a Democratic Society, 1945–1948," Media, Culture & Society 33(2), 171–91, https://doi.org/10.1177/0163443710385504。另一位学者承认："蓝皮书不仅仅是FCC历史上一个引人注目的监管时刻，还是美国历史上最广泛的广告和广播公共讨论的催化剂。" Michael Socolow, "Questioning

Advertising's Influence over American Radio: The Blue BookControversy of 1945–1947," Journal of Radio Studies 9(2), 282, 287。

25. 索科洛观察到,"蓝皮书引发行业内新的责任意识"。同上,297。在随后的特定发展中,哥伦比亚广播公司和全国广播公司采用了严格的自律规范。哥伦比亚广播公司成立了一个纪录片部门,迫使全国广播公司推出了一个新的系列与之竞争。同上,297–98。

26. The Parliament of the Commonwealth of Australia, "Criminal Code Amendment (Sharing of Abhorrent Violent Material) Bill 2019, A Bill for an Act to Amend the Criminal Code Act 1995,and for Related Purposes," https://parlinfo.aph.gov.au/parlInfo/download/legislation/bills/s1201_first-senate/toc_pdf/1908121.pdf;fileType=application%2F.pdf; Jonathan Shieber, "Australia Passes Law to Hold Social Media Companies Responsible for 'Abhorrent Violent Material,'" TechCrunch, April 4, 2019, https://techcrunch.com/2019/04/04/australia-passes-law-to-hold-social-media-companies-responsible-for-abhorrent-violent-material/。就在这项澳大利亚法律通过前8天,我在惠灵顿待了两天,然后在堪培拉待了一天。而当时这项立法连影儿也没有,可以想见澳大利亚的立法速度有多快。

27. 在新法通过前一周,我就在堪培拉。我试图说服人们采取有力但更加审慎的行动。我对《澳大利亚金融评论》表示:"我认为,各国政府确实需要在技术问题上开始加快步伐,但人们始终需要非常小心不要让行动跑到思想的前面去。"我马上补充说:"毫不奇怪,我不会成为把自己或其他公司的同行送进监狱的首要倡导者。我认为,这可能会对国际旅行产生一种寒蝉效应,而实际上国际旅行有助于我们了解世界人民对我们产品的需求。"Paul Smith, "Microsoft President Says Big Tech Regulation Must Learn from History," The Australian Financial Review, 2019 年 4 月 2 日, https://www.afr.com/technology/technology-companies/microsoft-president-says-big-tech-regulation-must-learn-from-history-20190329-p518v2。

28. Warner, 9.

29. HM Government, Online Harms White Paper, April 2019, 7, https: // assets.

publishing.service.gov.uk/government/uploads/system/uploads/attachment_data/file/793360/Online_Harms_White_Paper.pdf.

30. "Restoring Trust &Accountability," NewsGuard, Last modified 2019, https://www.newsguardtech.com/how-it-works/.

31. 同上。

32. George C. Herring, From Colony to Superpower: U.S. Foreign Relations Since 1776 (Oxford: Oxford University Press, 2008), 72.

33. 具有讽刺意味的是，在法国大革命期间上台的雅各宾派很快撤销了热内的大使任命，并要求逮捕和处决他。"华盛顿表现出惊人的宽宏大量，给予热内庇护，这位原本一直打算推翻美国第一届政府的法国人面对美国国旗宣誓效忠，放弃了法国国籍，与纽约州州长乔治·克林顿的女儿结婚，退休后在长岛牙买加的一个农场生活。他来的时候是一个试图破坏这块土地的傲慢的年轻人，而他死的时候终于爱上这片土地，放下满口的主义，成为一名生活奢侈的富豪。如果在另一个国家，他可能早就被绞死了。" John Avalon, Washington's Farewell: The Founding Father's Warning to Future Generations (New York: Simon &Schuster, 2017), 66。

34. George Washington, "Washington's Farewell Address of 1796," Avalon Project, Lillian Goldman Law Library, Yale Law School, http://avalon.law.yale.edu/18th_century/washing.asp.

第七章

1. Robbie Gramer, "Denmark Creates the World's First Ever Digital Ambassador," Foreign Policy, January 27, 2017, https://foreignpolicy.com/2017/01/27/denmark-creates-the-worlds-first-ever-digital-ambassador-technology-europe-diplomacy/.

2. Henry V. Poor, Manual of the Railroads of the United States for 1883 (New York: H. V. & H. W.Poor, 1883), iv.

3. James W. Ely Jr., Railroads & American Law (Lawrence: University Press of

注 释

Kansas, 2003)。还有一本格外出色的书描述了铁路监管走过的长长弯路，作者：Steven W. Usselman, Regulating Railroad Innovation (Cambridge, UK: Cambridge University Press, 2002)。

4. Brad Smith, "Trust in the Cloud in Tumultuous Times," March 1, 2016, RSA Conference, Moscone Center San Francisco, Video, 30:35, https://www.rsaconference.com/events/us16/agenda/sessions/2750/trust-in-the-cloud-in-tumultuous-times.

5. Siemens AG, Charter of Trust on Cybersecurity, July 2018, https://www.siemens.com/content/dam/webassetpool/mam/tag-siemens-com/smdb/corporate-core/topic-areas/digitalization/cybersecurity/charteroftrust-standard-presentation-july2018-en-1.pdf.

6. Brad Smith, "The Need for a Digital Geneva Convention," Microsoft on the Issues (blog), Microsoft, February 14, 2017, https://blogs.microsoft.com/on-the-issues/2017/02/14/need-digital-geneva-convention/.

7. Elizabeth Weise, "Microsoft Calls for 'Digital Geneva Conven-tion,'" USA Today, February 14, 2017, https://www.usatoday.com/story/tech/news/2017/02/14/microsoft-brad-smith-digital-geneva-convention/97883896/.

8. Brad Smith, "We Need to Modernize International Agreements to Create a Safer Digital World," Microsoft on the Issues (blog), Microsoft, November 10, 2017, https://blogs.microsoft.com/on-the-issues/2017/11/10/need-modernize-international-agreements-create-safer-digital-world/.

9. 1989 年，冷战时期主要裁军谈判代表之一保罗·尼茨撰写了一篇很好的第一手报道。Paul Nitze, From Hiroshima to Glasnost: At the Center of Decision, A Memoir (New York: Grove Weidenfeld, 1989)。

10. David Smith, "Movie Night with the Reagans: WarGames, Red Dawn... and Ferris Bueller's Day Off," Guardian, March 3, 2018, https://www.theguardian.com/us-news/2018/mar/03/movie-night-with-the-reagans.

11. WarGames, directed by John Badham (Beverly Hills: United Artists, 1983).

12. Fred Kaplan, Dark Territory: The Secret History of Cyber War (New York:

Simon & Schuster,2016), 1–2.

13. Seth Rosenblatt, "Where Did the CFAA Come From, and Where Is It Going?" The Parallax, March 16, 2016, https://the-parallax.com/2016/03/16/where-did-the-cfaa-come-from-and-where-is-it-going/.

14. Michael McFaul, From Cold War to Hot Peace: An American Ambassador in Putin's Russia (Boston: Houghton Mifflin Harcourt, 2018).

15. Paul Scharre, Army of None: Autonomous Weapons and the Future of War (New York: W. W. Norton, 2018), 251.

16. 红十字国际委员会（简称红十字会）今天在日内瓦四公约的全面执行和促进遵守方面发挥着至关重要的作用。尽管事实上，正如两位法律学者所承认的那样："日内瓦公约关于红十字会行动的规定，措辞简单几近简陋，与红十字会在实践中对这项任务的广泛认识和行使有着巨大差距。"Rotem Giladi and Steven Ratner, "The Role of the International Committee of the Red Cross," in Andrew Clapham,Paola Gaeta, and Marco Sassoli, eds., The 1949 Geneva Conventions: A Commentary (Oxford:Oxford University Press, 2015)。红十字会的成功表明，如果一个非政府组织能够在很长一段时间内持续成功地建立其信誉，它就可以发挥独特的可以信赖的作用。

17. Jeffrey W. Knopf, "NGOs, Social Movements, and Arms Control," in Arms Control: History,Theory, and Policy, Volume 1: Foundations of Arms Control, ed. Robert E. Williams Jr. and Paul R. Votti (Santa Barbara: Praeger, 2012), 174–75.

18. Bruce D. Berkowitz, Calculated Risks: A Century of Arms Control, Why It Has Failed, and How It Can Be Made to Work (New York: Simon and Schuster, 1987), 156.

19. 在这类努力中，最具影响力的一项工作可以说来自一个国际专家组，该专家组已经在位于爱沙尼亚塔林的北约合作网络防御卓越中心举行过两次集体会议。小组最新的工作成果是形成了一份极具影响力的文件——尽管标题吸睛效果不强——《塔林手册2.0》。手册包括了专家们总结出的154条规则，已成为"管辖网络战的国际法"。Michael N. Schmitt, ed., Tallinn Manual 2.0

on the International Law Applicable to Cyber Operations (Cambridge, UK: Cambridge University Press, 2017), 1。

20. 桑格对网络武器有过一番准确的描述："武器始终是隐形的，攻击是可以否认的，结果是难以确定的。" David Sanger, The Perfect Weapon: War, Sabotage, and Fear in the Cyber Age (New York: Crown, 2018), xiv。

21. 这不是非国家行动者第一次在核查和执行国际规则方面发挥潜在的重要作用。一位作者指出："国际非政府组织'地雷监测组织'（Landmine Monitor）在收集有关违反《渥太华公约》的信息方面发挥了重要作用，其成员遍布95个国家和地区。尽管条约没有正式提及地雷监测组织，但该组织的调查结果已提交条约缔约国年度会议，并一直用作提出违反条约的官方指控。" Mark E. Donaldson, "NGOs and Arms Control Processes," in Williams and Votti, 199。

22. "About the Cybersecurity Tech Accord," Tech Accord, accesed November 14, 2018，https://cybertechaccord.org/about/.

23. Brad Smith, "The Price of Cyber-Warfare," April 17, 2018, RSA Conference, Moscone CenterSan Francisco, Video, 21:11, https://www.rsaconference.com/events/us18/agenda/sessions/11292-the-price-of-cyber-warfare.

24. "Charter of Trust," Siemens, https://new.siemens.com/global/en/company/topic-areas/digitalization/cybersecurity.html.

25. Emmanuel Macron, "Forum de Paris sur la Paix: Rendez-vous le 11 Novembre 2018 | Emmanuel Macron," YouTube Video, 3:21, July 3, 2018，https://www.youtube.com/watch?v=-tc4N8hhdpA&feature=youtube.

26. "Cybersecurity: Paris Call of 12 November 2018 for Trust and Security in Cyberspace," France Diplomatie press release，November 12,2018，https://www.diplomatie.gouv.fr/en/french-foreign-policy/digital-diplomacy/france-and-cyber-security/article/cybersecurity-paris-call-of-12-november-2018-for-trust-and-security-in.

27. 同上。

28. Charlotte Graham-McLay and Adam Satariano, "New Zealand Seeks Global Support for Tougher Measures on Online Violence," New York Times, May

12, 2019, https://www.nytimes.com/2019/05/12/technology/ardern-macron-social-media-extremism.html?searchResultPosition=1; Jacinda Ardern, "Jacinda Ardern: How to Stop the Next Christchurch Massacre," NewYork Times, May 11, 2019, https://www.nytimes.com/2019/05/11/opinion/sunday/jacinda-ardern-social-media.html?searchResultPosition=4.

29. Jeffrey W. Knopf, "NGOs, Social Movements, and Arms Control," in Arms Control: History,Theory, and Policy, Volume 1: Foundations of Arms Control, ed. Robert E. Williams Jr. and PaulR. Votti (Santa Barbara: Praeger, 2012), 174–75.

30. 同上，180.

31. 同上。

32. 这里的重点不是《塔林手册》不那么重要。恰恰相反，《塔林手册》至关重要。但我们现在是要在一个以社交媒体为主导的时代推动公共外交，而《塔林手册》并没有一个确切的"品牌形象"来实现范围广泛和清楚简洁的信息传达。

33. Casper Klynge 的推特账户：Casper Klynge (@DKTechAmb), https://twitter.com/DKTechAmb。

34. Boyd Chan, "Microsoft Kicks Off Digital Peace Now Initiative to #Stopcyberwarfare," Neowin, September 30, 2018, https://www.neowin.net/news/microsoft-kicks-off-digital-peace-now-initiative-to-stopcyberwarfare; Microsoft, Digital Peace Now, https://digitalpeace.microsoft.com/.

35. Albert Einstein, "The 1932 Disarmament Conference," Nation, August 23,2001, https://www.thenation.com/article/1932-disarmament-conference-0/.

第八章

1. European Union Agency for Fundamental Rights, Handbook on European Data Protection Law,2018 Edition (Luxembourg: Publications Office of the European Union, 2018), 29.

注　释 | 321

2. 同上，30。
3. 我们在国会山面对美国国会互联网政策小组发言，呼吁联邦立法。我们呼吁联邦法律要包含四个要素：底线要统一，要与世界各地的隐私保护法规相一致，线上和线下均适用；提高个人信息收集、使用和披露的透明度；个人对于个人信息使用和披露的控制；以及个人信息存储和传输的最低安全要求。Jeremy Reimer, "Microsoft Advocates the Need for Comprehensive Federal Data Privacy Legislation," Ars Technica, 2005 年 11 月 3 日, https://arstechnica.com/uncategorized/2005/11/5523-2/。原始材料请参见 Microsoft Corporation, Microsoft Advocates Comprehensive Federal Privacy Legislation，2005 年 11 月 3 日, https://news.microsoft.com/2005/11/03/microsoft-advocates-comprehensive-federal-privacy-legislation/; Microsoft PressPass, Microsoft Addresses Need for Comprehensive Federal Data Privacy Legislation, 2005 年 11 月 3 日, https://news.microsoft.com/2005/11/03/microsoft-addresses-need-for-comprehensive-federal-data-privacy-legislation/; Brad Smith 在 Congressional Internet Caucus 发言的视频，2005 年 11 月 3 日, https://www.youtube.com/watch?v=Sj10rKDpNHE。
4. Martin A. Weiss and Kristin Archick, U.S.-EU Data Privacy: From Safe Harbor to Privacy Shield(Washington, DC: Congressional Research Service, 2016), https://fas.org/sgp/crs/misc/R44257.pdf.
5. Joseph D. McClendon and Fox Rothschild, "The EU-U.S. Privacy Shield Agreement Is Unveiled, but Its Effects and Future Remain Uncertain," Safe Harbor (blog), Fox Rothschild, March 2, 2016, https://dataprivacy.foxrothschild.com/tags/safe-harbor/.
6. David M. Andrews, et. al., The Future of Transatlantic Economic Relations (Florence, Italy: European University Institute, 2005), 29; https://www.law.uci.edu/faculty/full-time/shaffer/pdfs/2005%20The%20Future%20of%20Transatlantic%20Economic%20Relations.pdf.
7. Daniel Hamilton and Joseph P. Quinlan, The Transatlantic Economy 2016 (Washington, DC:Center for Transatlantic Relations, 2016), v.

8. 在施雷姆斯案子的处理过程中一段饶有兴趣的小插曲，参见 Robert Levine, "Behind the European Privacy Ruling That's Confounding Silicon Valley," New YorkTimes, 2015 年 10 月 9 日，https://www.nytimes.com/2015/10/11/business/international/behind-the-european-privacy-ruling-thats-confounding-silicon-valley.html。
9. Kashmir Hill, "Max Schrems: The Austrian Thorn in Facebook's Side," Forbes, February 7, 2012，https://www.forbes.com/sites/kashmirhill/2012/02/07/the-austrian-thorn-in-facebooks-side/# 2d84e427b0b7.
10. Court of Justice of the European Union, "The Court of Justice Declares That the Commission's US Safe Harbour Decision Is Invalid," Press Release No. 117/15, October 6, 2015，https://curia.europa.eu/jcms/upload/docs/application/pdf/2015-10/cp150117en.pdf.
11. Mark Scott, "Data Transfer Pact Between U.S. and Europe Is Ruled Invalid," New York Times,October 6, 2015，https://www.nytimes.com/2015/10/07/technology/european-union-us-data-collection.html.
12. John Frank, "Microsoft's Commitments, Including DPA Cooperation, Under the EU-US Privacy Shield," EU Policy Blog, Microsoft, April 11, 2016，https://blogs.microsoft.com/eupolicy/2016/04/11/microsofts-commitments-including-dpa-cooperation-under-the-eu-u-s-privacy-shield/.
13. Grace Halden, Three Mile Island: The Meltdown Crisis and Nuclear Power in American PopularCulture (New York: Routledge, 2017), 65.
14. Julia Carrie Wong, "Mark Zuckerberg Apologises for Facebook's 'Mistakes' over CambridgeAnalytica," Guardian, March 22, 2018，https://www.theguardian.com/technology/2018/mar/21/mark-zuckerberg-response-facebook-cambridge-analytica.
15. Shoshana Zuboff, The Age of Surveillance Capitalism: The Fight for a Human Future at the New Frontier of Power (New York: PublicAffairs, 2019).
16. Julie Brill, "Millions Use Microsoft's GDPR Privacy Tools to Control Their Data — Including 2 Million Americans," Microsoft on the Issues (blog),

Microsoft, September 17, 2018, https://blogs.microsoft.com/on-the-issues/2018/09/17/millions-use-microsofts-gdpr-privacy-tools-to-control-their-data-including-2-million-americans/.

第九章

1. "Wildfire Burning in Ferry County at 2500 Acres," KHQ-Q6, August 2, 2016, https://www.khq.com/news/wildfire-burning-in-ferry-county-at-acres/article_95f6e4a2-0aa1-5c6a-8230-9dca430aea2f.html.
2. Federal Communications Commission, 2018 Broadband Deployment Report, February 8, 2018, https://www.fcc.gov/reports-research/reports/broadband-progress-reports/2018-broadband-deployment-report.
3. Jennifer Levitz and Valerie Bauerlein, "Rural America Is Stranded in the Dial-Up Age," WallStreet Journal, June 15, 2017, https://www.wsj.com/articles/rural-america-is-stranded-in-the-dial-up-age-1497535841.
4. Julianne Twining, "A Shared History of Web Browsers and Broadband Speed," NCTA, April 10, 2013, https://www.ncta.com/platform/broadband-internet/a-shared-history-of-web-browsers-and-broadband-speed-slideshow/.
5. Microsoft Corporation, An Update on Connecting Rural America: The 2018 Microsoft Airband Initiative, https://blogs.microsoft.com/uploads/prod/sites/5/2018/12/MSFT-Airband_InteractivePDF_Final_12.3.18.pdf.
6. FCC方法的另一个问题是它"基于人口普查区块，这是美国人口普查局使用的最小的地理单位（尽管有些相当大——最大的普查区块在阿拉斯加，超过8500平方英里）。如果互联网服务提供商（ISP）向某个人口普查区块中的某个客户出售宽带，FCC就将整个区块计算为拥有服务"。同上。
7. "Internet/Broadband Fact Sheet," Pew Research Center, February 5, 2018, https://www.pewinternet.org/fact-sheet/internet-broadband/.
8. Industry Analysis and Technology Division, Wireline Competition Bureau,

Internet Access Services: Status as of June 30, 2017(Washington, DC: Federal Communications Commission, 2018),https://docs.fcc.gov/public/attachments/DOC-355166A1.pdf.

9. 2018 年，我们成立了一个专门的数据科学团队，帮助我们推进社会热点问题的工作。我们招募了微软最有经验的数据科学家之一约翰·卡汉来领导这个团队。他领导一个大型团队，应用数据分析来跟踪和分析公司的销售与产品使用情况，而我也在每周的高级领导团队会议上目睹了这是如何提高我们的业务绩效的。约翰的兴趣远远不止于此，他和他的团队还致力于利用数据科学更好地诊断婴儿猝死综合征（SIDS）的病因，就是这种病让约翰和他的妻子在十多年前失去了他们尚在襁褓中的儿子亚伦。Dina Bass, "Bereaved Father,Microsoft Data Scientists Crunch Numbers to Combat Infant Deaths," Seattle Times, 2017 年 6 月 11 日，https://www.seattletimes.com/business/bereaved-father-microsoft-data-scientists-crunch-numbers-to-combat-infant-deaths/。我们交给新团队的第一批项目，就包括对联邦通信委员会宽带可用性全国数据地图进行深入研究，化解我们的担忧。在几个月内，该团队使用了多个数据集来分析全国的宽带差距，包括来自 FCC 和皮尤研究中心的数据，以及在对我们的软件和服务的性能和安全性进行持续改进的过程中收集的匿名微软数据。我们于 2018 年 12 月公布了初步结论。Microsoft, "An Update on Connecting Rural America: The 2018 Microsoft Airband Initiative," 9。约翰和他的团队与联邦通信委员会和整个行政部门的工作人员分享了他们的发现，并使用一台巨大的一体机 Microsoft Surface Hub 在国会山进行了一些演示，强调了各个州的数据差异。

团队在 2019 年继续开展工作，包括要求联邦通信委员会和国会议员更关注这一问题。今年 4 月，我们公布了一些具体建议，我们相信这些建议将提高联邦通信委员会数据的准确性。John Kahan, "It's Time for aNew Approach for Mapping Broadband Data to Better Serve Americans," Microsoft on the Issues (blog), Microsoft, 2019 年 4 月 8 日，https://blogs.microsoft.com/on-the-issues/2019/04/08/its-time-for-a-new-approach-for-mapping-broadband-data-to-better-serve-americans/。同月，参议院商业、科学和交通委员会在听

证会上集中讨论了这个问题。委员会主席罗杰·威克指出了当前数据的不足之处，并说："要缩小数字鸿沟，我们需要准确的宽带地图，告诉我们哪些地方有宽带，哪些地方在某些速度下没有宽带。"Mitchell Schmidt, "FCC Broadband Maps Challenged as Overstating Access," The Gazette, 2019 年 4 月 14 日，https://www.thegazette.com/subject/news/government/fcc-broadband-maps-challenged-as-overstating-access-rural-iowans-20190414。美国电信协会主席兼首席执行官乔纳森·斯帕尔特在听证会上表示："目前按人口普查区块收集数据的做法是不够的。这意味着，如果提供商能够为该区块中某个地点提供服务，则每个地点都被视为已提供服务。"同上。

10. Schmidt, "FCC Broadband Map".
11. "November 8, 2016 General Election Results," Washington Office of the Secretary of State, November 30, 2016, https://results.vote.wa.gov/results/20161108/President-Vice-President_ByCounty.html.
12. "About the Center for Rural Affairs," Center for Rural Affairs, Last updated 2019, https://www.cfra.org/about.
13. Johnathan Hladik, Map to Prosperity (Lyons, NE: Center for Rural Affairs, 2018), https://www.cfra.org/sites/www.cfra.org/files/publications/Map%20to%20Prosperity.pdf, 2, citing Arthur D. Little, "Socioeconomic Effects of Broadband Speed," Ericsson Consumer Lab and Chalmers University of Technology, September 2013, http://nova.ilsole24ore.com/wordpress/wp-content/uploads/2014/02/Ericsson.pdf.
14. 同上。
15. Jennifer Levitz and Valerie Bauerlein, "Rural America Is Stranded in the Dial-Up Age".
16. 同上。
17. FCC 的通用服务机制通过"连接美国基金"和遗留项目向固定电话运营商提供了大约 40 亿美元。相比之下，通过"移动基金"（Mobility Fund）和遗留项目，无线运营商只获得了大约 5 亿美元的资金。
18. Sean Buckley, "Lawmakers Introduce New Bill to Accelerate Rural

Broadband Deployments on Highway Rights of Way," Fiercetelecom, March 13, 2017, http://www.fiercetelecom.com/telecom/lawmakers-introduce-new-bill-to-accelerate-rural-broadband-deployments-highway-rights-way.

19. Microsoft Corporation, "United States Broadband Availability and Usage Analysis: Power BI Map," Stories (blog), Microsoft, December 2018, https://news.microsoft.com/rural-broadband/.
20. "Voice Voyages by the National Geographic Society," The National Geographic Magazine, vol. March 29, 1916, 312.
21. 同上，314。
22. Connie Holland, "Now You're Cooking with Electricity!" O Say Can You See? (blog), Smithsonian National Museum of American History, August 24, 2017, http://americanhistory.si.edu/blog/cooking-electricity.
23. 同上。
24. "Rural Electrification Administration," Roosevelt Institute, February 25, 2011, http://rooseveltinstitute.org/rural-electrification-administration/.
25. Chris Dobbs, "Rural Electrification Act," New Georgia Encyclopedia, August 22, 2018, http://www.georgiaencyclopedia.org/articles/business-economy/rural-electrification-act.
26. "REA Energy Cooperative Beginnings," REA Energy Coopera-tive, accessed January 25, 2019, http://www.reaenergy.com/rea-energy-cooperative-beginnings.
27. "Rural Electrification Administration," Roosevelt Institute.
28. 同上。
29. Rural Cooperatives, "Bringing Light to Rural America," March–April 1998, vol. 65, issue 2, 33.
30. "Rural Electrification Administration," Roosevelt Institute.
31. "REA Energy Cooperative Beginnings." REA Energy Cooperative.
32. 同上。
33. Gina M. Troppa, "The REA Lady: A Shining Example, How One Woman

Taught Rural Americans How to Use Electricity," Illinois Currents, https://www.lib.niu.edu/2002/ic020506.html.

第十章

1. Jon Gertner, The Idea Factory: Bell Labs and the Great Age of American Innovation (New York: Penguin Press, 2012).
2. Brad Smith and Carol Ann Browne, "High-Skilled Immigration Has Long Been Controversial, but Its Benefits Are Clear," Today in Technology (blog), LinkedIn, December 7, 2017, https://www.linkedin.com/pulse/dec-7-forces-divide-us-bring-together-brad-smith/.
3. Brad Smith and Carol Ann Browne, "The Beep Heard Around the World," Today in Technology (blog), LinkedIn, October 4, 2017, https://www.linkedin.com/pulse/today-technology-beep-heard-around-world-brad-smith/.
4. 扎波尔斯基迅速行动起来，动员亚马逊的资源支持华盛顿州检察长鲍勃·弗格森成功对第一次旅行禁令发出法律挑战。Stephanie Miot, "Amazon, Expedia Back Suit Over Trump Immigration Ban," PCMag.com, 2017 年 1 月 31 日，https://www.pcmag.com/news/351453/amazon-expedia-back-suit-over-trump-immigration-ban，Monica Nickelsburg, "Washington AG Explains How Amazon, Expedia, and Microsoft Influenced Crucial Victory Over Trump," Geekwire, 2017 年 2 月 3 日，https://www.geekwire.com/2017/washington-ag-explains-amazon-expedia-microsoft-influenced-crucial-victory-trump/。
5. Jeff John Roberts, "Microsoft: Feds Must 'Go Through Us' to Deport Dreamers," Fortune, September 5, 2017, http://fortune.com/2017/09/05/daca-microsoft/.
6. Office of Communications, "Princeton, a Student and Micr-osoft File Federal Lawsuit to Preserve DACA," Princeton University, November 3, 2017, https://www.princeton.edu/news/2017/11/03/princeton-student-and-microsoft-file-federal-lawsuit-preserve-daca.

7. Microsoft Corporation, A National Talent Strategy, Decem-ber 2012, https://news.microsoft.com/download/presskits/citizenship/MSNTS.pdf.
8. Jeff Meisner, "Microsoft Applauds New Bipartisan Immigration and Education Bill," Microsoft on the Issues (blog), Microsoft, January 29, 2013, https://blogs.microsoft.com/on-the-issues/2013/01/29/microsoft-applauds-new-bipartisan-immigration-and-education-bill/.
9. Mark Muro, Sifan Liu, Jacob Whiton, and Siddharth Kulkarni, Digitalization and the American Workforce (Washington, DC: Brookings Metropolitan Policy Program, 2017), https://www.brookings.edu/wp-content/uploads/2017/11/mpp_2017nov15_digitalization_full_report.pdf.
10. 同上。
11. Nat Levy, "Q&A: Geek of the Year Ed Lazowska Talks UW's Future in Computer Science and Impact on the Seattle Tech Scene," Geekwire, 2017年5月5日, https://www.geekwire.com/2017/qa-2017-geek-of-the-year-ed-lazowska-talks-uws-future-in-computer-science-and-impact-on-the-seattle-tech-scene/。为了普及计算机科学在高等教育等领域的应用，拉佐斯卡不知疲倦地进行了长期努力，取得了成效，并成为这一领域的领军人物。他来华盛顿大学执教时，该校只有12名计算机科学教授，而微软也只是一家小型初创企业。在比尔·盖茨和史蒂夫·鲍尔默带领微软成为全球科技领袖的同时，拉佐斯卡也领导华盛顿大学建立了全球领先的计算机科学课程，并发挥了决定性的作用。两家机构受益于彼此的成功以及它们之间的牢固合作关系，以戏剧性的方式展示了科技部门和一流大学之间经常存在的共生关系。参见Taylor Soper, "Univ. of Washington Opens New Computer Science Building, Doubling Capacity to Train Future Tech Workers," Geekwire, 2019年2月28日, https://www.geekwire.com/2019/photos-univ-washington-opens-new-computer-science-building-doubling-capacity-train-future-tech-workers/。
12. "AP Program Participation and Performance Data 2018," College Board, https://research.collegeboard.org/programs/ap/data/participation/ap-2018.
13. 同上。

14. David Gelles, "Hadi Partovi Was Raised in a Revolution. Today He Teaches Kids to Code," New York Times, January 17,2019, https://www.nytimes.com/2019/01/17/business/hadi-partovi-code-org-corner-office.html.
15. "Blurbs and Useful Stats," Hour of Code, accessed January 25,2019, https://hourofcode.com/us/promote/stats.
16. Megan Smith, "Computer Science for All," https://obamawhitehouse.archives.gov/blog/2016/01/30/computer-science-all.
17. "The Economic Graph," LinkedIn, accessed February 27,2019, https://economicgraph.linkedin.com/.
18. 通过与领英的部分合作，马克尔基金会（Markle Foundation）发起名为"能手"（Skillful）的行动倡议，带动了在以技能为导向的招聘、培训和教育发展等方面的创新工作。Steve Lohr, "A New Kind of Tech Job Emphasizes Skills, Not a College Degree," New York Times, 2017 年 6 月 29 日，https://www.nytimes.com/2017/06/28/technology/tech-jobs-skills-college-degree.html。

    在科罗拉多州成功完成测试和验证工作之后，"能手"计划又进军印第安纳州。同样，微软在澳大利亚的子公司也与领英的澳大利亚团队和地方政府合作，利用领英的数据更好地识别出在越来越多的数字技术助力经济发展的过程中最需要的技能。Microsoft Australia, Building Australia's Future-Ready Workforce, 2018 年 2 月，https://msenterprise.global.ssl.fastly.net/wordpress/2018/02/Building-Australias-Future-Ready-Workforce.pdf。世界银行也在以一种自然的方式推行全球性的做法，与领英合作，在 100 多个国家构建并验证有关技能、行业就业和人才迁移的指标。Tingting Juni Zhu, Alan Fritzler, and Jan Orlowski, Data Insights: Jobs, Skills and Migration Trends Methodology & Validation Results, 2018 年 11 月，http://documents.worldbank.org/curated/en/827991542143093021/World-Bank-Group-LinkedIn-Data-Insights-Jobs-Skills-and-Migration-Trends-Methodology-and-Validation-Results。
19. Paul Petrone, "The Skills New Grads Are Learning the Most," The Learning Blog (LinkedIn), May 9, 2019, https://learning.linkedin.com/blog/top-skills/the-skills-new-grads-are-learning-the-most.

20. 自华盛顿州机遇奖学金项目（Washington State Opportunity Scholarship）创立以来，我一直担任该项目的董事会主席，先是由州长克里斯汀·葛瑞格尔任命，然后由州长杰伊·英斯利重新任命。
21. Katherine Long, "Washington's Most Generous Scholarship for STEM Students Has Helped Thousands. Could You Be Next?" Seattle Times, December 28, 2018, https://www.seattletimes.com/education-lab/the-states-most-generous-scholarship-for-stem-students-has-helped-thousands-could-you-be-next/; Washington State Opportunity Scholarship, 2018 Legislative Report, December 2018, https://www.waopportunityscholarship.org/wp-content/uploads/2018/11/WSOS-2018-Legislative-Report.pdf.
22. Alan Greenspan and Adrian Wooldridge, Capitalism in America: A History (New York: Penguin Press, 2018), 393, citing Raj Chetty et al., "The Fading American Dream: Trends in Absolute Income Mobility Since 1940," NBER Working Paper No. 22910, National Bureau of Economic Research, March 2017.
23. Brad Smith, Ana Mari Cauce, and Wayne Martin, "Here's How Microsoft and UW Leaders Want to Better Fund Higher Education," Seattle Times, March 20, 2019, https://www.seattletimes.com/opinion/how-the-business-community-can-support-higher-education-funding/.
24. 同上。
25. Hanna Scott, "Amazon, Microsoft on Opposite Ends of Tax Debate in Olympia," MyNorthwest, April 5, 2019, https://mynorthwest.com/1335071/microsoft-amazon-hb-2242-tax/.
26. Emily S. Rueb, "Washington State Moves Toward Free and Reduced College Tuition, With Businesses Footing the Bill," New York Times, May 8, 2019, https://www.nytimes.com/2019/05/08/education/free-college-tuition-washington-state.html.
27. Katherine Long, "110,000 Washington Students a Year Will Get Money for College, Many a Free Ride," Seattle Times, May 5, 2019, https://www.

seattletimes.com/education-lab/110000-washington-students-a-year-will-get-money-for-college-many-a-free-ride/.

28. College Board, "AP Program Participation and Performance Data 2018," https://www.collegeboard.org/membership/all-access/counseling-admissions-financial-aid-academic/number-girls-and-underrepresented.

29. "Back to School by Statistics," NCES Fast Facts, National Institute of Education Sciences, August 20, 2018, https://nces.ed.gov/fastfacts/display.asp?id=372.

30. Maria Alcon-Heraux, "Number of Girls and Underrepresented Students Taking AP Computer Courses Spikes Again," College Board, August 27, 2018, https://www.collegeboard.org/membership/all-access/counseling-admissions-financial-aid-academic/number-girls-and-underrepresented.

31. 1888年8月5日上午，伯莎·本茨和她两个十几岁的儿子理查德和尤金离开他们位于德国曼海姆的家，将第一辆获得专利的"无马马车"（德语为 Fahrzeug mit Gasmotorenbetrieb，大意是"使用燃气发动机的车辆"）开上环绕他们家的马路。伯莎准备瞒着丈夫卡尔，驾驶他那三个轮子的古怪装置前往普福尔济姆她母亲家。这段60英里的旅程后来被称为汽车的第一次公路旅行。这次旅行可不容易。伯莎和她的儿子们穿过陡峭崎岖的地形。他们不得不把这个"冒烟的怪物"推上泥泞的山丘，穿过海德堡到达威斯洛克，并不断地往引擎里装满在当地药店购买的溶剂。那天晚上，伯莎和她的孩子们又脏又累地到了她母亲家，给卡尔发电报宣布他们取得了成功。他们的公路之旅成为头条新闻，为机动交通的新时代和梅赛德斯-奔驰汽车公司的未来成功奠定了基础。Brad Smith and Carol Ann Browne, "The Woman Who Showed the World How to Drive," Today in Technology (blog), LinkedIn, 2017年8月5日, https://www.linkedin.com/pulse/august-5-automobiles-first-road-trip-great-inventions-brad-smith/.

32. "Ensuring a Healthy Community: The Need for Affordable Housing, Chart 2," Stories (blog), Microsoft, https://3er1viui9wo30pkxh1v2nh4w-wpengine.netdna-ssl.com/wp-content/uploads/prod/sites/552/2019/01/Chart-2-Home-

Price-vs.-MHI-1000x479.jpg.

33. Daniel Beekman, "Seattle City Council Releases Plan to Tax Businesses, Fund Homelessness Help," Seattle Times, April 20, 2018, https://www.seattletimes.com/seattle-news/politics/seattle-city-council-releases-plan-to-tax-businesses-fund-homelessness-help/.

34. Matt Day and Daniel Beekman, "Amazon Issues Threat Over Seattle Head-Tax Plan, Halts Tower Construction Planning," Seattle Times, May 2, 2018, https://www.seattletimes.com/business/amazon/amazon-pauses-plans-for-seattle-office-towers-while-city-council-considers-business-tax/.

35. Daniel Beekman, " About-Face: Seattle City Council Repeals Head Tax Amid Pressure From Businesses, Referendum Threat," Seattle Times, June 12, 2018, https://www.seattletimes.com/seattle-news/politics/about-face-seattle-city-council-repeals-head-tax-amid-pressure-from-big-businesses/.

36. "Ensuring a Healthy Community: The Need for Affordable Housing," Stories (blog), Microsoft, https://news.microsoft.com/affordable-housing/.

37. "2015 年，西雅图地区约有 5.7 万人从家上班至少要忍受 90 分钟的通勤，比 2010 年增加了近 2.4 万人。也就是说，短短 5 年内增长了 72%，也使西雅图的超级通勤者增长率在美国 50 个大都市中排到第三名。" Gene Balk, "Seattle's Mega-Commuters: We Spend More Time Than Ever Traveling to Work," Seattle Times, 2017 年 6 月 16 日, https://www.seattletimes.com/seattle-news/data/seattles-mega-commuters-we-are-spending-more-time-than-ever-traveling-to-work/。

38. Brad Smith and Amy Hood, "Ensuring a Healthy Community: The Need for Affordable Housing," Microsoft on the Issues (blog), Microsoft, January 16, 2019, https://blogs.microsoft.com/on-the-issues/2019/01/16/ensuring-a-healthy-community-the-need-for-affordable-housing/.

39. Paige Cornwell and Vernal Coleman, "Eastside Mayors View Microsoft's $500 Million Housing Pledge with Enthusiasm, Caution," Seattle Times, January 23, 2019, https://www.seattletimes.com/seattle-news/homeless/for-eastside-

mayors-microsofts-500-million-pledge-for-affordable-housing-is-tool-to-address-dire-need/.

40. 在西雅图地区扩大针对中低收入者的住房数量需要长期努力，其中不乏政治和经济挑战。住房问题发展到今天这个地步用了很多年的时间，而西雅图地区要找到一条出路也绝非一朝一夕之功。我们在微软内部做出介入决定时就认识到，考虑到问题的复杂性，毫无疑问，我们需要克服某种程度的争议，而且这不是一两天就能完成的事。但我们感到，重要的是参与其中，而不是袖手旁观，眼睁睁地看着局势继续恶化。

我们准备参与其中的一个原因是有华盛顿州前州长克里斯汀·葛瑞格尔的领导。在担任三届州检察长和两届州长后，她在 2013 年有机会决定下一步如何利用自己的时间和大量精力。我们说服她帮助我们找到并随后担任"挑战西雅图"的首席执行官，将本地区最大的公司团结在一起，做出更大的公民贡献。她对住房问题的承诺以及她在整个地区和政界享有的信誉发挥了重要作用，最终说服我们这是一项我们可以通过意义非凡的方式帮助应对的挑战。有关"挑战西雅图"的信息请浏览 https://www.challenge-seattle.com/。

第十一章

1. Accenture, "Could AI Be Society's Secret Weapon for Growth? –WEF 2017 Panel Discussion," World Economic Forum.Davos.Switzerland，YouTube Video，32:03，March 15, 2017，https://www.youtube.com/watch?v=6i_4y4lSC5M.

2. 阿西莫夫提出了机器人学三大定律。第一，"机器人不得伤害人类，或因不作为而使人类受到伤害"。第二，"机器人必须服从人类给予它的任何命令，除非这些命令与定律一冲突"。第三，"机器人必须保护自己的生存，除非这样的保护与第一或第二定律冲突"。Isaac Asimov, "Runaround," in I, Robot (New York: Doubleday, 1950).

3. 1984—1987 年，"专家系统"的进展及其在医学、工程和科学领域的应用成为世人关注的焦点，甚至还出现了专门为人工智能制造的特殊电脑。接下来就是崩溃以及持续数年的所谓"人工智能冬天",一直持续到 20 世纪 90 年代中期。

4. W. Xiong, J. Droppo, X. Huang, F. Seide, M. Seltzer, A. Stolcke, D. Yu, and G. Zweing, Achieving Human Parity in Conversational Speech Recognition: Microsoft Research Technical Report MSR-TR-2016-71, February 2017, https://arxiv.org/pdf/1610.05256.pdf.

5. Terrence J. Sejnowski, The Deep Learning Revolution (Cambridge, MA: MIT Press, 2018), 31; 1986 年,埃里克·霍维茨与人合著了一篇具有领先意义的论文,认为专家系统不可扩展。D.E. Heckerman and E.J. Horvitz, "The Myth of Modularity in Rule-Based Systems for Reasoning with Uncertainty," Conference on Uncertainty in Artificial Intelligence, Philadelphia, 1986 年 7 月; https://dl.acm.org/citation.cfm?id=3023728。

6. 同上。

7. Charu C. Aggarwal, Neural Networks and Deep Learning: A Textbook (Cham, Switzerland: Springer, 2018), 1。有关最近 10 年由这些发展所引起和影响的知识学科的趋同,请参见 S.J. Gershman, E.J. Horvitz, and J.B. Tenenbaum, Science 349, 273–78 (2015)。

8. Aggarwal, Neural Networks and Deep Learning, 1.

9. 同上,17–30。

10. 请参阅 Sejnowski,全面了解过去 20 年来引领神经网络进步的科技发展历史。

11. Dom Galeon, "Microsoft's Speech Recognition Tech Is Officially as Accurate as Humans," Futurism, October 20, 2016,https://futurism.com/microsofts-speech-recognition-tech-is-officially-as-accurate-as-humans/; Xuedong Huang, "Microsoft Researchers Achieve New Conversational Speech Recognition Milestone," Microsoft Research Blog, Microsoft, August 20, 2017, https://www.microsoft.com/en-us/research/blog/microsoft-researchers-achieve-new-conversational-speech-recognition-milestone/.

12. 超智能的兴起首先由英国数学家古德提出。第二次世界大战期间,古德曾在布莱切利公园参加密码破译工作,他以同事艾伦·图灵的初步工作为基础,推演出"智能爆炸"理论,认为这样的爆炸将使"超智能机器"能够设计出更加智能的机器。I.J. Good, "Speculations Concerning the First Ultraintelligent Machine," Advances in Computers 6, 31–88 (January 1965)。古德旁务甚多，他曾为斯坦利·库布里克的电影《2001：太空漫游》提供科学指导，这部电影的主角就是那台著名的失控电脑哈尔。

计算机科学领域的其他人，包括微软研究院的人，一直对人工智能系统设计出更智能的自我版本或依靠它们自身的思维过程逃避人类控制的前景持怀疑态度。托马斯·迪特里奇和埃里克·霍维茨表示："这样的过程与我们目前的理解，即学习和推理的算法受到计算复杂性的限制背道而驰。"他们指出："不过，自我设计和优化的过程可能仍然会导致能力的飞跃。"T.G. Dietterich and E.J. Horvitz, "Rise of Concerns about AI: Reflections and Directions," Communications of the ACM, vol. 58, no. 10, 38–40 (2015 年 10 月), http://erichorvitz.com/CACM_Oct_2015-VP.pdf。

牛津大学教授尼克·博斯特罗姆在他最近出版的著作中对这些问题进行了更加广泛的探讨。Nick Bostrom, Superintelligence: Paths, Dangers, Strategies (Oxford: Oxford University Press, 2014)。

在计算机科学领域，有些人用"奇点"一词来描述计算能力。这种能力增长如此之快，以至于无法预测未来。

13. Julia Angwin, Jeff Larson, Surya Mattu, and Lauren Kirchner, "Machine Bias," ProPublica, May 23, 2016，https://www.propublica.org/article/machine-bias-risk-assessments-in-criminal-sentencing.

14. 这篇文章引发了一场关于偏见的定义以及如何在人工智能算法中评估其风险的激烈辩论。参见 Matthias Spielkamp, "Inspecting Algorithms for Bias," MIT Technology Review, 2017 年 6 月 12 日，https://www.technologyreview.com/s/607955/inspecting-algorithms-for-bias/。

15. Joy Buolamwini, "Gender Shades," Civic Media, MIT Media Lab, accessed November 15, 2018，https://www.media.mit.edu/projects/gender-shades/overview/.

16. Thomas G. Dietterich and Eric J. Horvitz, "Rise of Concerns About AI: Reflection and Directions," Communications of the ACM 58, no. 10 (2015),

http://erichorvitz.com/CACM_Oct_2015-VP.pdf.
17. Satya Nadella, "The Partnership of the Future," Slate, June 28, 2016, http://www.slate.com/articles/technology/future_tense/2016/06/microsoft_ceo_satya_nadella_humans_and_a_i_can_work_together_to_solve_society.html.
18. Microsoft, The Future Computed: Artificial Intelligence and Its Role in Society (Redmond, WA: Microsoft Corporation, 2018), 53–76.
19. Paul Scharre, Army of None: Autonomous Weapons and the Future of War (New York: W. W. Norton, 2018).
20. 同上，163–69。
21. Drew Harrell, "Google to Drop Pentagon AI Contract After Employee Objections to the 'Business of War,'" Washington Post, June 1, 2018, https://www.washingtonpost.com/news/the-switch/wp/2018/06/01/google-to-drop-pentagon-ai-contract-after-employees-called-it-the-business-of-war/?utm_term=.86860b0f5a33.
22. Brad Smith, "Technology and the US Military," Microsoft on the Issues (blog), Microsoft, October 26, 2018, https://blogs.microsoft.com/on-the-issues/2018/10/26/technology-and-the-US-military/.
23. https://en.m.wikipedia.org/wiki/Just_war_theory；https://en.m.wikipedia.org/wiki/Mahabharata.
24. 正如我们所说："退出这个市场，就是减少我们参与有关如何让新技术以负责任的方式得到最佳使用的公众辩论的机会。我们不会对未来的发展袖手旁观，无所作为。相反，我们要以最积极的方式，努力帮助塑造未来。"Smith, "Technology and the US Military"。
25. 同上。
26. Adam Satariano, "Will There Be a Ban on Killer Robots?" New York Times, October 19, 2018, https://www.nytimes.com/2018/10/19/technology/artificial-intelligence-weapons.html.
27. SwissInfo, "Killer Robots: 'Do Something' or 'Do Nothing'?" EurAsia Review, March 31, 2019, http://www.eurasiareview.com/31032019-killer-

robots-do-something-or-do-nothing/.

28. Mary Wareham, "Statement to the Convention on Conventional Weapons Group of Governmental Experts on Lethal Autonomous Weapons Systems, Geneva," Human Rights Watch, March 29, 2019, https://www.hrw.org/news/2019/03/27/statement-convention-conventional-weapons-group-governmental-experts-lethal.

29. 现任布鲁金斯学会主席，美国海军陆战队前将军约翰·艾伦，雄辩地阐述了一些关键的道德挑战。他写道："从最早的时候起，人类就试图约束自己的本能，例如在使用武力的过程中控制它们，限制武力的破坏性，特别是它对无辜者的残酷影响。随着时间的推移，这些限制已经编纂成为一整套国际法和职业军事行为体系，旨在指导和限制武力和暴力的使用。但这里面存在一个悖论，当我们需要在战争中对敌人施加暴力和毁灭时，我们必须以一种节制的态度使用它，一方面承认它的必要性，一方面又要提供种种办法，对参与其中的人加以区分，同时告诫我们自己要运用好比例原则。" John Allen, foreword to Military Ethics: What Everyone Needs to Know (Oxford: Oxford University Press, 2016), xvi。另外参见 Deane-Peter Baker, ed., Key Concepts in Military Ethics (Sydney: University of New South Wales, 2015)。

30. Brad Smith and Harry Shum, foreword to The Future Computed, 8.

31. Oren Etzioni, "A Hippocratic Oath for Artificial Intelligence Practitioners," Tech Crunch, March 14,2018, https://techcrunch.com/2018/03/14/a-hippocratic-oath-for-artificial-intelligence-practitioners/.

32. Cameron Addis, "Cold War, 1945–53," History Hub, accessed February 27, 2019,http://sites.austincc.edu/caddis/cold-war-1945-53/.

第十二章

1. Minority Report, directed by Steven Spielberg (Universal City, CA: DreamWorks, 2002).

2. Microsoft Corporation, "NAB and Microsoft leverage AI technology to build

cardless ATM concept," October 23, 2018, https://news.microsoft.com/en-au/2018/10/23/nab-and-microsoft-leverage-ai-technology-to-build-card-less-atm-concept/.
3. Jeannine Mjoseth, "Facial recognition software helps diagnose rare genetic disease," National Human Genome Research Institute, March 23, 2017, https://www.genome.gov/27568319/facial-recognition-software-helps-diagnose-rare-genetic-disease/.
4. Taotetek (@taotetek), "It looks like Microsoft is making quite a bit of money from their cozy relationship with ICE and DHS," Twitter, June 17, 2018, 9:20 a.m., https://twitter.com/taotetek/status/1008383982533259269.
5. Tom Keane, "Federal Agencies Continue to Advance Capa-bilities with Azure Government," Microsoft Azure Government (blog), Microsoft, January 24,2018, https://blogs.msdn.microsoft.com/azuregov/2018/01/24/federal-agencies-continue-to-advance-capabilities-with-azure-government/.
6. Elizabeth Weise, "Amazon Should Stop Selling Facial Recognition Software to Police, ACLU and Other Rights Groups Say," USA Today, May 22, 2018, https://www.usatoday.com/story/tech/2018/05/22/aclu-wants-amazon-stop-selling-facial-recognition-police/633094002/.
7. 亚马逊员工也在2018年6月，也就是微软员工发声的同一个月，表达了关切，但亚马逊并没有直接答复其员工，一直拖到11月的一次内部会议。Bryan Menegus, "Amazon Breaks Silence on Aiding Law Enforcement Following Employee Backlash," Gizmodo, 2018年11月8日，https://gizmodo.com/amazon-breaks-silence-on-aiding-law-enforcement-followi-1830321057。
8. Drew Harwell, "Google to Drop Pentagon AI Contract After Employee Objections to the 'Business of War,'" Washington Post, June 1, 2018, https://www.washingtonpost.com/news/the-switch/wp/2018/06/01/google-to-drop-pentagon-ai-contract-after-employees-called-it-the-business-of-war/?noredirect=on&utm_term=.efa7f2973007.
9. Edelman, 2018 Edelman Trust Barometer Global Report, https://www.

edelman.com/sites/g/files/aatuss191/files/ 2018-10/2018_Edelman_Trust_Barometer_Global_Report_ FEB.pdf.

10. 同上，30。

11. "孩童需要辩护"组织（KIND）成立于 2008 年，为与父母分离的儿童提供无偿法律顾问服务，帮助他们进行移民诉讼，https://supportkind.org/ten-years/。成立以来，KIND 已经培训了 42000 多名志愿者，目前与 600 多家律师事务所、公司、法学院和律师协会合作。它已经成为美国最大的公益法律组织之一，现在也在英国开展工作。温迪·扬自 2009 年正式向客户提供法律援助的第一天起就一直领导着 KIND。

12. Annie Correal and Caitlin Dickerson, " 'Divided,' Part 2: The Chaos of Reunification," August 24, 201, in *The Daily, Produced by* Lynsea Garrison and Rachel Quester, podcast, 31:03, https://www.nytimes.com/2018/08/24/podcasts/the-daily/divided-migrant-family-reunification.html.

13. Kate Kaye, "This Little-Known Facial-Recognition Accuracy Test Has Big Influence," International Association of Privacy Professionals, January 7, 2019, https://iapp.org/news/a/this-little-known-facial-recognition-accuracy-test-has-big-influence/.

14. Brad Smith, "Facial Recognition Technology: The Need for Public Regulation and Corporate Responsibility," Microsoft on the Issues (blog), Microsoft, July 13, 2018, https://blogs.microsoft.com/on-the-issues/2018/07/13/facial-recognition-technology-the-need-for-public-regulation-and-corporate-responsibility/.

15. Nitasha Tiku, "Microsoft Wants to Stop AI's 'Race to the Bottom,' " Wired, December 6, 2018, https://www.wired.com/story/microsoft-wants-stop-ai-facial-recognition-bottom/.

16. Eric Ries, The Startup Way: How Modern Companies Use Entrepreneurial Management to Transform Culture and Drive Long-Term Growth (New York: Currency, 2017), 96.

17. Brookings Institution, Facial recognition: Coming to a Street Corner Near You,

December 6, 2018, https://www.brookings.edu/events/facial-recognition-coming-to-a-street-corner-near-you/.

18. Brad Smith, "Facial Recognition: It's Time for Action," Microsoft on the Issues (blog), December 6, 2018, https://blogs.microsoft.com/on-the-issues/2018/12/06/facial-recognition-its-time-for-action/.

19. 我们建议将两个步骤结合起来，使之有效。首先，"立法应要求提供人脸识别服务的科技公司提供文件，以客户和消费者能够理解的语言，说明技术的能力和局限性"。其次，"新的法律还应要求商业人脸识别服务允许从事独立测试的第三方对其人脸识别服务的准确性和不公平偏见进行合理的测试并公布测试结果。一个明智的做法是，要求那些通过互联网提供人脸识别服务的科技公司再提供一个应用程序编程接口或其他适合于此目的的技术能力"。Smith, "Facial Recognition"。

20. 正如我们所描述的，新的立法应该"要求部署人脸识别系统的实体首先对人脸识别结果进行严肃认真的人身检查，然后做出最终决定，判断其是否属于法律认定的会对消费者造成影响的'结果性用例'。这包括决定可能对消费者造成身体或精神伤害的风险，可能对人权或基本权利产生影响的风险，或消费者的个人自由或隐私可能受到侵犯的风险"。Smith, "Facial Recognition"。

21. 例如，在机场安检区等特定地点使用人脸识别功能来帮助识别恐怖分子嫌疑人的摄像机就是一个例子。然而，即使在这种情况下，在决定拘留某人之前，由经过培训的人员进行严肃认真的人身检查也是很重要的。

22. Carpenter v. United States, No. 16-402, 585 U.S. (2017), https://www.supremecourt.gov/opinions/17pdf/16-402_h315.pdf.

23. Brad Smith, "Facial Recognition: It's Time for Action," Microsoft on the Issues (blog), December 6, 2018, https://blogs.microsoft.com/on-the-issues/2018/12/06/facial-recognition-its-time-for-action/.

24. 正如我们所指出的："美国的隐私权运动诞生于照相机技术的进步。1890年，后来担任最高法院大法官的路易斯·布兰代斯与同事塞缪尔·沃伦合著了一篇文章，发表在《哈佛法学评论》上，主张'独处的权利'，迈出了倡导隐私保护的第一步。两位作者主张，'瞬时照相'的发展以及报纸出于商业利益而使其广泛传播，创造了保护人们新的隐私权的需要。"Smith,"Facial Recognition"，引用 Samuel Warren and Louis Brandeis,"The Right to Privacy", Harvard Law Review, IV:5 (1890), http://groups.csail.mit.edu/mac/classes/6.805/articles/privacy/Privacy_brand_warr2.html。如我们所指出的，人脸识别正在赋予"瞬时照相"布兰代斯和沃伦始料未及的新的意义。同上。

25. Smith,"Facial Recognition."
26. 一位对这一想法感兴趣的州议员是华盛顿州参议员鲁文·卡莱尔，他住在西雅图，在 2009 年成为州议员之前曾在科技行业工作，https://en.wikipedia.org/wiki/reuven_carlyle。他想支持一项广泛的隐私法案，并有意将人脸识别规则纳入其中。卡莱尔花了几个月的时间起草他的立法提案，并与其他州参议员讨论其细节。功夫不负有心人，他的增加了人脸识别新规则的法案，获得了两党的支持，终于在 2019 年 3 月初以 46 票对 1 票于参议院通过。Joseph O'Sullivan, "Washington Senate Approves Consumer-Privacy Bill to Place Restrictions on Facial Recognition," Seattle Times, 2019 年 3 月 6 日, https://www.seattletimes.com/seattle-news/politics/senate-passes-bill-to-create-a-european-style-consumer-data-privacy-law-in-washington/。
27. Rich Sauer, "Six Principles to Guide Microsoft's Facial Recognition Work," Microsoft on the Issues (blog), December 17, 2018, https://blogs.microsoft.com/on-the-issues/2018/12/17/six-principles-to-guide-microsofts-facial-recognition-work/.

第十三章

1. "Last of Boro's Fire Horses Retire; 205 Engine Motorized," Brooklyn Daily Eagle, December 20, 1922, Newspapers.com, https://www.newspapers.com/image/60029538.
2. "1922: Waterboy, Danny Beg, and the Last Horse-Driven Engine of the New York Fire Department," The Hatching Cat, January 24, 2015, http://hatchingcatnyc.com/2015/01/24/last-horse-driven-engine-of-new-york-fire-

department/.
3. "Goodbye, Old Fire Horse; Goodbye!" Brooklyn Daily Eagle, December 20, 1922.
4. Augustine E. Costello, Our Firemen: A History of the New York Fire Departments, Volunteer and Paid, from 1609 to 1887 (New York: Knickerbocker Press, 1997), 94.
5. 同上，424。
6. "Heyday of the Horse," American Museum of Natural History, https://www.amnh.org/exhibitions/horse/how-we-shaped-horses-how-horses-shaped-us/work/heyday-of-the-horse.
7. "Microsoft TechSpark: A New Civic Program to Foster Economic Opportunity for all Americans," Stories (blog), accessed February 23, 2019, https://news.microsoft.com/techspark/.
8. TechSpark 的部分灵感来自 2016 年美国总统大选中出现的如此巨大的政治分歧。大选后第二天，为了回应员工的提问和要求，我们做了一件以前没有做过的事情——写了一篇关于我们对总统选举结果的反应的博客。Brad Smith, "Moving Forward Together: Our Thoughts on the US Election," Microsoft on the Issues (blog), Microsoft, 2016 年 11 月 6 日，https://blogs.microsoft.com/on-the-issues/2016/11/09/moving-forward-together-thoughts-us-election/。我们注意到，政治分歧反映了国家的经济差距，并指出"在快速变化的时代，我们需要创新，以促进包容性的经济增长，帮助每个人向前迈进"。这也促使我们思考，微软还能再做些什么，在美国最大的城市中心和两个沿海地区以外的其他地区，努力投资促进与科技相关的经济增长。

在凯特·贝恩肯和迈克·伊根两位微软高管的领导下，我们创立了 TechSpark 计划，致力于六大社区的五项战略。2017 年，我们在法戈与北达科他州州长、微软前高管道格·伯格姆共同启动了该计划。Brad Smith, "Microsoft TechSpark: A New Civic Program to Foster Economic Opportunity for all Americans," LinkedIn, 2017 年 10 月 5 日，https://www.linkedin.com/pulse/microsoft-techspark-new-civic-program-foster-economic-brad-smith/。TechSpark 提供

投资，扩大高中计算机科学教育，为希望从事新职业的人开拓更多途径，推广宽带的使用，为非营利部门提供数字化能力，并促进整个地方经济的数字化转型。https://news.microsoft.com/techspark/。

TechSpark 团队为其投资的每个社区都招募并雇用了一名当地社区参与经理，负责当地工作。这 6 个社区是弗吉尼亚州南部、威斯康星州东北部、得克萨斯州埃尔帕索附近地区以及墨西哥边境对面地区、北达科他州法戈市、怀俄明州夏延市和华盛顿州中部地区。手笔最大的早期投资之一是与威斯康星州绿湾市朗博球场的绿湾包装工队建立合作关系。微软和包装工队各自承诺出资 500 万美元创建 TitleTownTech，推动当地的技术创新。Richard Ryman, "Packers, Microsoft Bring Touch of Silicon Valley to Titletown District," Green Bay Press Gazette, 2017 年 10 月 20 日, https://www.greenbaypressgazette.com/story/news/2017/10/19/packers-microsoft-bring-touch-silicon-valley-titletown-district/763041001/; Opinion, "Titletown-Tech: Packers, Microsoft Partnership a 'Game Changer' for Greater Green Bay," Green Bay Press Gazette, 2017 年 10 月 21 日, https://www.greenbaypressgazette.com/story/opinion/editorials/2017/10/21/titletowntech-packers-microsoft-partnership-game-changer-greater-green-bay/786094001/。

9. Lauren Silverman, "Scanning the Future, Radiologists See Their Jobs at Risk," NPR, September 4, 2017, https://www.npr.org/sections/alltechconsidered/2017/09/04/547882005/scanning-the-future-radiologists-see-their-jobs-at-risk; "The First Annual Doximity Physician Compensation Report," Doximity (blog), April 2017, https://blog.doximity.com/articles/the-first-annual-doximity-physician-compensation-report.

10. Silverman, "Scanning the Future".

11. Asma Khalid, "From Post-it Notes to Algorithms: How Automation Is Changing Legal Work," NPR, November 7, 2017, https://www.npr.org/sections/alltechconsidered/2017/11/07/561631927/from-post-it-notes-to-algorithms-how-automation-is-changing-legal-work.

12. Radicati Group, "Email Statistics Report, 2015-2019," Executive Summary,

March 2015, https://radicati.com/wp/wp-content/uploads/2015/02/Email-Statistics-Report-2015-2019-Executive-Summary.pdf.
13. Radicati Group, "Email Statistics Report, 2018–2022," March 2018, https://www.radicati.com/wp/wp-content/uploads/2017/12/Email-Statistics-Report-2018-2022-Execu tive-Summary.pdf.
14. Kenneth Burke, "How Many Texts Do People Send Every Day (2018)?" How Many Texts People Send Per Day (blog), Text Request, Last Modified November 2018, https://www.textrequest.com/blog/how-many-texts-people-send-per-day/.
15. Bill Gates, "Bill Gates New Rules," Time, April 19, 1999, http://content.time.com/time/world/article/0,8599,2053895,00.html.
16. Smith and Browne, "The Woman Who Showed the World How to Drive".
17. McKinsey Global Institute, Jobs Lost, Jobs Gained: Work-force Transitions in a Time of Automation (New York: McKinsey & Company, 2017), https://www.mckinsey.com/~/media/McKinsey/Featured%20Insights/Future%20of%20Organizations/What%20the%20future%20of%20work%20will%20mean%20for%20jobs%20skills%20and%20wages/MGI-Jobs-Lost-Jobs-Gained-Report-December-6-2017.ashx.
18. 同上，43。
19. Anne Norton Greene, Horses at Work: Harnessing Power in Industrial America (Cambridge, MA: Harvard University Press, 2008), 273.
20. "Pettet, Zellmer R. 1880–1962," WorldCat Identities, Online Computer Library Center, accessed November 16, 2018, http://worldcat.org/identities/lccn-no00042135/.
21. "Zellmer R. Pettet," Arizona Republic, August 22,1962, Newspapers.com, https://www.newspapers.com/clip/10532 517/pettet_zellmer_r_22_aug_1962/.
22. Robert J. Gordon, The Rise and Fall of American Growth: The U.S. Standard of Living Since the Civil War (Princeton, NJ: Princeton University Press, 2016),

60.
23. 同上。
24. "Calorie Requirements for Horses," Dayville Hay & Grain, http://www.dayvillesupply.com/hay-and-horse-feed/calorie-needs.html.
25. Z.R. Pettet, "The Farm Horse," in U.S. Bureau of the Census, Fifteenth Census, Census of Agriculture (Washington, DC: Government Printing Office, 1933), 8.
26. 同上，71–77。
27. 同上，79。
28. 同上，80。
29. Linda Levine, The Labor Market During the Great Depression and the Current Recession (Washing-ton, DC: Congressional Research Service, 2009), 6.
30. Ann Norton Greene, Horses at Work: Harnessing Power in Industrial America (Cambridge, MA: Harvard University Press, 2008).
31. Lendol Calder, Financing the American Dream: A Cultural History of Consumer Credit (Princeton, NJ: Princeton University Press, 1999), 184.
32. John Steele Gordon, An Empire of Wealth: The Epic History of American Economic Power (New York: HarperCollins, 2004), 299–300.

第十四章

1. Seattle Times Staff, "Live Updates from Xi Visit," Seattle Times, September 22, 2015, https://www.seattletimes.com/business/chinas-president-xi-arriving-this-morning/.
2. "Xi Jinping and the Chinese Dream," The Economist, May 4, 2013, https://www.economist.com/leaders/2013/05/04/xi-jinping-and-the-chinese-dream.
3. Reuters in Seattle, "China's President Xi Jinping Begins First US Visit in Seattle," Guardian, September 22, 2015, https://www.theguardian.com/world/2015/sep/22/china-president-xi-jinping-first-us-visit-seattle.

4. Jane Perlez, "Xi Jinping's U.S. Visit," New York Times, September 22, 2015, https://www.nytimes.com/interactive/projects/cp/reporters-notebook/xi-jinping-visit/seattle-speech-china.
5. Evelyn Cheng, "Apple, Intel and These Other US Tech Companies Have the Most at Stake in China-US Trade Fight," CNBC, May 14, 2018, https://www.cnbc.com/2018/05/14/as-much-as-150-billion-annually-at-stake-us-tech-in-china-us-fight.html.
6. "Microsoft Research Lab— Asia," Microsoft, accessed January 25, 2019, https://www.microsoft.com/en-us/research/lab/microsoft-research-asia/.
7. Geoff Spencer, "Much More Than a Chatbot: China's XiaoIce Mixes AI with Emotions and Wins Over Millions of Fans," Asia News Center (blog), November 1, 2018, https://news.microsoft.com/apac/features/much-more-than-a-chatbot-chinas-xiaoice-mixes-ai-with-emotions-and-wins-over-millions-of-fans/.
8. "Microsoft XiaoIce, China's Newest Fashion Designer, Unveils Her First Collection for 2019," Asia News Center (blog), Microsoft, November 12, 2018, https://news.microsoft.com/apac/2018/11/12/microsofts-xiaoice-chinas-newest-fashion-designer-unveils-her-first-collection-for-2019/.
9. James Vincent, "Twitter Taught Microsoft's AI Chatbot to Be a Racist Asshole in Less Than a Day," The Verge, March 24, 2016, https://www.theverge.com/2016/3/24/11297050/tay-microsoft-chatbot-racist.
10. Richard E. Nisbett, The Geography of Thought: How Asians and Westerners Think Differently . . . and Why (New York: Free Press, 2003).
11. Henry Kissinger, On China (New York: Penguin Press, 2011), 13.
12. 同上，14–15。
13. Nisbett, The Geography of Thought, 2–3.
14. 同上。
15. He Huaihong, Social Ethics in a Changing China: Moral Decay or Ethical Awakening? (Washing-ton, DC: Brookings Institution Press, 2015).

16. Sean Gallagher, "Photos of an NSA 'upgrade' factory shows Cisco router getting implant," ARS Technica, May 14, 2014, https://arstechnica.com/tech-policy/2014/05/photos-of-an-nsa-upgrade-factory-show-cisco-router-getting-implant/.
17. Reid Hoffman and Chris Yeh, Blitzscaling: The Lightning-Fast Path to Building Massively Valuable Businesses (New York: Currency, 2018).

第十五章

1. Kai-Fu Lee, AI Superpowers: China, Silicon Valley, and the New World Order (Boston: Houghton Mifflin Harcourt, 2018), 21.
2. 同上，169。
3. 同上，168–69。
4. "Automotive Electronics Cost as a Percentage of Total Car Cost Worldwide From 1950 to 2030," Statista, September 2013, https://www.statista.com/statistics/277931/automotive-electro-nics-cost-as-a-share-of-total-car-cost-worldwide/.
5. "Who Was Fred Hutchinson?," Fred Hutch, accessed January 25, 2019, https://www.fredhutch.org/en/about/history/fred.html.
6. "Mission & Facts," Fred Hutch, accessed January 25, 2019, https://www.fredhutch.org/en/about/mission.html.
7. Gary Gilliland, "Why We Are Counting on Data Science and Tech to Defeat Cancer," January 9, 2019, LinkedIn, https://www.linkedin.com/pulse/why-we-counting-data-science-tech-defeat-cancer-gilliland-md-phd/.
8. 同上。
9. Gordon I. Atwater, Joseph P. Riva, and Priscilla G. McLeroy, "Petroleum: World Distribution of Oil," Encyclopedia Britannica, October 15, 2018, https://www.britannica.com/science/petroleum/World-distribution-of-oil.
10. "China Population 2019," World Population Review, accessed February 28,

2019, http://worldpopulationreview.com/countries/china-population/.

11. "2019 World Population by Country (Live)," World Population Review, accessed February 27, 2019, http://worldpopula-tionreview.com/.

12. International Monetary Fund, "Projected GDP Ranking (2018–2023)," Statistics Times, accessed February 27, 2019, http://www.statisticstimes.com/economy/projected-world-gdp-ranking.php.

13. Matthew Trunnell，未发表之备忘录。

14. Zev Brodsky, "Git Much? The Top 10 Companies Contributing to Open Source," White-Source, February 20, 2018, https://resources.whitesourcesoftware.com/blog-whitesource/git-much-the-top-10-companies-contributing-to-open-source.

15. United States Office of Management and Budget, "President's Management Agenda," WhiteHouse, March 2018, https://www.whitehouse.gov/wp-content/uploads/2018/03/Presidents-Management-Agenda.pdf.

16. World Wide Web Foundation, Open Data Barometer, September 2018, https://opendatabarometer.org/doc/leadersEdition/ ODB-leadersEdition-Report.pdf.

17. Trunnell，未发表之备忘录。

18. "Introduction to the CaDC," California Data Collaborative, accessed January 25, 2019, http://californiadatacollaborative.org/about.

第十六章

1. 还在路易斯维尔的肯塔基盲人学校就读期间，十几岁的安妮·泰勒就决定要学计算机科学。为此，她每天都需要在当地的公立高中上半天课，并成为学校里学习这门课程的第一个盲人学生。凭借着一股激情，安妮考入西肯塔基大学，并在那里获得了计算机科学学位。此后，她开始为全国盲人联合会工作，最终领导该组织的一支团队，大力倡导整个科技行业的无障碍环境。2015 年，微软首席辅助官詹妮·雷－弗利打电话给安妮，向她提供了一个让人无法拒绝的工作机会。"来微软工作吧，"詹妮鼓励道，"在新产品面世之前，直接与我们的工程师合作，帮助规划产品设计，看看你能产生什么影响。"

2. 普林斯顿大学的格尼扎实验室收藏了大量来自开罗本·埃兹拉犹太教堂的文件，包括个人信件、购物清单和用神圣希伯来文书写的法律文件，这些文件要求安放在一个专门的格尼扎（储藏室）里进行"体面的埋葬"。格尼扎文书是目前已知最大的犹太手稿收藏库。世界各地的学者从 19 世纪末就开始对这些文物进行研究，但这项工作仍然没有完成。通过将人工智能算法和计算机视觉结合起来，对成千上万的数字化片段进行梳理，罗斯托的团队成功地匹配了存储两地，相隔数千英里的同一文档的片段，无论是撕裂的形状、字迹，还是墨水的直径，都完全对应。当文件以这种方式"回家"时，描绘犹太人和穆斯林如何在 10 世纪的伊斯兰中东相处共存的画面，就经过罗斯托之手，逐渐完整地展现在世人面前。在人工智能的帮助下，罗斯托和她的近东研究专家团队仅仅花费几分钟的时间就完成了一项以前一直被认为是不可完成的任务。Robert Siegel, "Out of Cairo Trove, 'Genius Grant' Winner Mines Details of Ancient Life," NPR's All Things Considered，2015 年 9 月 29 日，https://www.npr.org/2015/09/29/444527433/out-of-cairo-trove-genius-grant-winner-mines-details-of-olving-life。

3. University of Southern California Center for Artificial Intelligence in Society, PAWS: Protection Assistant for Wildlife Security, accessed April 9, 2019, https://www.cais.usc.edu/projects/wildlife-security/.

4. Satya Nadella, "The Necessity of Tech Intensity in Today's Digital World," LinkedIn, January 18, 2019, https://www.linkedin.com/pulse/necessity-tech-intensity-todays-digital-world-satya-nadella/.

5. Einstein, "The 1932 Disarmament Conference."

6. Hoffman and Yeh, Blitzscaling.

7. 这也要求公司董事会采取正确的领导方式。在这方面，许多科技公司同样有更加广泛的操作空间。一种情况是，董事会很有可能会对一个强势而成功的创始人百依百顺，以致董事会对公司内部发生的事情知之甚少，不知道疑难问题出在哪里，或者即使这些问题显而易见，董事会也缺乏揭示问题的勇气。另一种情况则是，董事会过于深入地纠缠于某些细节，可能会使人搞不清楚董事会在管理公司方面的作用与首席执行官领导和管理公司的责任之间的区别。

在微软，审计委员会主席查克·诺斯基长期以来一直致力于确保建立有针对性的严格流程，不但比财务控制覆盖的面更广，而且内部审计团队工作的联系也更紧密。具有讽刺意味的是，这项工作还受益于微软官司的影响。2002 年，柯琳·科拉－科特利法官主动决定批准我们的反垄断和解，作为条件，公司董事会须承担一项额外义务：成立一个反垄断合规委员会。在这一义务到期 10 年后，董事会继续信赖由宝马前首席执行官赫尔穆特·潘克领导的监管和公共政策委员会，令微软保持对不断出现的新问题的关注。除了在网络安全等问题上与董事会审计委员会密切合作外，该小组每年都会花上一天时间进行年度团建活动。我们的管理团队会利用这样的场合审查过去一年的社会和政治趋势，我们会一起评估我们为解决这些问题主动做的前瞻性工作。这是一种练习，迫使所有人退后一步，不能只见树木，也要看看森林，从而让我们未来一年的工作更上一层楼。

所有这些都要求董事们对公司的业务、组织、人事和问题有一些真正的了解。在微软，我们的董事会定期与负责不同工作的高管分组开会，参与其他会议，并参加我们高管人员的年度战略务虚会。在我担任董事会成员的网飞，首席执行官里德·黑斯廷斯也会安排董事们参加各种大大小小的员工会议。

8. Margaret O'Mara, The Code: Silicon Valley and the Remaking of America (New York: Penguin Press, 2019), 6.

9. 正如奥马拉所观察到的，科技行业的"企业家不是孤军奋战的牛仔，而是非常有才华的人，他们的成功是通过许多其他人、网络和机构的努力而实现的。其中就包括被两党政治领袖如此强烈地批评，以及许多科技界领袖以怀疑甚至完全敌对的态度看待的大型政府项目。从原子弹到登月，再到互联网和其他领域的支柱产业，公共开支推动了科技发现的大爆炸，为几代初创企业的诞生提供了基础"。同上，5。

知识产权领域的许多政府官员和律师早就注意到了类似的现象。尽管抵制监管，但如果没有版权法、专利法和商标法，科技公司能否带给自己任何与其巨大市场估值相称的收益，其实是很值得怀疑的。这些法律为发明者和开发者创造了拥有自己创造的知识产权的机会。

10. 恰恰相反，美国联邦航空局在 737 MAX 认证过程中将一些监管认证授权给波音公司的做法，反而引起了官方和公众的不安反应。而社会反响很快就集中在一个问题上，要求联邦航空局对飞机安全补丁的评估应基于额外的外部审查。Steve Militich and Heidi Groover, "Reacting to Crash Finding, Congressional Leaders Support Outside Review of Boeing 737 MAX Fixes," Seattle Times, 2019 年 4 月 4 日, https://www.seattletimes.com/business/boeing-aerospace/reacting-to-crash-finding-congressional-leaders-support-outside-review-of-boeing-737-max-fixes/。
11. Ballard C. Campbell, The Growth of American Government: Governance from the Cleveland Era to the Present (Bloomington: Indiana University Press, 2015), 29.
12. Ari Hoogenboom and Olive Hoogenboom, A History of the ICC: From Panacea to Palliative (New York: W. W. Norton, 1976); Richard White, Railroaded: The Transcontinentals and the Making of Modern America (New York: W. W. Norton, 2011); Gabriel Kolko, Railroads and Regulation: 1877–1916 (Princeton, NJ: Princeton University Press, 1965), 12.
13. 同上。
14. "Democracy Index 2018: Me Too? Political Participation, Protest and Democracy," The Economist Intelligence Unit, https://www.eiu.com/public/topical_report.aspx?campaignid=Democracy2018.